Lisa und Wilfried Bahnmüller

WANDER DICH GLÜCKLICH

Allgäu

30 erholsame Wanderungen

BRUCKMANN

INHALT

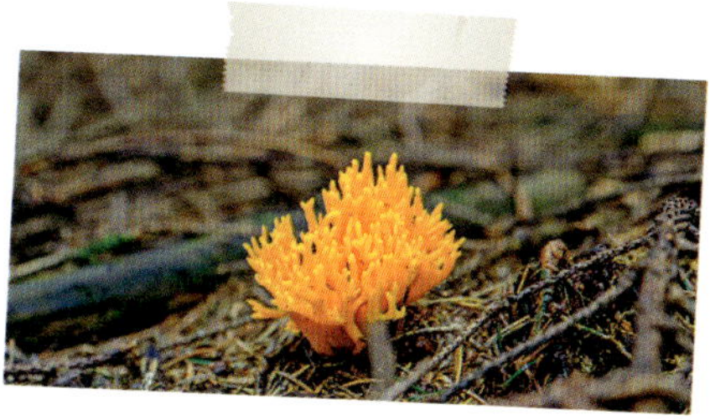

← Zart spitzt ein Ziegenbart aus dem herbstlichen Waldboden.

TOURENÜBERBLICK

Tour												
1 ●	Scheidegger Wasserfälle	5,0	2.00	180	●	●		●			●
2 ●	Zum Skywalk bei Scheidegg	6,0	1.45	200	●	●	●	●	●		●
3 ●	Rund um Lindenberg	7,5	2.30	150	●		●	●	●		●
4 ●	Der Eistobel	6,0	2.00	380	●	●	●	●			●
5 ●	Von Eibele auf den Kapf	10,0	2.45	380	●				●		●
6 ●	Zu den Buchenegger Wasserfällen	6,3	2.15	200	●	●		●		●	●
7 ●	Von Bad Grönenbach an die Iller	10,5	2.45	350			●			●	●
8 ●	Rund um den Elbsee	7,0	2.00	100	●	●		●	●	●	●
9 ●	Rund um Marktoberdorf	14,0	4.00	200			●	●	●	●	●
10 ●	Im Lechgebiet bei Schongau	12,0	3.00	300		●	●	●	●	●	●
11 ●	Durch den Falltobel bei Niedersonthofen	6,0	2.00	200		●				●	●
12 ●	Auf den Hochholder	6,8	2.00	180	●				●		●
13 ●	Rund um Immenstadt	10,3	2.30	200	●		●	●	●	●	●
14 ●	Auf den Falkenstein	8,0	3.00	360	●	●			●		●
15 ●	Starzlachklamm	3,5	3.00	300	●	●	●				●
16 ●	Durch die Breitachklamm	4,3	2.00	240	●	●	●	●			●
17 ●	Von Oberstdorf nach Gerstruben	15,0	4.00	350	●	●	●		●		●

Tour			Länge in km	Gehzeit in Std.	Höhenunterschied in Hm	Einkehr	kindergeeignet	Sehenswürdigkeiten	wintergeeignet	viel Sonne	Bademöglichkeit	öffentliche Verkehrsmittel
18	● (Mittel)	Im Kleinwalsertal	11,0	3.45	500	●	●	●	●	●		●
19	● (Leicht)	Zur Alpe Widderstein	5,0	1.45	200	●	●			●		●
20	● (Mittel)	Zum Bergcafé Polite	7,3	2.20	250	●	●			●		●
21	● (Leicht)	Gundalpe und Moorrundweg	3,0	2.00	100	●	●			●	●	●
22	● (Leicht)	Panoramaweg über Oy-Mittelberg	8,0	2.30	280	●	●		●	●		●
23	● (Leicht)	Ge(h)zeiten bei Nesselwang	8,5	2.15	150		●	●	●	●	●	●
24	● (Leicht)	Zur Hündeleskopfhütte	5,0	2.00	280	●	●		●			●
25	● (Leicht)	Zu den Burgruinen Eisenberg und Hohenfreyberg	4,0	1.45	150	●	●	●		●		●
26	● (Mittel)	Über den Senkelekopf zur Alpe Beichelstein	11,5	3.45	350	●						
27	● (Mittel)	Auf dem Drachenweg um Roßhaupten	13,0	4.00	320		●				●	●
28	● (Leicht)	Zur Salober Alm	4,0	2.00	250	●	●		●	●	●	
29	● (Leicht)	Rund um den Hopfensee	7,0	2.00	30	●	●		●	●	●	●
30	● (Leicht)	Von Füssen zum Schwansee	9,0	3.15	350	●	●	●			●	●

● Leicht

● Mittel

● Schwer

Länge in km

Gehzeit in Std.

Höhenunterschied in Hm

Einkehr

kindergeeignet

Sehenswürdigkeiten

wintergeeignet

viel Sonne

Bademöglichkeit

öffentliche Verkehrsmittel

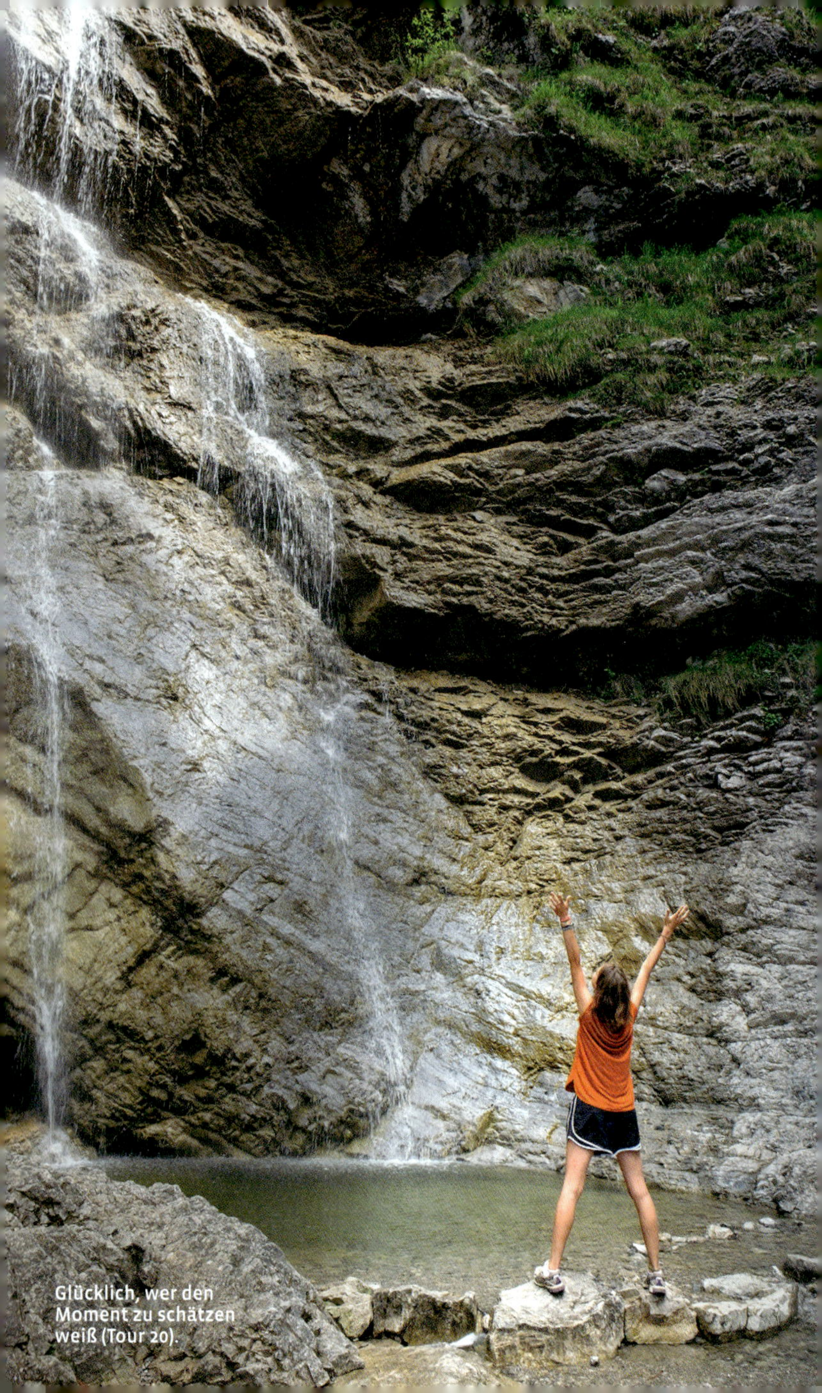

Glücklich, wer den Moment zu schätzen weiß (Tour 20).

EINFACH GLÜCKLICH WANDERN

Wer hat mal wieder Lust auf einen Tag an der frischen Luft? In freier Natur? Wer möchte bei einer entspannten Wanderung in traumhafter Umgebung Glückshormone versprühen und zu sich selbst kommen? Wir sind dabei!

Wandern macht glücklich. Denn sobald sich der Körper in Bewegung setzt, kommt der Geist zur Ruhe und die Seele kann schwingen. Beim Gehen finden Körper und Geist den gleichen Rhythmus. Wir haben Zeit, uns um unser Inneres zu kümmern. Da uns nichts aus dem Alltag ablenkt, empfinden wir vieles intensiver. Unser Kopf wird frei und auf einmal ist da viel Platz. Wir nehmen das Rauschen der Bäume im Wald wahr. Die Sinne öffnen sich für das Gezwitscher der Vögel, den Tanz einer Libelle in der Luft oder die blühende Pflanzenvielfalt am Wegesrand. Bewegung ist ein einfaches Rezept zum Glücklichsein.

Natur ist ideal, um den Alltag hinter sich zu lassen. Und natürlich ist das Ganze in einer schönen Umgebung, inmitten der Natur, viel einfacher als im Stadtpark. Die Natur schenkt uns freigiebig Kraft, Energie und gleichzeitig Ruhe. Wir müssen sie nur in uns aufnehmen. Henry David Thoreau, ein amerikanischer Naturphilosoph des 19. Jahrhunderts, formulierte dieses wunderbare Erlebnis so: »Die Hochzeit der Seele mit der Natur macht den Verstand fruchtbar und erzeugt die Phantasie.«

In diesem Sinne wünschen wir glücklichen
und unvergesslichen Wandergenuss!

Lisa und Wilfried Bahnmüller

GLÜCKLICH UNTERWEGS

Für dieses Buch haben wir einige der schönsten Wege im Allgäu ausgesucht. Manche füllen einen ganzen Tag, andere sind kürzer und einzelne gleichen einem Spaziergang. Die einen führen hoch hinauf in die Berge und sind mit Höhenmetern verbunden. Andere hingegen führen gemütlich über fast ebene Wege.

Egal welches Tempo man einschlägt: Die Touren sind mit einer kleinen Grundkondition spielend leicht zu schaffen. Allesamt bieten sie wunderbaren Genuss: Das eine Mal wandern wir vielleicht ganz ohne Hast und Uhr und lassen uns viel Zeit. Ein anderes Mal verwöhnt die Route intensiv all unsere Sinne. Womöglich bieten sich auf unserem Weg auch ganz besondere Gaumenfreuden oder wir finden außergewöhnliche Ruhe und Stille. Nach diesen vier Gesichtspunkten haben wir die Touren eingeteilt, doch natürlich sind die Grenzen fließend und manche Unternehmung beinhaltet mehrere dieser Aspekte. Die Hauptsache ist, dass das Wandern uns glücklich macht! Dabei gilt der weise Spruch des Konfuzius: »Der Weg ist das Ziel.« Denn es muss nicht immer der Gipfel sein. Hauptsache, der Weg macht Spaß.

Ein paar Regeln sollten wir beim Wandern aber beherzigen.

Farbsystem

Die Wanderungen in diesem Buch sind in vier Rubriken unterteilt und entsprechend farblich gekennzeichnet: »Tour für die Sinne«, »Tour der Stille«, »Tour für den Genuss« sowie »Tour ohne Uhr« – je nachdem, welche ganz besonderen Glücksmomente im Vordergrund stehen. Viele unserer Wanderungen erfüllen natürlich sogar mehrere Kriterien; in diesen Fällen wurde das aus Autorensicht wichtigste Merkmal verwendet.

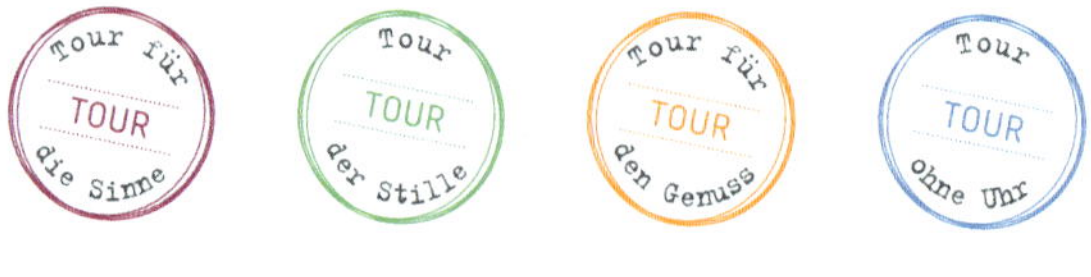

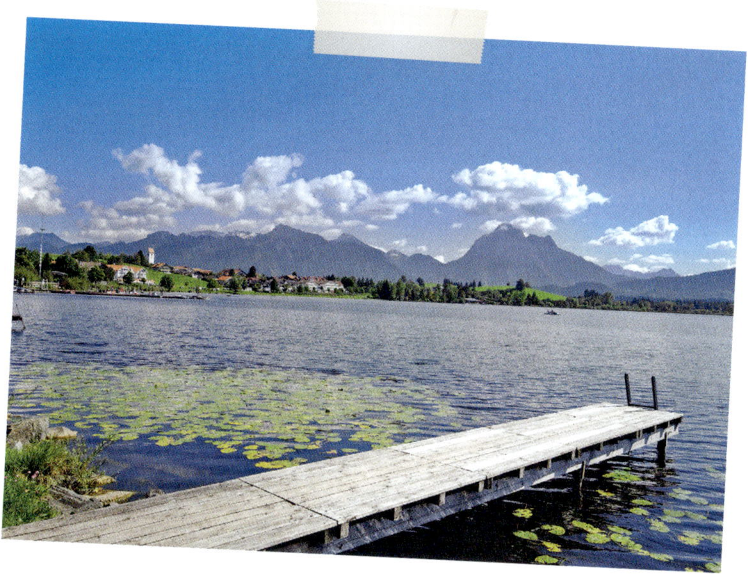

↑ **Am Hopfensee im Ostallgäu**

SICHERHEIT

Keine der Wanderungen führt über schwierig zu gehende Wege. Nachdem die meisten Wege aber naturbelassen sind, können sie nach Regenfällen aufgeweicht und matschig sein, im Sommer mit Gras überwachsen oder im Herbst rutschig sein durch das feuchte Laub. Sollte es tatsächlich irgendwo diffizil werden, haben wir das unter »Tourencharakter« extra erwähnt. Sinnvoll für den Notfall ist es, ein Handy mitzunehmen, für das man mittlerweile zuverlässigen, flächendeckenden Empfang hat. Wichtig für die Tourenplanung ist das Wetter. Unvorhersehbare Wetterumschwünge gibt es immer wieder. Vor allem im Sommer müssen wir besonders am Nachmittag mit Gewittern rechnen. Informieren Sie sich also, bevor Sie auf Tour gehen.

AUSRÜSTUNG

Feste Wanderschuhe sind Grundvoraussetzung für sicheres Wandern. Funktionswäsche ist praktisch: Wenn man schwitzt, trocknet sie schneller. Windstopper, Mütze, Sonnenkappe, aber auch ein Wechselshirt sind nie

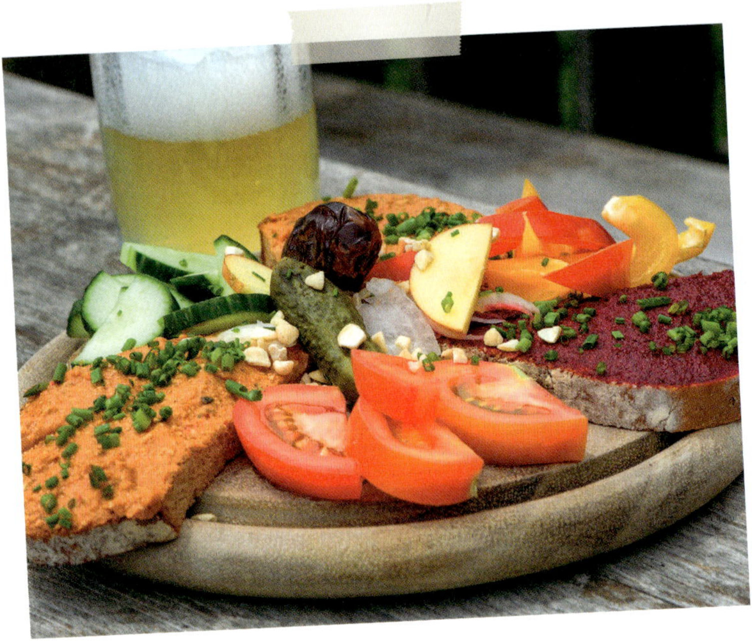

↑ **Vegetarische Brotzeitplatte auf der Hündeleskopfhütte (Tour 24)**

verkehrt. Für einige der Touren sollte man im Sommer seine Badesachen mitnehmen. Sonnenschutz mit starkem Lichtschutzfaktor gehört auch in den Rucksack, ebenso wie ein Insektenabwehrmittel. Vernünftig ist auch ein kleines Erste-Hilfe-Täschchen mit Rettungsfolie (Fachhandel), das gut im Rucksack liegt und nicht viel Platz wegnimmt.
Mit das Wichtigste beim Wandern ist aber die Brotzeit! Auch wenn auf fast allen Touren eine Einkehrmöglichkeit besteht, ist doch die Brotzeit oder das Picknick ein unvergessliches Glückserlebnis. Da sind der Fantasie und dem Geschmack keine Grenzen gesetzt. Vor allem mit Getränken dürfen wir nicht sparen. In den meisten Orten gibt es einen Supermarkt, eine Bäckerei oder einen Dorfladen, wo wir uns eindecken können. Gerade im Allgäu findet man in fast jedem Dorf eine Sennerei. Das verspricht leckerste Käsesorten! Frischer, direkter und regionaler kann man sich kaum versorgen. Schließlich können sich Öffnungszeiten und Ruhetage der vorgeschlage-

nen Gasthäuser ändern. Um nicht hungrig vor verschlossenen Türen zu stehen, prüft man am besten vorher im Internet die Öffnungszeiten und packt einen Notproviant mit ein.

ANFAHRT

Fast alle Ausgangsorte der Touren lassen sich bequem mit öffentlichen Verkehrsmitteln erreichen – eine gute und vor allem umweltverträgliche Alternative zum eigenen Auto.

GEHZEITEN UND HÖHENANGABEN

Wir haben uns sehr um genaue Zeit- und Höhenangaben bemüht. Alle aufgeführten Zeiten verstehen sich als reine Gehzeit und dienen nur als Richtlinie. Pausen und die Zeit für Besichtigungen muss man extra dazurechnen. Die Höhenangaben beziehen wir aus unseren GPS-Daten.

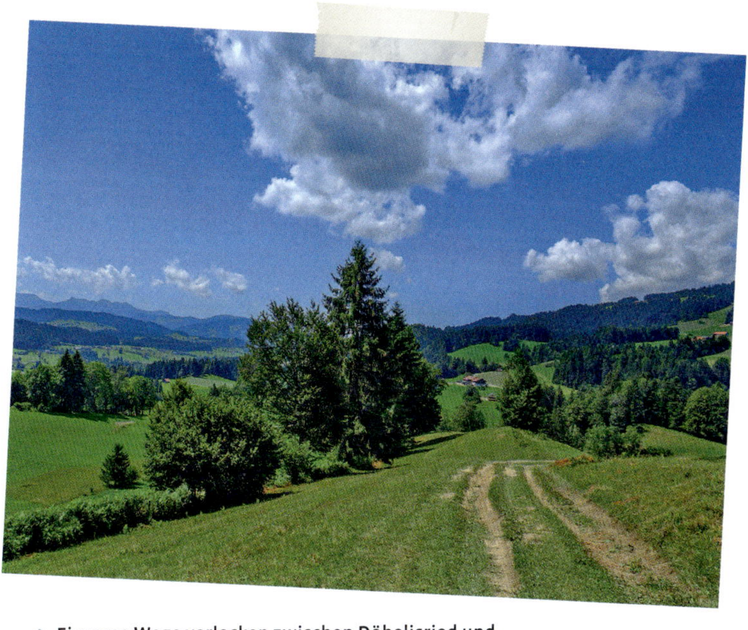

↑ **Einsame Wege verlocken zwischen Döbelisried und Eibele zu einer glücklichen Wanderung (Tour 5).**

HÜGELLAND WESTALLGÄU

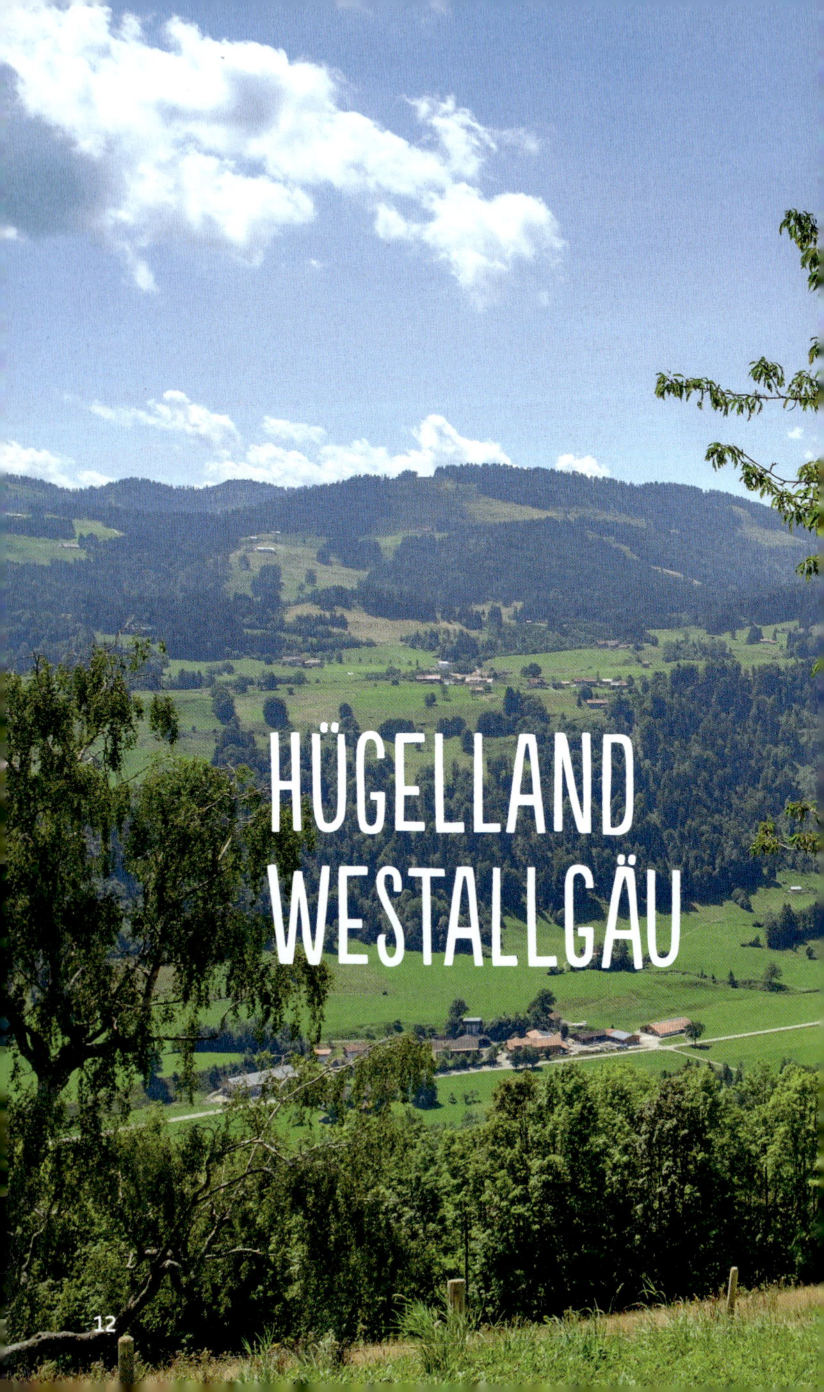

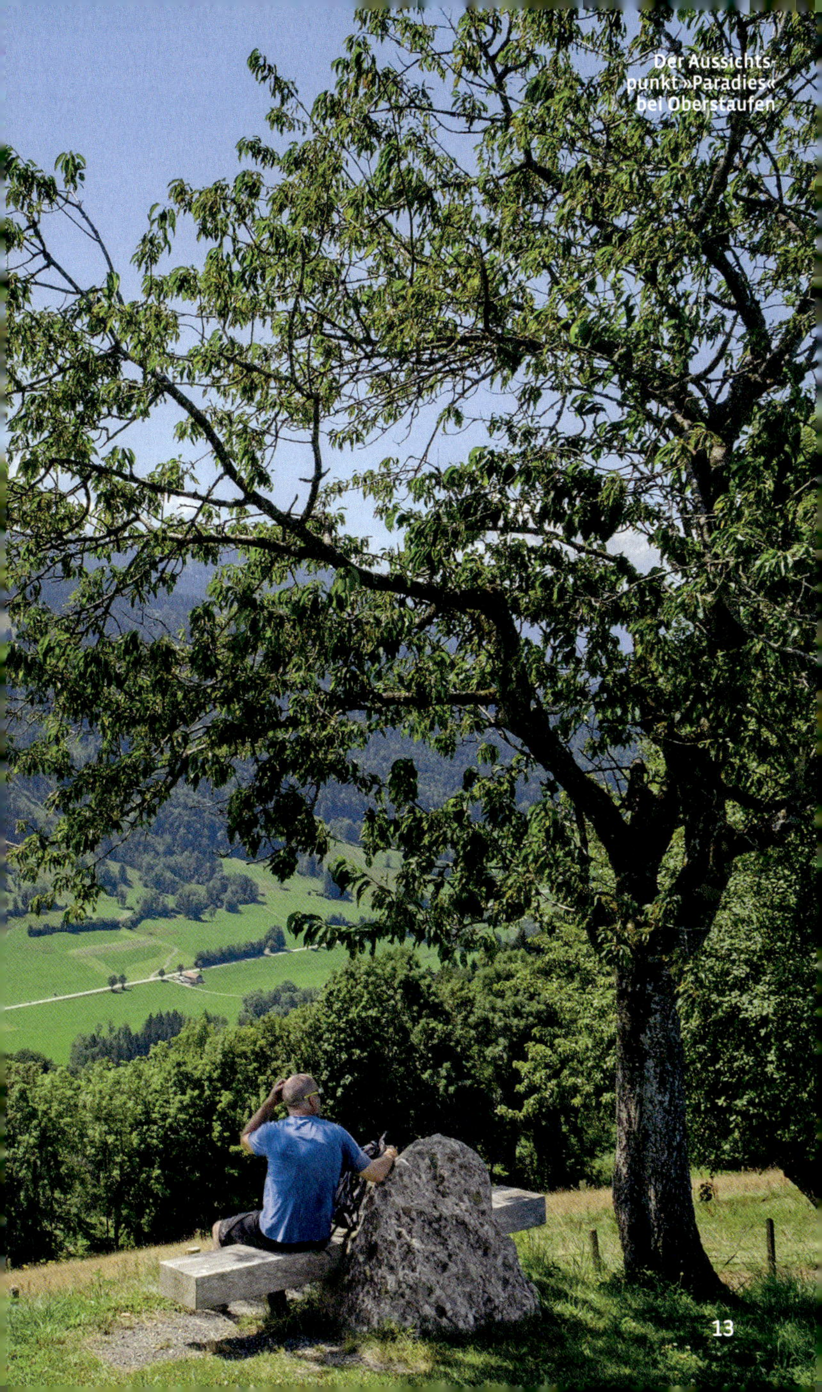

Der Aussichtspunkt »Paradies« bei Oberstaufen

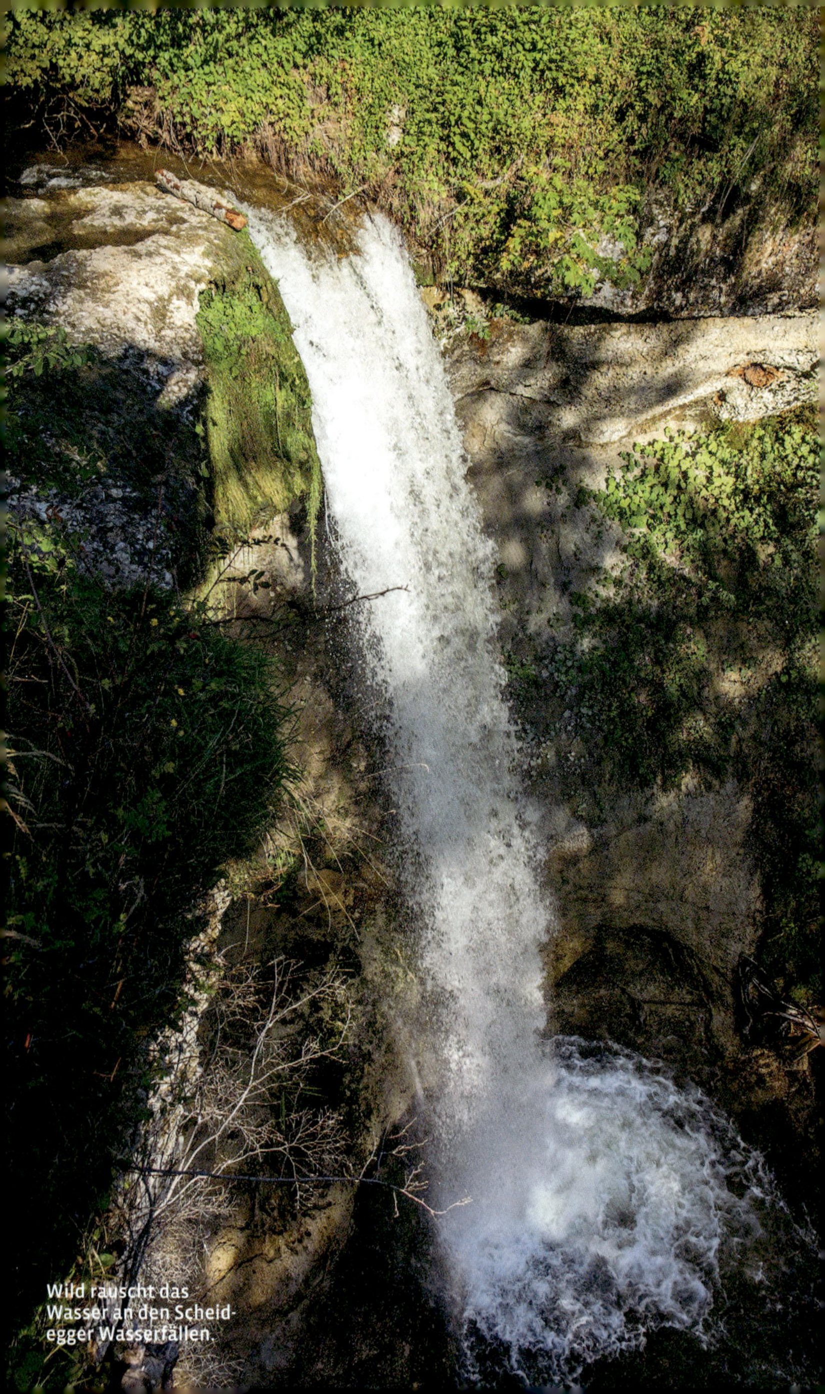

Wild rauscht das Wasser an den Scheidegger Wasserfällen.

Tour
TOUR 1
ohne Uhr

DIE SCHEIDEGGER WASSERFÄLLE

Über stille Wiesen ans wilde Wasser

Die Scheidegger Wasserfälle stehen auf der Liste der 100 schönsten Geotope in Bayern – und das mit Recht. Über mehrere Stufen stürzt das Wasser in die Rohrachschlucht. Vor allem im späten Frühjahr, nach der Schneeschmelze, ist das ein beeindruckendes Spektakel.

Durch Wald und Feld Wir beginnen unsere Wanderung am Rathausplatz in Scheidegg und nehmen die Bräuhausstraße, die zwischen Gemeindeverwaltung und Sparkasse vom Rathausplatz abzweigt. Wir folgen der weiten Rechts-links-Kurve und verlassen dann geradeaus den Ort. Als Nächstes erreichen wir den Weiler Bieslings, der nur aus zwei großen Bauernhöfen besteht. Vor dem ersten Hof biegen wir links ein. Zuvor lohnen sich noch die wenigen Schritte zu der kleinen Galluskapelle. Außen ziemlich unscheinbar, zeigt sie uns im Inneren einen Altar mit dem Bild des Heiligen Wandels. So nennen die Kunsthistoriker die Darstellung von Maria und Joseph, die das kleine Jesuskind an der Hand führen. Flankiert wird der Altar von den Allgäuer Aposteln Magnus und Gallus. Diese Figuren werden zwar der Volkskunst zugeordnet, zeigen jedoch eine erstaunlich hohe Qualität. Weiter folgen wir unserem ursprünglichen Wanderweg. Wir stoßen auf eine Querstraße, die an dieser Stelle einen Bogen macht, und gehen auf ihr nach rechts. Nach einem Parkplatz biegen wir links ab und kommen in den Bereich der Wasserfälle. Nachdem wir an einem Kiosk einen kleinen Eintritt bezahlt haben, können wir mit der Besichtigung beginnen.

Die Wasserfälle Kinder werden ganz schnell nach links in Richtung der Spielgeräte und vor allem zum Streichelzoo entschwunden sein. Das interessiert sie fast mehr als das stürzende Wasser. Aber nachdem wir uns heute Zeit lassen wollen, können wir in Ruhe alles ansehen. Als Erstes

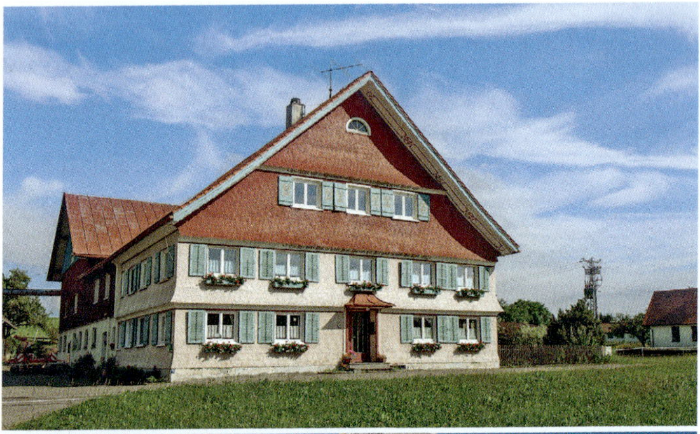

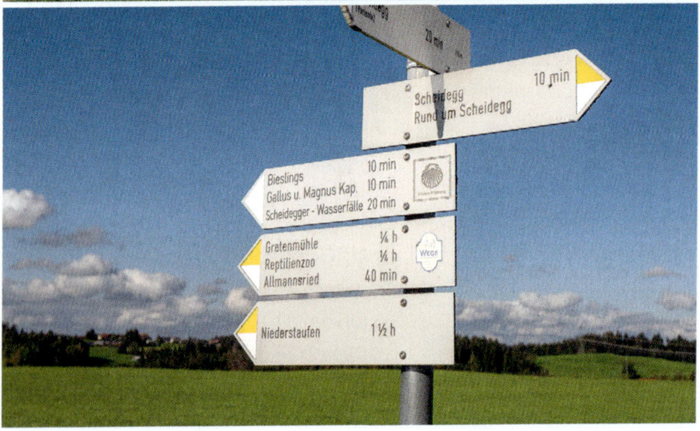

»In der Natur fühlen wir uns so wohl,
weil sie kein Urteil über uns hat.«

Friedrich Nietzsche

gehen wir links an der Oberkante der Schlucht entlang. Der Weg ist nicht lang und ziemlich eben. Er gibt einen ersten Überblick über das Wasserfall-spektakel. Zurück am Kiosk, nehmen wir den rechten Weg. Er führt zunächst relativ flach zu einer ersten Aussichtskanzel, auf der man dem obersten Wasserfall direkt gegenübersteht. Dann beginnen viele Treppen, zunächst aufwärts und schließlich abwärts. Sie bringen uns zu zwei weiteren Aussichtspunkten, die uns die Gewalt des Wassers, das diese tiefe Schlucht gegraben hat, deutlich zeigen. Jetzt heißt es, sich Zeit zu nehmen und das grandiose Schauspiel zu beobachten! Danach kehren wir zum Kiosk zurück.

Zurück nach Scheidegg Wenn wir vom stürzenden Wasser genug haben, machen wir uns auf den Rückweg. Wir erreichen die Stelle, an der wir in der Kurve auf die breitere Straße gestoßen sind. Der einfachste und kürzeste Weg zurück verläuft über den Hinweg. Wer aber noch etwas drauflegen will, bleibt auf der kleinen Straße, folgt der Kurve und passiert die verstreut liegenden Häuser des Weilers Rickenbach. Am Ende des Weilers wird die Autostraße zu einem Feldweg, der sich verzweigt. Hier halten wir uns links und gehen zunächst am Waldrand entlang und schließlich durch den Wald. Bei einer kleinen, lang gezogenen Lichtung zweigt ganz unscheinbar links ein Weg nach Scheidegg ab. Wir überqueren den Rickenbach und steigen auf dem breitesten Weg aufwärts. Oben angekommen, treffen wir auf einen großen Holzplatz. Hier biegen wir rechts ab und gehen direkt auf die Häuser von Scheidegg zu. Wir treffen auf die Zollstraße, die uns nach links wieder ins Zentrum von Scheidegg zurückbringt.

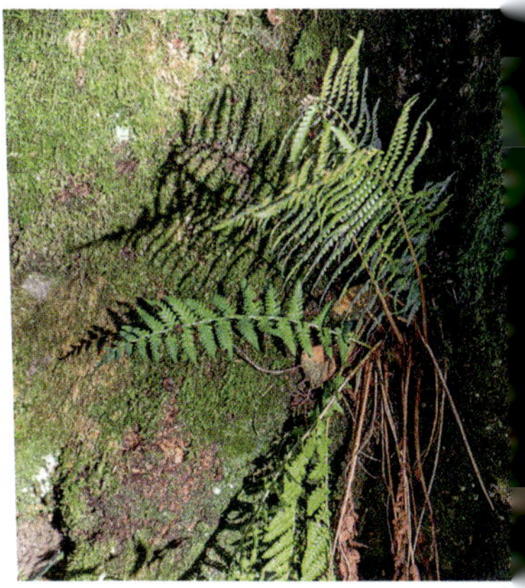

↑ **Bauernhof bei Scheidegg**
↓ **Verlaufen können wir uns nicht.**
→ **In den schattigen Wäldern entlang des Flusses gedeiht Farn.**

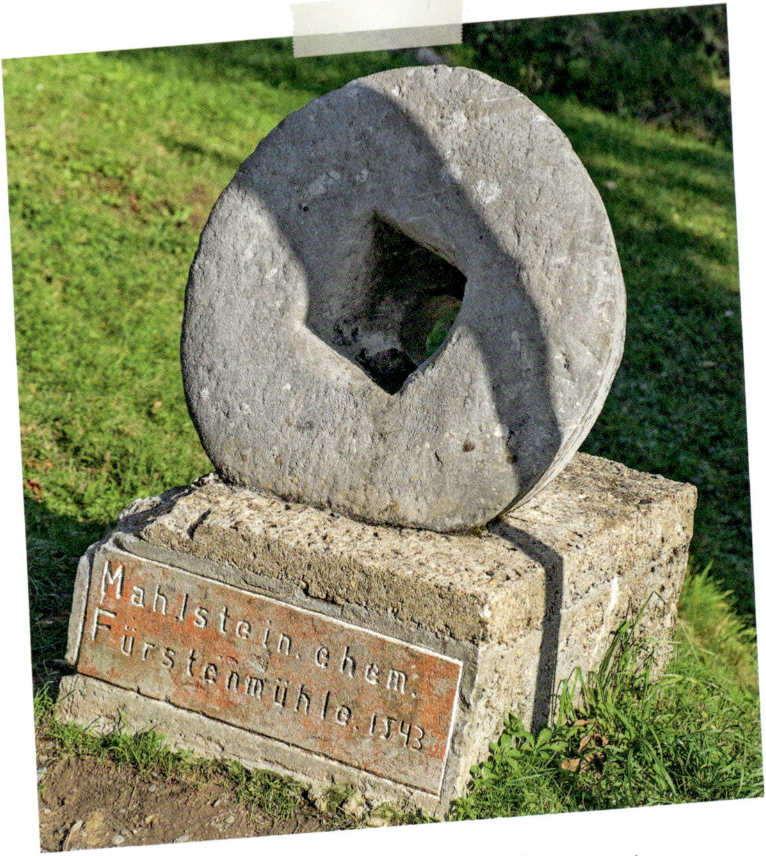

↑ **Der Mühlstein der ehemaligen Fürstenmühle**

Tipp

Das ganze Land nördlich der Alpenkette besteht aus Gesteinsschutt, den das Wasser von den Bergen in die Ebene geschwemmt hat. Der Vorgang begann vor etwa 35 Millionen Jahren und ist heute noch nicht zu Ende. Wo weiche und harte Gesteinsschichten aufeinandertreffen, gräbt sich das Wasser tief ein und bildet zum Teil Wasserfälle, aber auch Schluchten, die man im Allgäu Tobel nennt.

AUF EINEN BLICK

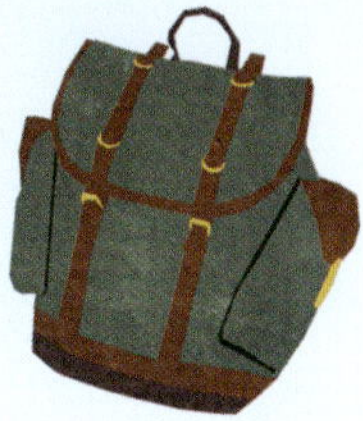

Tour 1: Tour ohne Uhr

Dauer: 2 Std.

Höhenmeter: 180 Hm

Länge: 5 km

Schwierigkeit: Leicht

Tourencharakter: Einfache Rundtour, teilweise im Schatten. Die Wege im Bereich der Wasserfälle erfordern Trittsicherheit und manchmal sogar etwas Schwindelfreiheit. Sie sind zwar gut ausgebaut, führen aber über viele Stufen, die nach Regen manchmal etwas rutschig sein können. Zur Besichtigung der Wasserfälle sind mindestens eine Stunde zusätzlich und einige Höhenmeter mehr einzurechnen.

Ausgangs-/Endpunkt: Rathausplatz Scheidegg

Anfahrt: **Pkw:** Autobahn A96 München–Lindau, Ausfahrt Sigmarszell und weiter auf der B308 (Deutsche Alpenstraße) nach Scheidegg. Parkplätze im Ortszentrum, oder den Parkplatz am Sportplatz benutzen. Wer den Parkplatz am Sportplatz nutzt, muss nicht in die Ortsmitte gehen, sondern folgt gleich der Bräuhausstraße in Richtung Ortsausgang.
Bahn/Bus: Busverbindung vom Bahnhof Lindau und vom Bahnhof Röthenbach

Einkehr: Für den kleinen Hunger bietet sich der Kiosk bei den Wasserfällen mit Getränken und Würsteln an. In Scheidegg gibt es verschiedene Gaststätten. Wir haben sehr gut im Restaurant Der Grieche, Zollstraße 2, Tel. 08381/928 47 05, www.der-grieche-scheidegg.de gegessen.

Information:
www.scheidegg.de

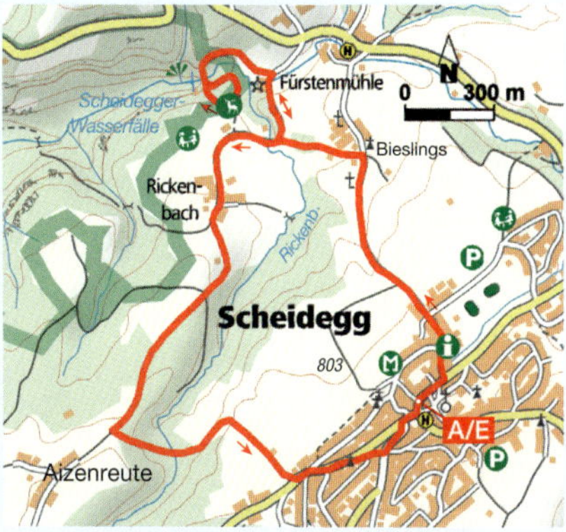

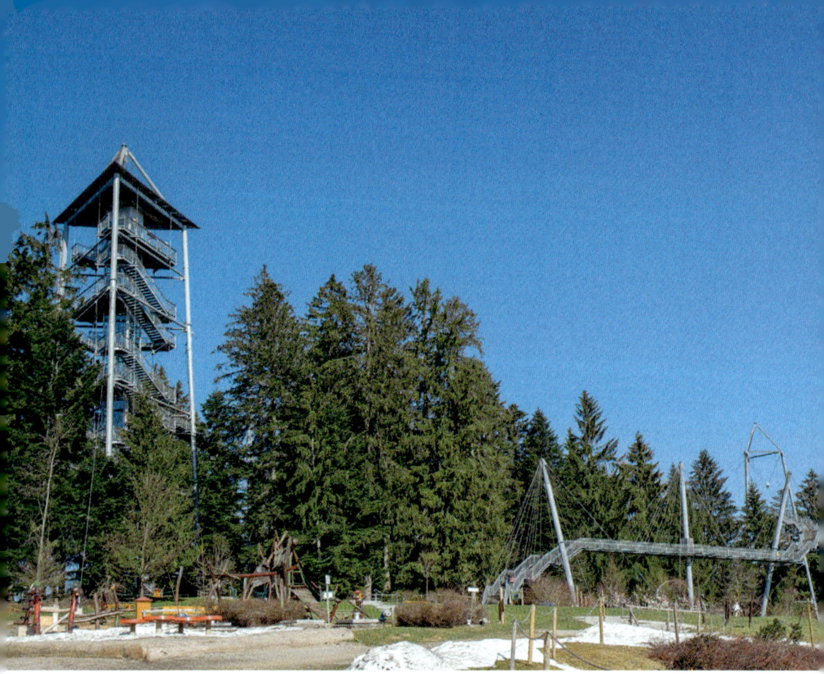

↑ Am Skywalk können wir eine ganze Menge erleben. ↓ In luftiger Höhe

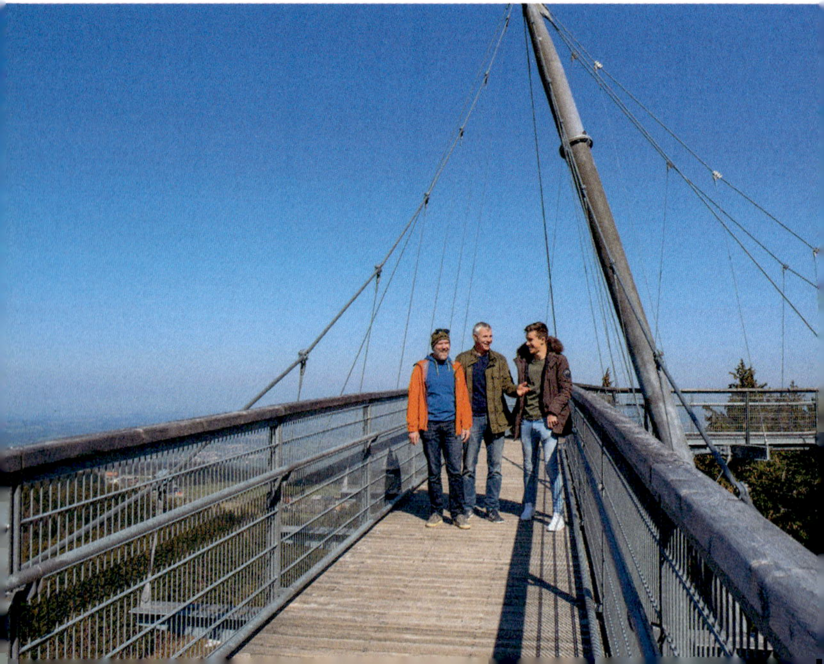

Tour für

TOUR 2

die Sinne

ZUM SKYWALK BEI SCHEIDEGG

Spaß und Spiel mit Aussicht

Glücklich werden nicht nur Familien mit Kindern auf dieser Tour. Die überschaubare Wanderung hinauf zum Aussichtsturm »skywalk allgäu« ist auch für Erwachsene ein Riesenspaß. Nur Mut! Wer alles ausprobiert, wird schnell zum glücklichen Kind.

Schattiger Anstieg Wir beginnen am Kurhaus in Scheidegg und folgen rechts dem Fußweg neben der Straße bergauf (Beschilderung »Oberschwenden«), die zum Skywalk führt. Nach wenigen Hundert Metern verlassen wir die Straße nach rechts auf einen weiterhin ansteigenden Wanderweg, der nun durch den Wald führt. Am großen Parkplatz der Fachklinik Prinzregent Luitpold treten wir wieder an die Sonne und halten uns nun rechts auf den steileren Weg, der uns direkt zum Skywalk Allgäu bringt. Jetzt beginnt der Spaß! Neben dem wunderschönen Rundum-Panorama hat der Skywalk noch einige Attraktionen mehr auf Lager. Im Hauptturm führt ein Aufzug bequem nach oben, sodass wir uns die letzten Höhenmeter des Aufstiegs sogar sparen können. Aber es geht natürlich auch zu Fuß hinauf. Je höher wir kommen, umso mehr merken wir, wie der Skywalk zu schwanken beginnt. Dafür wird aber die Aussicht immer schöner. Am höchsten Punkt, bei 40 Metern, reicht die 360°-Sicht weit über die Allgäuer Berge. Zum Abstieg wartet dann auf die Wagemutigen unter uns ein Höhenerlebnis der Extraklasse: Hier beginnt der Kletterpfad! Ein freiwilliges Abenteuer, das aber sehr zu empfehlen ist, wobei natürlich alles ganz sicher ist. Am Ende des Kletterpfads führt der schnellste Weg durch eine steil geschwungene Röhrenrutsche nach unten. Im Wald unter dem Skywalk gibt es aber noch verschiedene weitere spannende Naturerlebnispfade, dazu einen Geschicklichkeitsparcours und den Barfußpfad. Zudem freuen sich die Kinder über den tollen Abenteuerspielplatz.

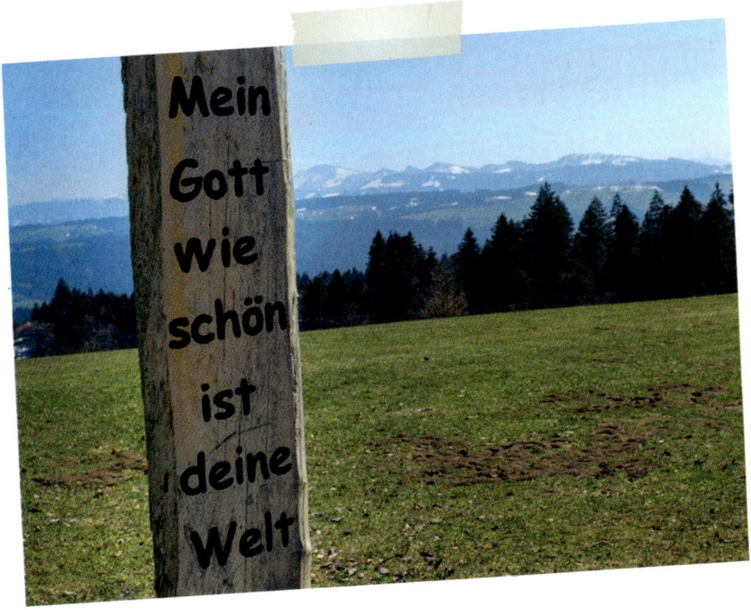

↑ Weiter Blick über die schöne Westallgäuer Berg- und Hügellandschaft

Gemütlicher Abstieg Nach der Besichtigung geht es für wenige Meter auf dem Anstiegsweg zurück. Dann biegen wir etwas unterhalb des Bauernhofs links in den Feldweg ein, der uns über Unterschwenden nach Scheidegg zurückbringt. Jetzt ist sicherlich noch etwas Zeit, um Scheidegg genauer zu erkunden. So lohnt sich z.B. ein Blick in die im Rokokostil ausgeschmückte Kirche St. Galus in der Ortsmitte. Oder wir besuchen die Dorfsennerei im Ortsteil Böserscheidegg.

Tipp

Der Skywalk Allgäu hat das ganze Jahr über geöffnet. Wenn nicht zu viel Schnee liegt, dann können wir auch im Winter zu dieser Wanderung aufbrechen. Besonders schön ist die Aussicht von dem mehrstöckigen Aussichtsturm natürlich an einem klaren Tag. Dann sind die Allgäuer und Vorarlberger Berge wie zum Greifen nahe.

AUF EINEN BLICK

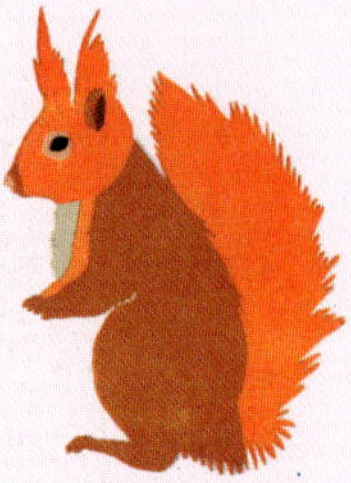

Tour 2: Tour für die Sinne

Dauer: 1.45 Std.

Höhenmeter: 200 Hm

Länge: 6 km

Schwierigkeit: Leicht

Tourencharakter: Die angegebene Zeit bezieht sich nur auf die Wanderung zum Aussichtsturm Skywalk. Diese verläuft völlig unproblematisch auf bequemen Wanderwegen mit leichter Steigung. Der Aussichtsturm selbst ist behindertengerecht.

Ausgangs-/Endpunkt: Kurhaus in Scheidegg

Anfahrt: **Pkw:** Von München auf der A96 bis Ausfahrt Scheidegg, weiter nach Scheidegg, durch den Ort in südlicher Richtung bis zum Kurhaus fahren (Beschilderung Wohnmobilstellplätze/Hotel Edita)
Bahn/Bus: Mit dem Zug bis Lindau, von dort mit dem Bus nach Scheidegg

Einkehr: Am Skywalk gibt es eine Cafeteria. Am Ende der Wanderung warten direkt am Kurhaus ein italienisches Café-Restaurant mit Seeterrasse oder das Restaurant im Hotel Edita (www.hotel-edita.com) auf uns.

Information: www.scheidegg.de

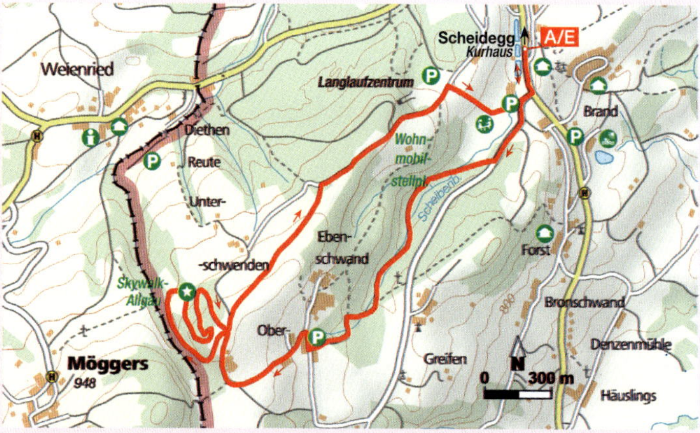

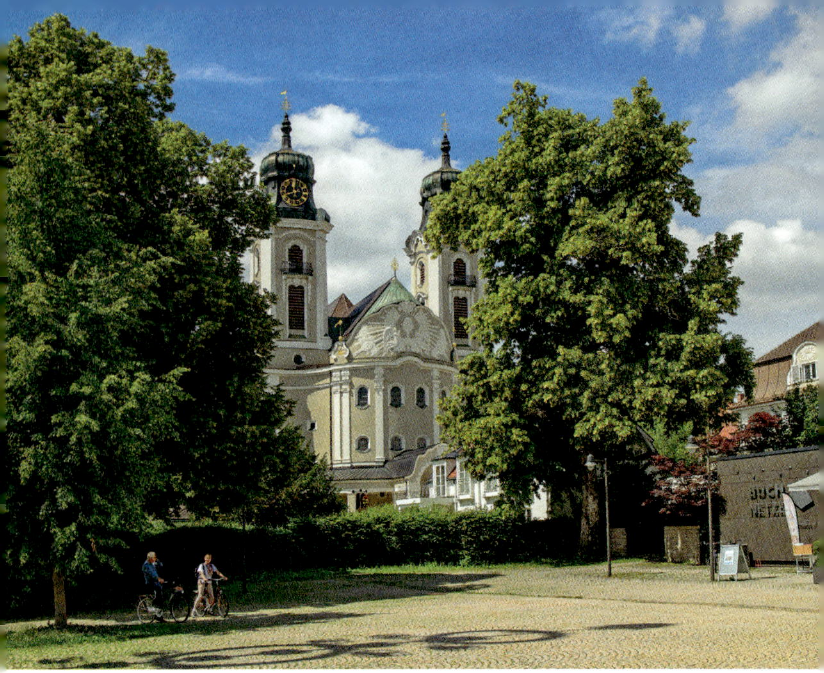

↑ Pfarrkirche Peter und Paul ↓ An der Burgruine von Schreckenmanklitz

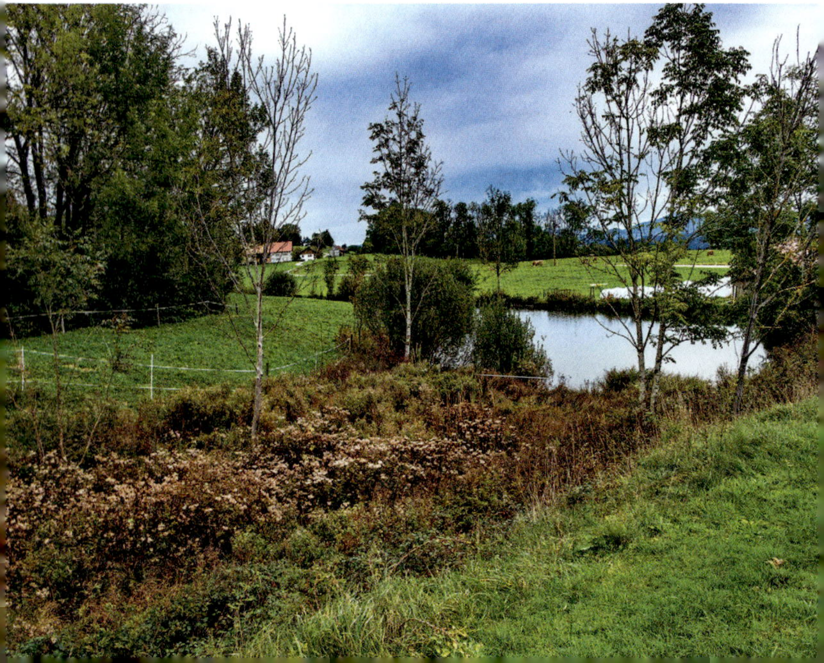

Tour
TOUR 3
ohne Uhr

RUND UM LINDENBERG

Zu den Raubrittern

Bei unseren Genusstouren spielt die Aussicht oft eine große Rolle. Aber dass wir gleich eine ganze Stunde wandern können und die Fernsicht dabei nicht verschwindet, ist nur hier bei Lindenberg der Fall.

Zur Aussicht Wir beginnen unsere Wanderung am Rathaus von Lindenberg und gehen nach rechts in die Sedanstraße und geradeaus weiter in die Marktstraße. Beim Kreisverkehr halten wir uns rechts und bleiben damit auf der Marktstraße, die auf die Aureliuskirche trifft. Sie biegt nach links und wird zur Bergstraße, die ihren Namen nicht von ungefähr hat, denn sie führt schnurgerade und steil aufwärts. Nach dem ersten Anstieg wird die Straße flacher, über Felder und Wiesen treffen wir auf die B308, die Deutsche Alpenstraße. Durch einen Tunnel kommen wir auf die Gegenseite und sind damit schon in Ruppenmanklitz, einem Weiler mit vielen verstreuten Häusern und Bauernhöfen. Die Straße schlängelt sich in weiten Kurven ins Tal. Bereits oben an der ersten Kurve öffnet sich ein einmaliger Blick über das weite Tal des Rothbachs auf die Alpenkette. Links beginnt das Panorama mit der Nagelfluhkette und ihrem Hochgrat, dann folgen die Berge des Bregenzer Waldes und zum Schluss im Westen die Berge des Appenzeller Landes mit dem mächtigen Säntis als Landmarke.

Burgruine Schreckenmanklitz Wir wandern die Straße abwärts. Die Abzweigung nach links, die bereits nach Schreckenmanklitz weist, beachten wir nicht. Dann erreichen wir den eigentlichen Weiler Ruppenmanklitz und biegen bereits vor dem ersten Haus links ab. Aus der Teerstraße wird ein Feldweg, der uns direkt nach Schreckenmanklitz bringt. Auf der Hauptstraße geht es nach links und dann stehen wir bereits vor der alten Burganlage Schreckenmanklitz, von der nur noch ein Teil des Wassergrabens und ein überwachsener Hügel übrig ist.

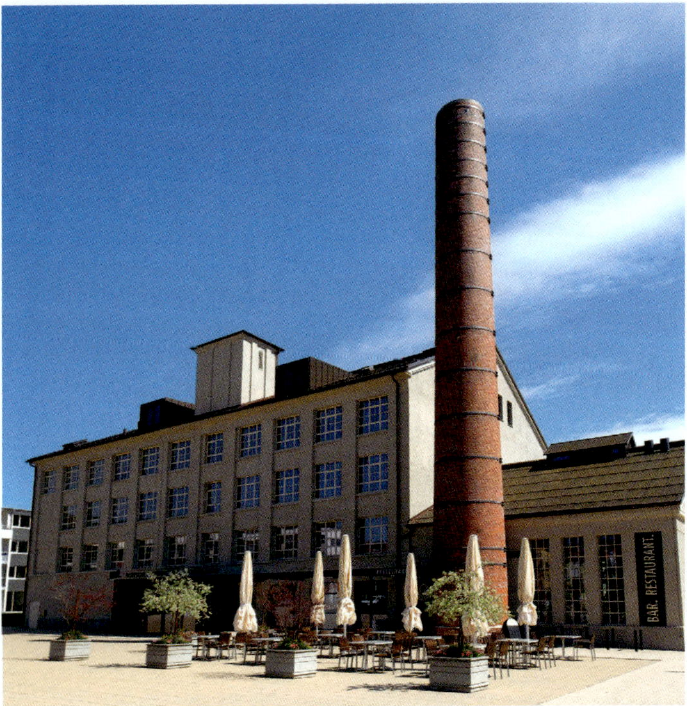

»In diesem Augenblick
bin ich dermaßen glücklich,
dass meine einzige Beschäftigung
darin besteht, zu leben.«

Honoré de Balzac

Raubritter an der Burg Schreckenmanklitz An der Burg hausten wohl Raubritter, wie man aus Legenden erfährt. Ein Körnchen Wahrheit muss sich in den Geschichten aber verbergen, denn der Ortsname kommt wohl nicht von ungefähr. Die einstige Wasserburg entstand vor 1366 und war vermutlich eine der vielen Kleinburgen, in denen, modern gesagt, ein Verwaltungsbeamter wohnte. Der zog den Grundzins ein, damals noch in Naturalien. Zur Lagerung brauchte er ein gesichertes Haus, eben eine Burg. Solche Verwaltungsbeamte waren wohl auch die Herren von Weiler, die vermutlich die Burg von Schreckenmanklitz erbaut haben. Man kann sich durchaus vorstellen, dass sie den Zoll für ihren Dienstherren, den Abt von St. Gallen, etwas sehr gründlich eingezogen hatten. Damit wäre in der Rückschau die Bezeichnung Raubritter zusammen mit dem Ortsnamen durchaus zu erklären. Die Burg wurde ungewöhnlich kurz genutzt, bereits in der Mitte des 16. Jahrhunderts war sie verfallen.

Über die Alpenstraße zum Mühlbach Vor dem Wassergraben der ehemaligen Burg biegen wir rechts ab und wandern langsam aufwärts auf die Alpenstraße zu, die bereits von hier unten zu sehen ist. Bis hierher hat uns die ganze Zeit der prächtige Blick auf die Alpenkette begleitet. An der verkehrsreichen Straße angekommen, sind wohl oder übel knappe 200 Meter Fußmarsch entlang der Straße nötig, um in das nächste Dorf, nach Manzen, zu kommen. Wir überqueren sie vorsichtig und gehen nach rechts zur gut sichtbaren Abzweigung. Aber Achtung, die Einfahrt nach etwa 100 Metern ist eine Hofeinfahrt, hier kommt man nicht weiter. Haben wir die richtige Einfahrt erreicht, wandern wir schräg in das Dorf und dann auf der Hauptstraße geradeaus weiter nach Weihers.

Auf dem Bahndamm Nach dem ersten Hof von Weihers zweigt links ein Weg ab

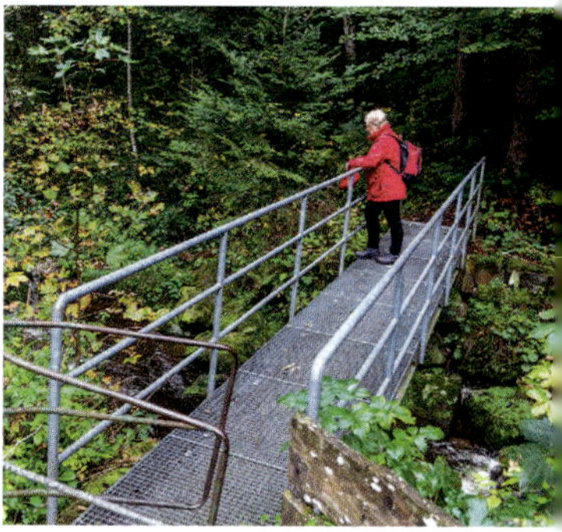

← **Nach der Tour können wir noch das Hutmuseum von Lindenberg besuchen.**
→ **Am Mühlbach zwischen Manzen und Großholz**

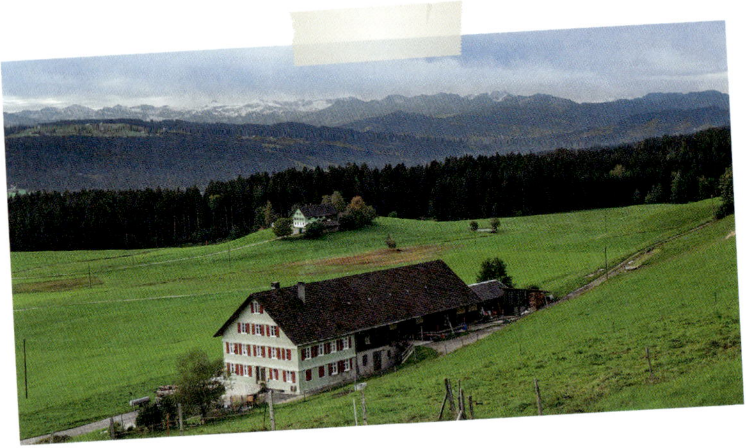

↑ **Blick von Ruppenmanklitz auf die Vorarlberger und Schweizer Alpen**

und führt unmittelbar am Hof vorbei in einem Rechtsbogen aufwärts. Oben biegt er dann wieder links ab. Beim nächsten Hof ist unser breiter Weg zu Ende, als schmaler Trampelpfad führt er dicht an einer Scheune vorbei geradeaus zum Wald. Zwischen den Bäumen ist der Weg dann besser zu erkennen, er bringt uns abwärts zu einer Brücke über den Mühlbach. Nach der Brücke wird der Weg wieder breiter und führt aus dem Mühlgraben heraus zum alten Bahndamm, auf dem einst die Bahn von Röthenbach nach Lindenberg und Scheidegg fuhr. Am Bahndamm wenden wir uns nach links und kommen ohne besondere Steigungen nach Lindenberg. Hier nehmen wir die Hauptstraße und erreichen auf ihr die Sedanstraße, die uns wieder zum Rathaus und damit zu unserem Ausgangspunkt bringt.

Tipp

Lindenberg lohnt mehr als nur einen kleinen Bummel. Der Ort war vor allem für seine Strohhüte bekannt. Später, vor allem im 19. Jahrhundert, entstanden mehrere Hut-Manufakturen, die die Lindenberger Kopfbedeckungen in die ganze Welt exportierten. Heute zeugt das Deutsche Hutmuseum, das im denkmalgeschützten Gebäude der ehemaligen Hutfabrik Ottmar Reich untergebracht ist, von dieser glorreichen Zeit.

AUF EINEN BLICK

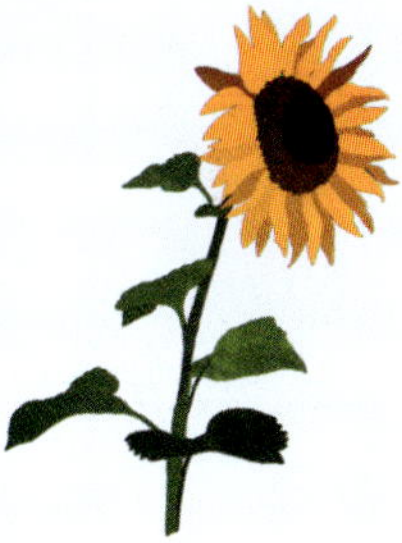

Tour 3: Tour ohne Uhr

Dauer: 2.30 Std.

Höhenmeter: 150 Hm

Länge: 7,5 km

Schwierigkeit: Leicht

Tourencharakter: Einfache Rundtour mit wenig Schatten. Bis auf den Übergang über den Mühlbach breite, teilweise geteerte Wege, die auch als Fahrstraße mit sehr wenig Verkehr genutzt werden

Ausgangs-/Endpunkt: Rathaus Lindenberg

Anfahrt: **Pkw:** Autobahn A96 München–Lindau, Ausfahrt Sigmarszell und weiter auf der B308 (Deutsche Alpenstraße) nach Lindenberg. Am besten den Parkplatz P5 an der Sandstraße benutzen (kostenlos). Von dort am Bauhof vorbei zur Bergstraße
Bahn/Bus: Busverbindung vom Bahnhof Lindau und vom Bahnhof Röthenbach

Einkehr: Das Hotel Bavaria in Manzen bietet vor allem delikate Wildgerichte und Forellen aus eigener Zucht an. In Lindenberg gibt es zahlreiche Gaststätten. Als wir für die Recherche unterwegs waren, hat uns der Regen überrascht. Wir haben uns in die Bäckerei Schwarz an der Ecke Hauptstraße/Bismarckstraße geflüchtet. Das war zu unserer Überraschung ein Selbstbedienungsrestaurant, mit dem wir hoch zufrieden waren.

Information: www.lindenberg.de

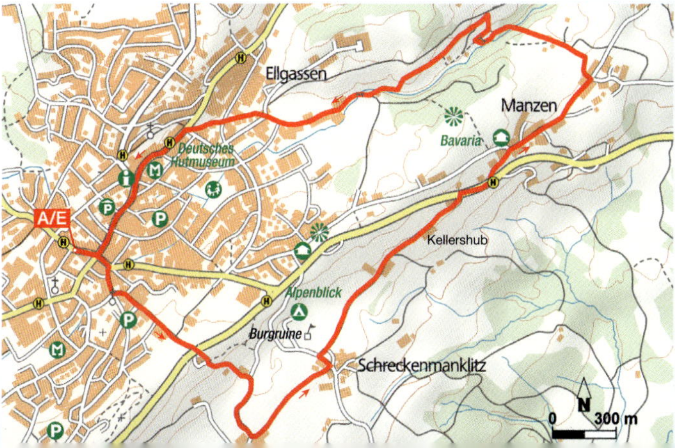

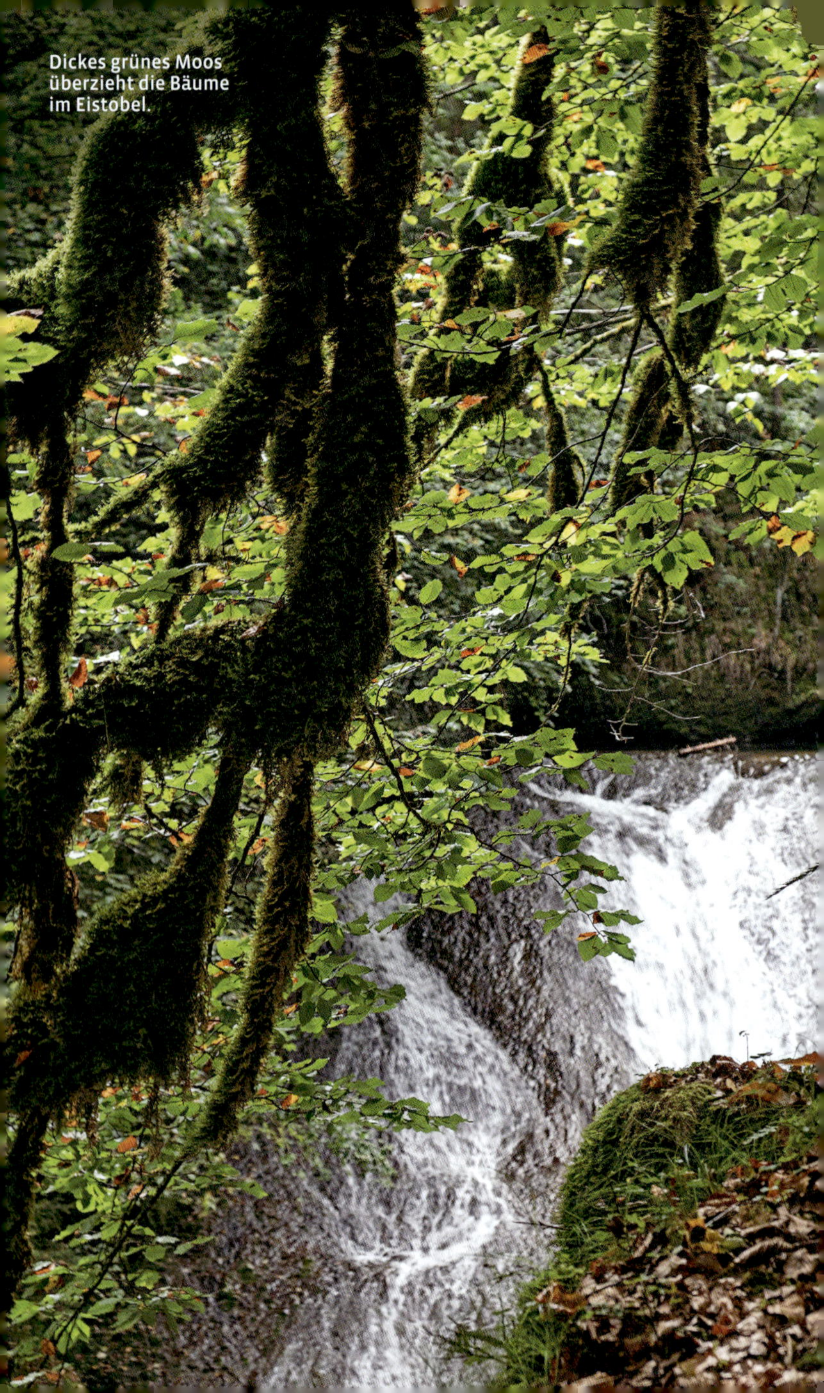

Dickes grünes Moos überzieht die Bäume im Eistobel.

DER EISTOBEL

Tour für
TOUR 4
die Sinne

Ein Wasser-Wunder

Im Allgäuer Alpenvorland dominieren sanfte Hügel und weite Wiesen. Doch es verbergen sich dazwischen manche Überraschungen, die von Weitem kaum sichtbar sind. Dazu gehört der Eistobel, eine Schlucht, die das Wasser der Argen in vielen Jahrtausenden in die Landschaft geschnitten hat.

Abstieg zum Wasser Wir beginnen unsere Wanderung an der Argentobelbrücke bei dem kleinen Kiosk, bei dem wir auch unseren Obolus für die Wegbenutzung entrichten müssen. Dieser Betrag ist sehr gerechtfertigt, denn dafür werden die Wege im Tobel bestens instandgehalten. Hinter dem Kiosk geht es über Stufen steil abwärts zum Fluss. Unten werden wir mit einem kleinen verbliebenen Bauteil an die alte Argentobelbrücke erinnert, die 1985 durch die moderne Stahlbetonbrücke ersetzt wurde. Die alte Brücke war zurzeit ihrer Erbauung 1905 bis 1907 die längste und höchste Brücke Bayerns und damals einen Ausflug wert. Auch wenn es seltsam klingt, die Brücke wird Argentobelbrücke genannt; der Tobel, so wird im Allgäu eine Schlucht genannt; ist aber der Eistobel. Hier beginnt nun unser Weg durch den Eistobel zuerst ganz unspektakulär neben dem Fluss. Wir kommen an harmlosen Kiesbänken vorbei, auf denen man Kinder beruhigt spielen lassen kann. Doch dann taucht der harte Nagelfluh auf, der dem fließenden Wasser mehr Widerstand entgegensetzt als der Sandsteinboden. Damit entstehen Stufen im Flussbett, über die das Wasser wie eine Kaskade nach unten stürzt. Die Oberfläche der Nagelfluhfelsen ist nie ganz glatt. Das darüber strömende Wasser fließt deshalb nicht flach über den Felsen, sondern bildet immer wieder Strudel. In diesen verfangen sich Steine, die dann im Kreis herumgetrieben werden. Das höhlt den Fels immer tiefer aus. Es entstehen Löcher, die mehrere Meter Durchmesser haben können und im Lauf der Zeit immer tiefer werden. Am Weg durch die Schlucht kommen wir immer wieder an solche Strudellöcher. Sie als

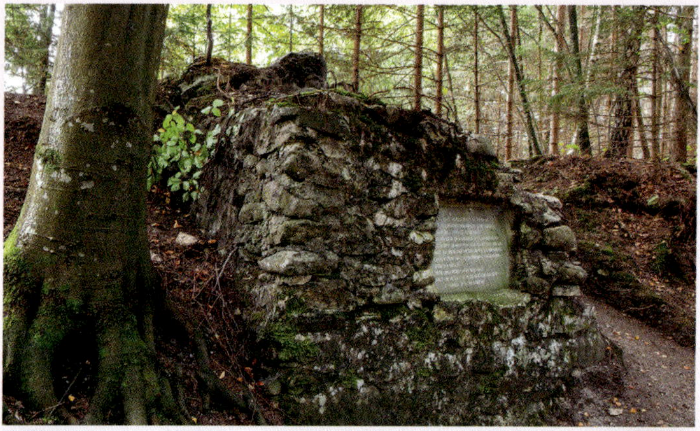

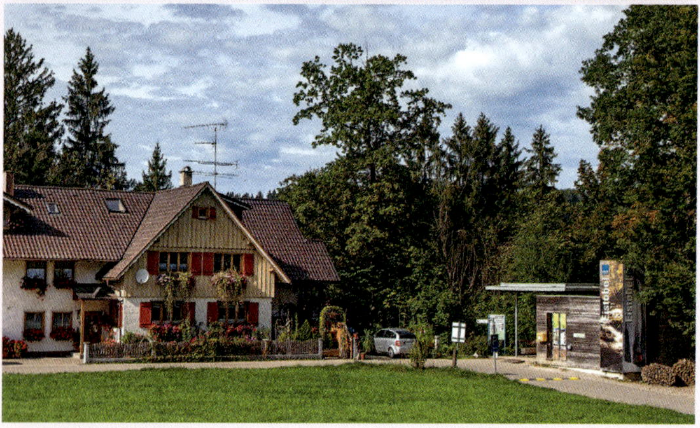

»Das Leben besteht in der Bewegung.«

Aristoteles

»Badewanne« zu benutzen, wäre zwar verlockend, ist jedoch lebensgefährlich. Von oben ist nicht zu erkennen, welche Wasserströmungen im Inneren herrschen. Auf den bestens ausgebauten Wegen könnte man den Tobel bequem in einer Stunde durchwandern. Aber hier gibt es so viel zu schauen und auch zu fotografieren, dass wir mindestens mit der doppelten Zeit rechnen. Am Ende treffen wir auf eine Brücke, mit der wir die Obere Argen überqueren.

Zur Ruine Hohenegg Haben wir bis jetzt die Geologie des Allgäus erlebt, so können wir noch rasch einen Blick ins Mittelalter werfen. Ein Wegweiser nach der Brücke schickt uns in fünf Gehminuten zur Ruine Hohenegg. Zugegeben, arg viel ist von der Burg nicht mehr übrig. Zumindest erinnert ein Gedenkstein an einem Mauerrest an die ehemalige Burg. Um 1200 entstanden, muss sie seinerzeit große Bedeutung gehabt haben. Auf ihr lag immerhin die hohe Gerichtsbarkeit, das heißt, der Burgherr konnte die Todesstrafe verhängen. Im Bauernkrieg 1525 wurde sie stark beschädigt und schließlich abgebrochen. Die Kapelle neben den Mauerresten hat mit der Burg nichts zu tun, sie wurde erst 1897 erbaut. Auf dem Anstiegsweg kehren wir zu dem Schild zurück, das uns den Weg zur Ruine gewiesen hat.

Zur Einkehr Dieser Wegweiser schickt uns auch nach Riedholz mit einem Wirtshaus. Wir folgen der neuen Richtung und steigen aus dem Eistobel heraus. In weiten Schleifen wandern wir zwischen Wald und Wiesen in das kleine Dorf Riedholz und treffen dort auf die Hauptstraße, auf der wir links schon von Weitem den Gasthof Adler sehen. Er passt von der Lage her wunderbar für eine ausgiebige Mittagsrast, wir haben dort sehr gut gegessen. Nach der Pause

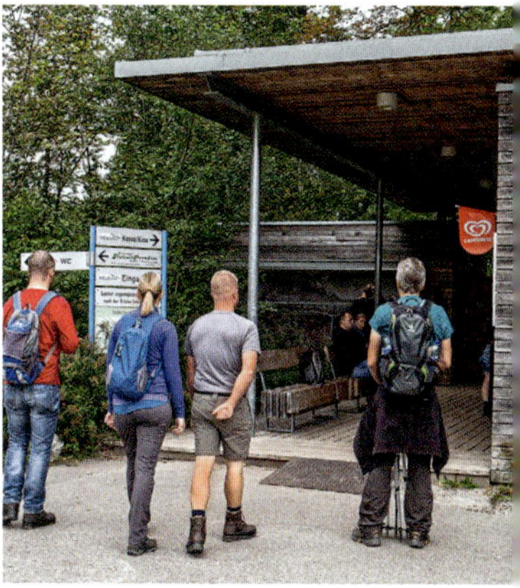

↑ **Ruinenreste der Burg Hohenegg über dem Eistobel**
↓ **Hier beginnt unsere Wanderung.**
→ **Am Eingangskiosk**

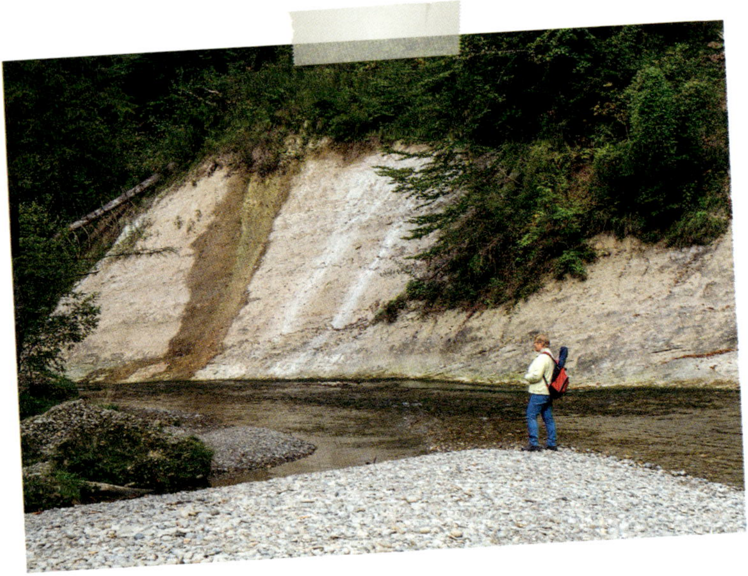

↑ **Wanderer im Eistobel zwischen Maierhöfen und Grünenbach**

ist es nicht mehr weit. Wir gehen auf der Dorfstraße vor zur Autostraße, auf der wir gekommen sind. Neben ihr haben uns die Straßenbauer einen Fuß- und Radweg spendiert, auf dem wir nach links in ein paar Minuten völlig sicher zur Argentobelbrücke und damit zu unserem Parkplatz kommen. Wer jetzt noch Zeit hat, fährt weiter in die nahe Stadt Isny, wo wir den Tag in der Marktstraße bei einem Eisbecher glücklich beenden.

Tipp

Der Eistobel bietet im Winter ein ganz besonderes Schauspiel. Er verwandelt sich in einen »Eispalast«, der einer Eisprinzessin alle Ehre machen könnte. Die Wände des Tobels sind wie mit einem Vorhang aus Eis überzogen und von Eiszapfen dekoriert. Doch hat das Ganze einen Haken: Der Tobel ist dann offiziell geschlossen, es wird nicht geräumt und auch nicht gestreut. Wer trotzdem hineinsteigt, muss gut ausgerüstet sein und geht auf eigene Gefahr.

AUF EINEN BLICK

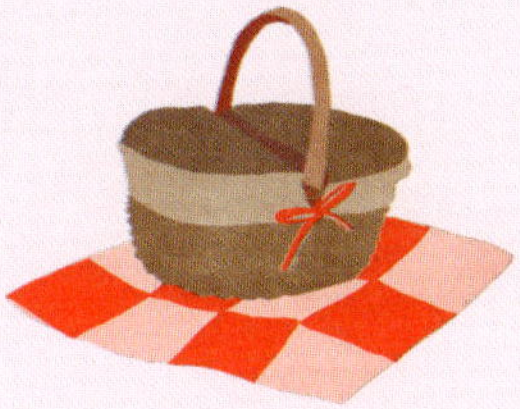

Tour 4: Tour für die Sinne

Dauer: 2 Std.

Höhenmeter: 380 Hm

Länge: 6 km

Schwierigkeit: Leicht

Tourencharakter: Einfache Rundtour mit viel Schatten. Die Wege sind hervorragend ausgebaut und bequem begehbar. Nach Riedholz führt eine Teerstraße bzw. ein Fuß- und Radweg neben der Hauptstraße.

Ausgangs-/Endpunkt: Argentobelbrücke

Anfahrt: Pkw: A96 München–Lindau, Ausfahrt Wangen West und über die B12 nach Isny. Von der Umfahrung Isny rechts nach Maierhöfen und weiter zur Argentobelbrücke. Parkplätze rechts nach der Brücke
Bahn/Bus: Busverbindung von Isny bzw. Röthenbach mit den Busnummern 761, 732, 733. In Röthenbach Anschluss an die Allgäubahn

Einkehr: Im Eistobel keine Möglichkeit, am besten, man bringt sich eine eigene Brotzeit mit. An der Hauptstraße kurz vor dem Ende der Wanderung gibt es mit einem Abstecher noch den Gasthof Argentobelbrücke.

Information:
www.eistobel.de

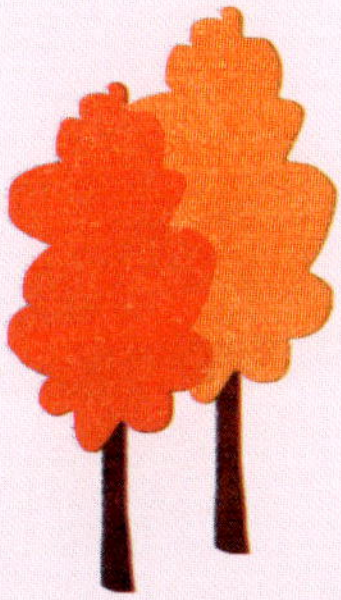

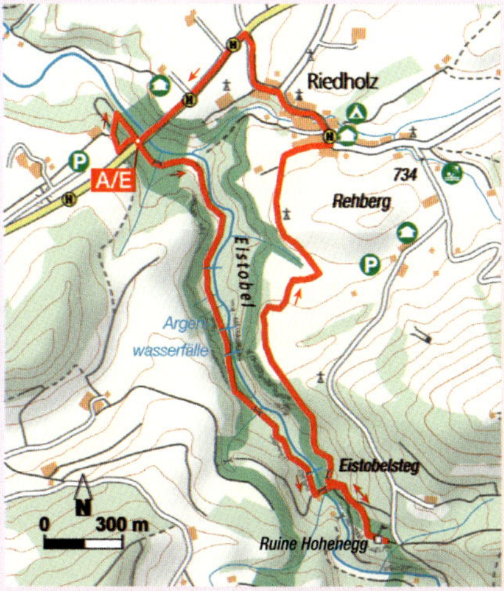

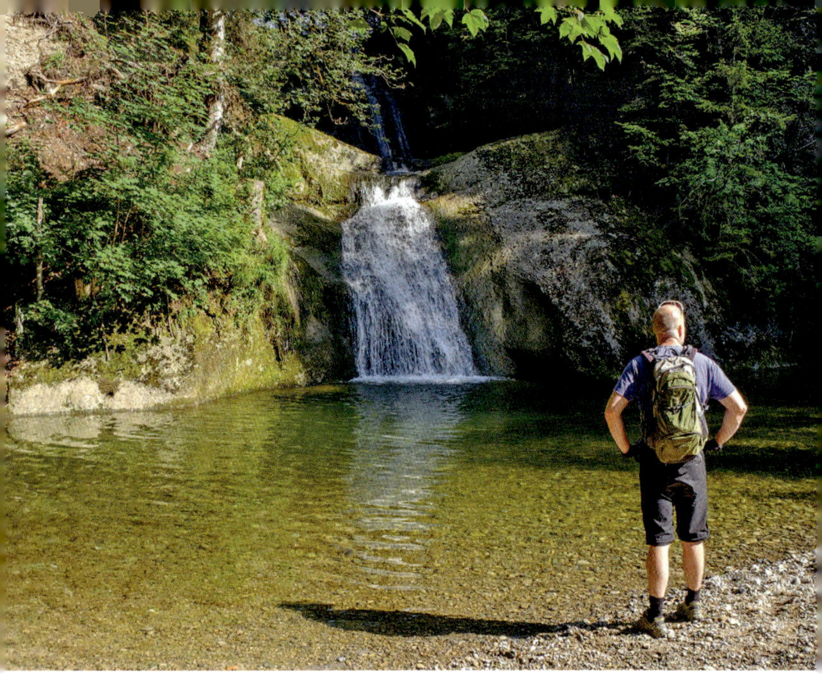

↑ Eibele Wasserfall ↓ Bauernhof in Döblisried an der Deutschen Alpenstraße

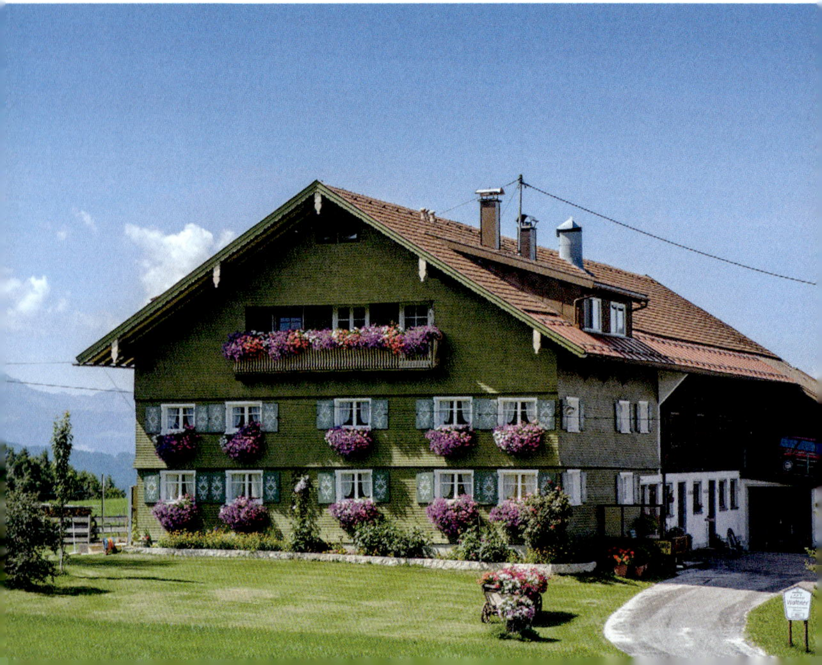

VON EIBELE AUF DEN KAPF

Tour für den Genuss
TOUR 5

Ins irdische Paradies

An der Grenze zu Vorarlberg geht es auf einsamen Wegen über Almwiesen und Wälder hinauf ins Paradies. So nennt sich sowohl der Aussichtspunkt wie das Bergcafé, das wir auf der Wanderung erreichen.

Eibele Wasserfall Eibele ist eine Ferienhaussiedlung und liegt an der Grenze zu Vorarlberg. Wir folgen dem Paradiesweg zu einem der wenigen historischen Gebäude, der Eibelemühle. Dahinter führt uns ein Wiesenpfad zum Eibelebach. Auf der anderen Seite liegt der Eibele Wasserfall, ein idyllisches Naturjuwel. Zurück an der Eibelemühle gehen wir links auf den ansteigenden Weg, der zur Kelleralpe beschildert ist.

Hinauf ins Paradies Anfangs folgen wir noch dem Eibele Bachlauf, dann verlassen wir den Wald und wandern über Almwiesen hinauf zur Kelleralpe. Hinter der Kelleralpe ist der Weg nicht mehr so gut gepflegt, kleine Waldabschnitte wechseln sich mit Wiesen ab. Drei steilere Kurven führen uns zu einem Bauernhof hinauf. Wir erreichen die B308, die deutsche Alpenstraße, die wir vorsichtig queren. Auf der anderen Seite folgen wir der kleinen Teerstraße bergauf. Den nächsten Hof (Hausnummer 13), den wir passieren, merken wir uns für den Rückweg. Wenig später halten wir uns links und erreichen gleich die Zufahrtsstraße nach Berg und zum Café Berghof am Paradies. Mit einem letzten Aufschwung folgen wir ihr nach links und schon haben wir es geschafft. Wer möchte, kann hinter dem Café Paradies noch rasch (10 Min.) den Kapf erobern. Er gilt als schönster Aussichtspunkt von Oberstaufen. Ansonsten lassen wir uns von den paradiesischen Backkünsten im Café verwöhnen. Die Kuchenstücke sind riesig! Aber das ist kein Problem, denn nach der Rast geht es nur hinunter.

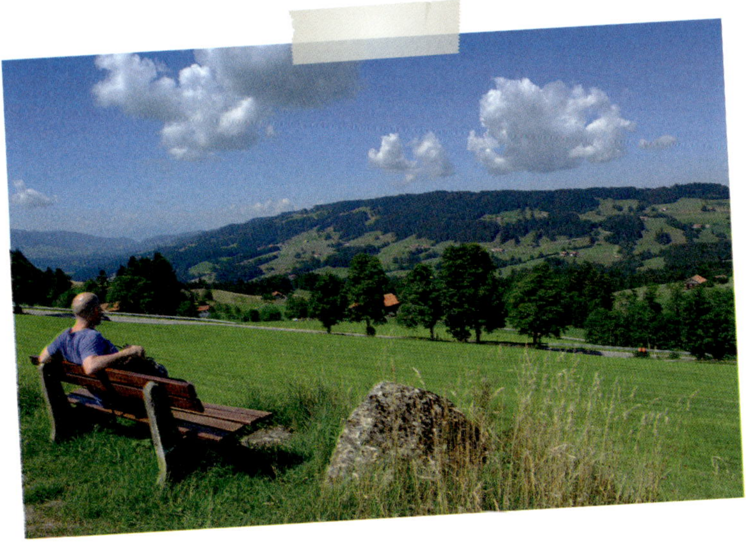

↑ **Die Aussicht auf dem Weg zum Café Paradies lässt sich geruhsam genießen.**

Nur noch abwärts So folgen wir dem Sträßchen zurück bis zum Bauernhaus Nr. 13, wo wir links abbiegen und durch die Unterführung auf die andere Seite der B308 gelangen. Eibele ist ausgeschildert. Wir passieren zwei Bauernhäuser und wandern entlang einer Baumreihe abwärts. Schließlich geht es leicht rechts auf einem Wiesenpfad (Viehgatter bitte immer schließen!) mit schönster Aussicht bis zum Feldweg unweit der Kelleralpe. Jetzt kennen wir den Rückweg. Nach links gehend, erreichen wir wieder Eibele.

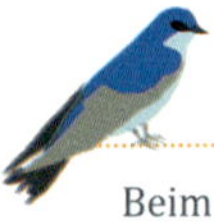

Tipp

Beim Namen Paradies handelt es sich um einen Flurnamen. Den haben wohl die ersten Siedler erfunden. Hier gibt es flache Hänge, viele nach Süden hingeneigt und deshalb klimatisch begünstigt, und ausreichend Wasser. Und doch liegen sie so abgelegen, dass für Einzelgehöfte genügend Land vorhanden war. Es ist nach wie vor ein Paradies, wenn sich auch der Weiler, in dem das Café steht, heute Berg nennt.

AUF EINEN BLICK

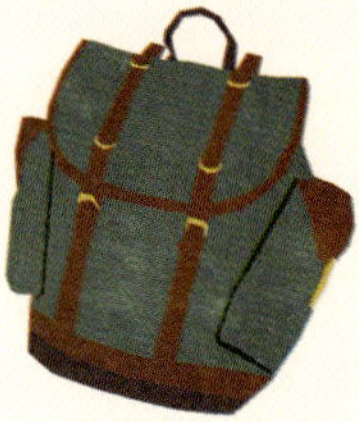

Tour 5: Tour für den Genuss

Dauer: 2.45 Std.

Höhenmeter: 380 Hm

Länge: 10 km

Schwierigkeit: Mittel

Tourencharakter: Eine sonnige Rundwanderung mit einiger Steigung, eher schon eine kleine Bergwanderung

Ausgangs-/Endpunkt: Eibele, Paradiesweg

Anfahrt: Pkw: Auf der A7, Ausfahrt Autobahndreieck Allgäu, weiter auf der B19 und B308 über Immenstadt nach Oberstaufen. In Oberstaufen auf der St2005 Richtung Aach, davor rechts nach Eibele abbiegen. Wenige Parkplätze entlang der Straße

Bahn/Bus: Mit der Bahn nach Oberstaufen, dann weiter mit dem Bus

Einkehr: Auf halber Strecke liegt der Berghof Paradies, ein Café mit schönster Aussicht (Mittwoch Ruhetag).

Information: www.oberstaufen.de

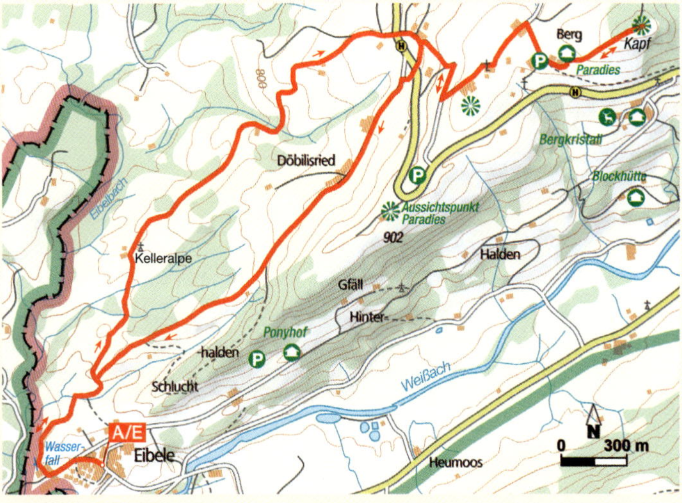

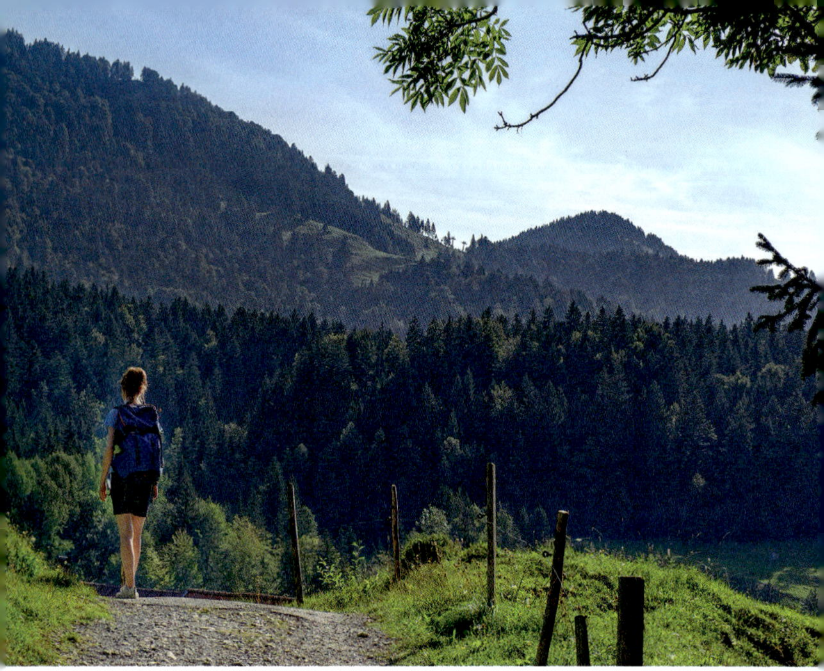

↑ Rückweg zur Alpe Neugreuth ↓ Die Buchenegger Wasserfälle

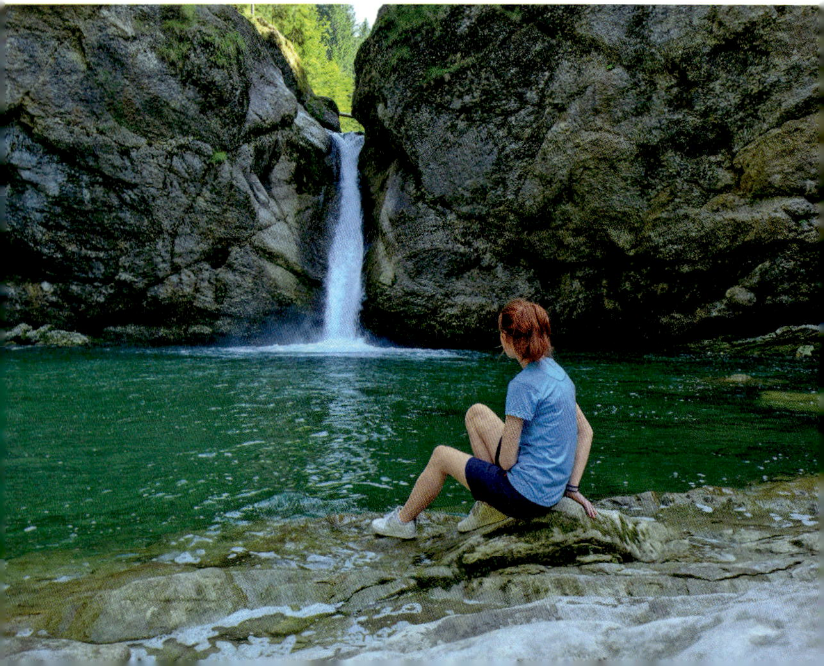

Tour
TOUR 6
ohne Uhr

ZU DEN BUCHENEGGER WASSERFÄLLEN

6000 Meter Glück

Pures Glück auf über 6000 Metern Länge! Jeder Schritt macht glücklich. Ein wunderschöner Waldweg, zwei nette Alpen und eine traumhaft idyllische Schlucht mit einem magischen Wasserfall. Da gehen wir gern den gleichen Weg hin und zurück.

Über den Naturlehrpfad Vom Wanderparkplatz am Ortsende von Steibis folgen wir der Straße auf einem Gehweg weiter in Richtung Berge. Wir passieren die Abzweigung zur Imbergbahn und biegen wenige Meter später links in die kleine Ferienhaussiedlung »Sägmühle« ein. Die Buchenegger Wasserfälle sind ausgeschildert. Sie führen uns in den Wald hinein. Nun sind wir auf dem Naturlehrpfad unterwegs. An der Wegegabelung wenden wir uns nach rechts und folgen den Informationstafeln. Unterhaltsam geht es jetzt im leichteren Auf und Ab durch den herrlichen Wald. Wir queren den Stegenbach, passieren eine Feuchtwiese und kommen dann nach einem weiteren Waldstück auf die Alpwiesen.

Alppassion Jetzt hat uns die Sonne wieder. Wir stoßen auf einen größeren Weg, in den wir links einbiegen. Gleich darauf passieren wir die Alpe Neugschwend. Liebevoll mit Blumen und Hopfen geschmückt, verlockt die Idylle zur Einkehr. Die nebenan grasenden Kühe versetzten uns mit ihrem gleichmäßigen Glockengeläut völlig ins »Om Shalom«. Wer möchte bei so viel Alppassion schon weiterwandern? Stopp – da war doch noch was: Das eigentliche Ziel, die Buchenegger Wasserfälle, sind nicht mehr weit. Die Alpe Neugschwend läuft uns nicht davon, wir kommen ja später hierher zurück. Der Wanderweg senkt sich nun und wir genießen die Aussicht auf die Berge um Oberstaufen. Der tiefe Talabschnitt vor uns steigert die Vorfreude auf die Schlucht. Dann passieren wir die nächste Alpe. An der Alpe Neugreuth

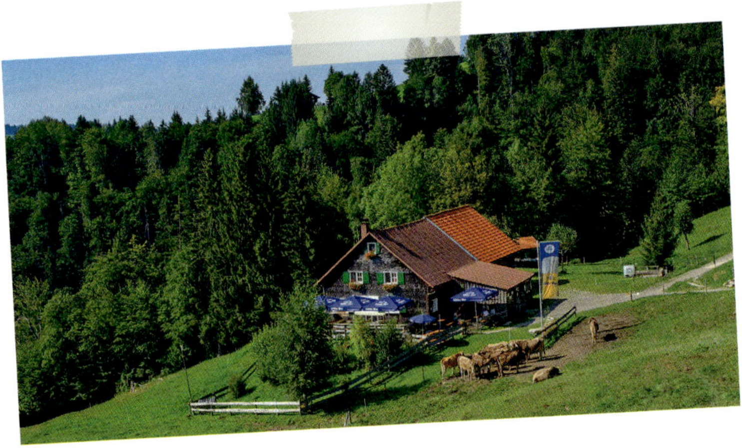

↑ **Alpe Neugreuth**

duftet es schon lecker aus der Küche. Jetzt haben wir die Qual der Wahl, aber zum Glück müssen wir uns erst beim Rückweg entscheiden.

Buchenegger Wasserfälle Dahinter steigt der Weg noch einmal minimal an, dann senkt er sich. An einer kleinen Aussichtskanzel dreht er nach links. Steil steigen wir die Uferböschung nach unten. Dort angekommen, merken wir, wie wenig Platz die Weißach in ihrem Flussbett hat. Nur auf unserer Seite gibt es eine Kiesbank zum Sitzen und Sonnenbaden. Weglos klettern wir etwas nach rechts über die Flusssteine, bis wir nach wenigen Minuten vor dem magischen Wasserfall stehen. Jetzt einfach Zeit nehmen, die klare Luft atmen und das Szenario genießen. Den Rückweg kennen wir nun.

Tipp

Ganz beliebt sind die Buchenegger Wasserfälle zum »Gumpenspringen«, eine wunderbare und sportliche Art, das Flusswasser zu genießen. Der Sprung von einem Felsen oder Stamm ins kühle Nass ist dabei aber mit Risiken verbunden. Die ausgespülten, vertieften Felsbecken sind natürlichen Ursprungs. Sie können sich verändern und selbstverständlich handelt es sich hier nicht um ein offizielles Freibad.

AUF EINEN BLICK

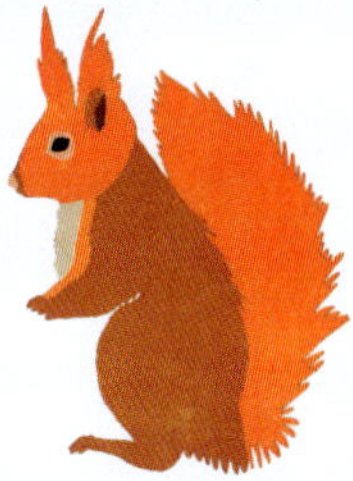

Tour 6: Tour ohne Uhr

Dauer: 2.15 Std.

Höhenmeter: 200 Hm

Länge: 6,3 km

Schwierigkeit: Leicht

Tourencharakter: Relativ schattige Wanderung auf guten Wanderwegen. Erst ab der Alpe Neugreuth senkt sich der Weg dann steil hinab zur Weißach. Nach Regen ist es rutschig. Trittsicher sollte man sein. An ein bis zwei Stellen muss man auch etwas schwindelfrei sein. Der Rückweg verläuft auf dem Hinweg. Im Sommer Badesachen nicht vergessen!

Ausgangs-/Endpunkt: Steibis Wanderparkplatz

Anfahrt: **Pkw:** Von Oberstaufen auf der St2005 Richtung Aach, in Weissach links den Berg nach Steibis hinauffahren, am Ortsende gibt es einen großen Parkplatz. **Bahn/Bus:** Mit dem Zug nach Oberstaufen, weiter mit dem Bus nach Steibis bis zur Haltestelle Steibis Parkplatz

Einkehr: Die Alpe Neugreuth (Essen und Getränke) und die idyllische Alpe Neugschwend (nur Getränke) liegen direkt am Weg. Nachdem wir sie beim Abstieg beide passieren, können wir uns für den Rückweg entscheiden, welche uns besser gefällt.

Information: www.oberstaufen.de

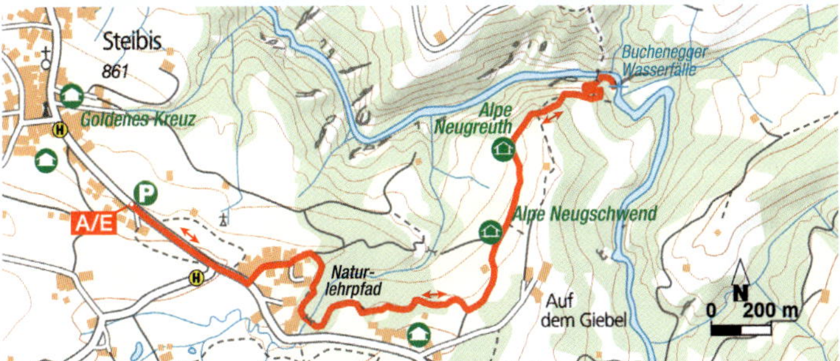

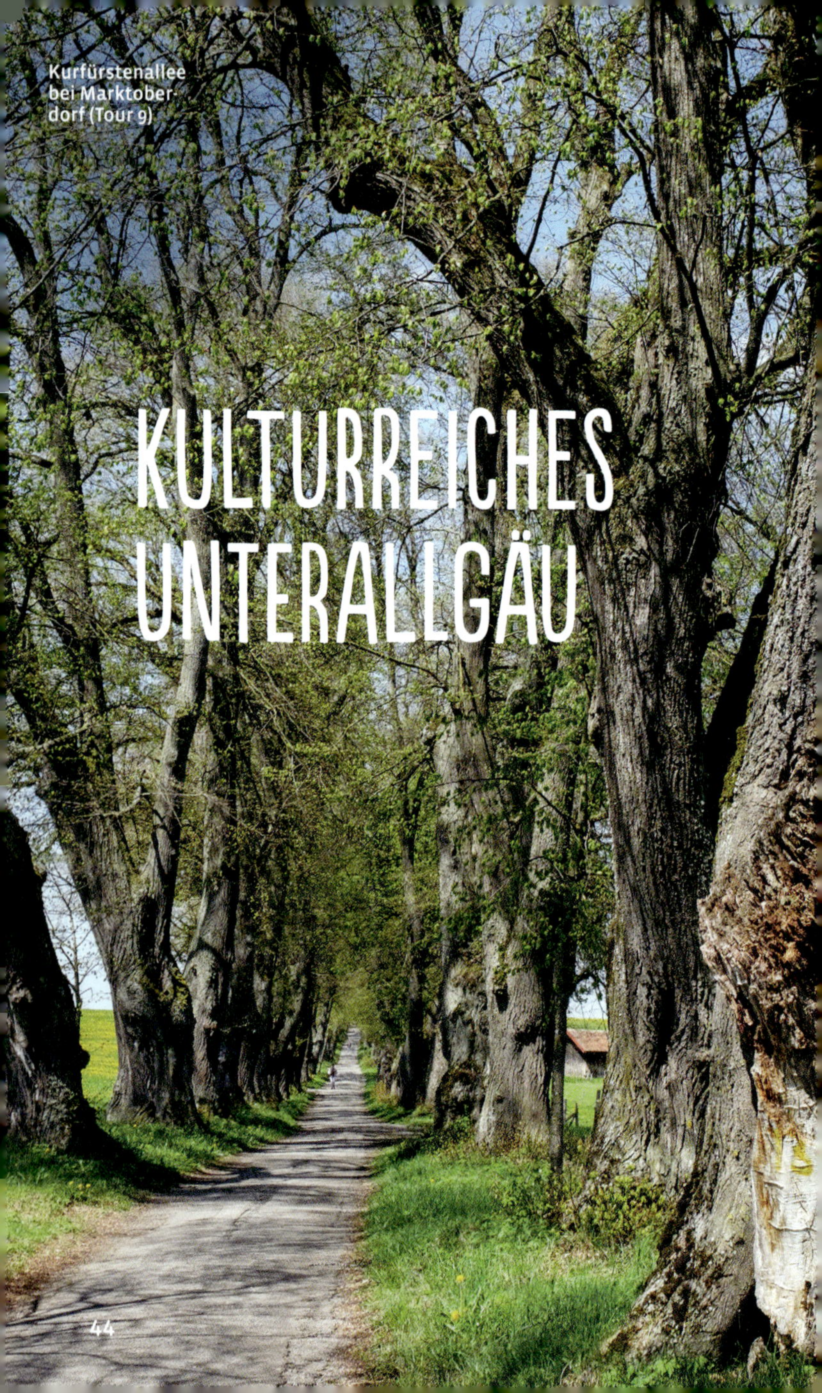

Kurfürstenallee bei Marktoberdorf (Tour 9)

KULTURREICHES UNTERALLGÄU

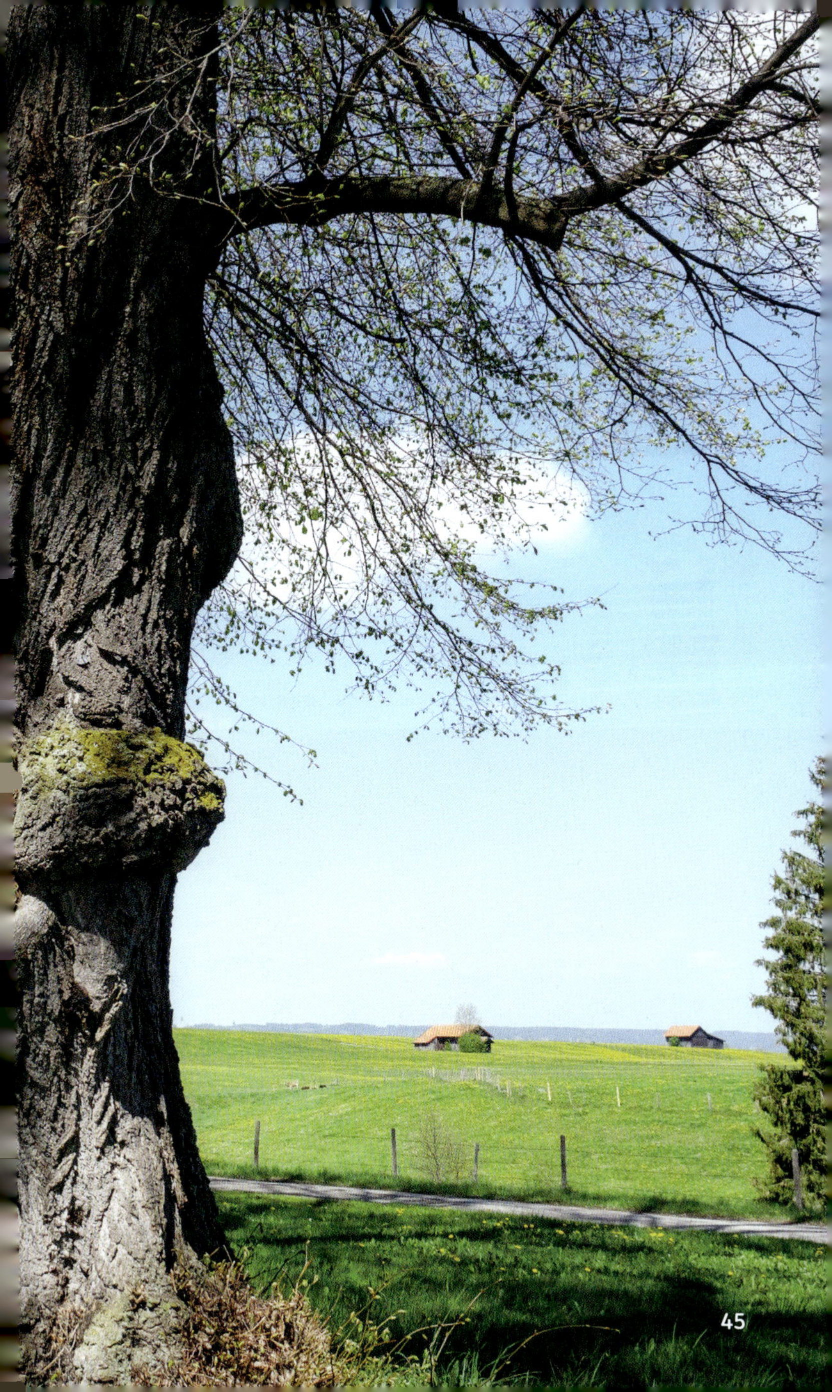

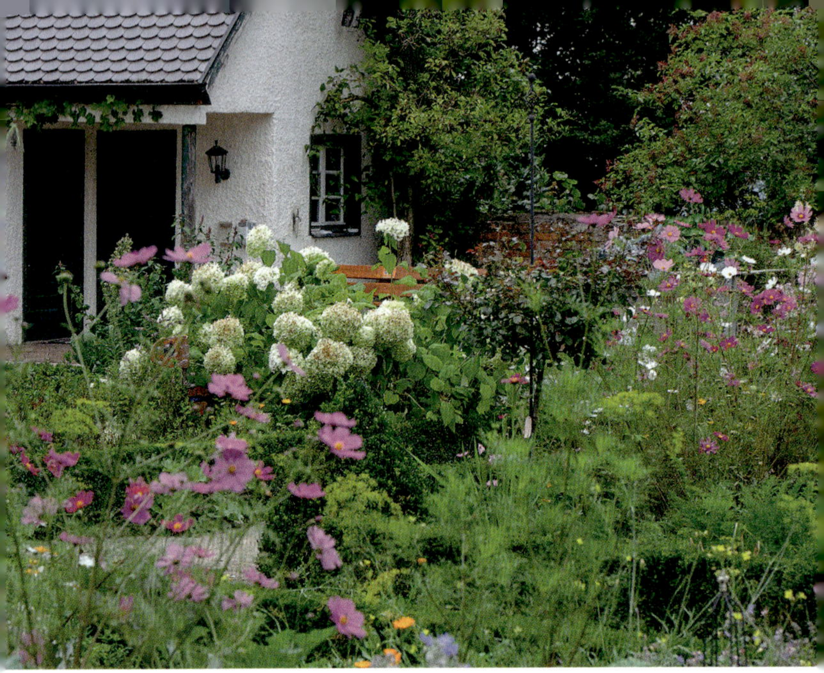

↑ Im Kreislehrgarten am Grönenbacher Schloss ↓ An der Iller

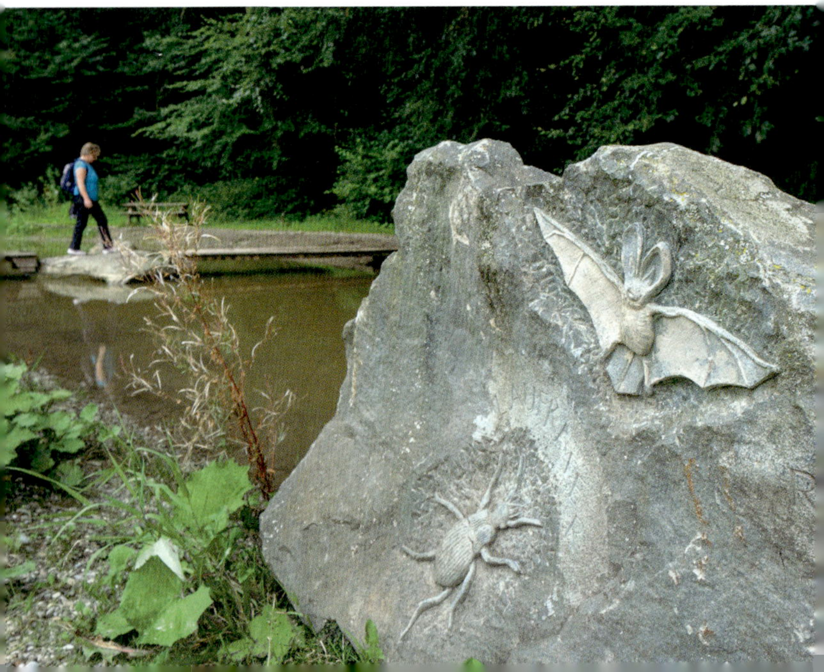

VON BAD GRÖNENBACH AN DIE ILLER

Tour für TOUR 7 die Sinne

Kneippen in Landschaftsgärten

Eine Wanderung für alle Sinne: für Körper, Geist und Seele. Von Bad Grönenbach mit seinem Kreislehrgarten geht es an die Iller, wo wir an der Hängebrücke mit Aussichtsturm auf die Flusslandschaft treffen. Viele Kneipp-Tretbecken erfrischen uns entlang des Weges.

Schloss- und Waldwege Wer in der Bad Grönenbacher Ortsmitte geparkt hat, steigt nicht zum Schloss auf, sondern wandert in der Blumenstraße unterhalb des Schlosses geradeaus auf einem Wanderweg zum Schlossweiher. Alle, die am Hohen Schloss starten, schlüpfen links vom Schloss durch den Durchlass und umrunden aussichtsreich nach rechts das ehrwürdige Gebäude. Dann steigen wir über einen grasbewachsenen Weg ab. Unten halten wir uns links und erreichen ebenfalls den Schlossweiher. Dort gehen wir an der Weggabelung über das Brücklein, wandern zwischen den Häusern zur Waldstraße, die wir mit einem Links-rechts-Knick in die Josef-Hemmerle-Straße queren. Von dort biegen wir dann links in den Steinbacher Weg und bleiben an seinem Ende einfach geradeaus. Jetzt verlassen wir Bad Grönenbach (Schild »Haitzen«) aufwärts in den Wald. Der herrliche Hohlweg lädt zu einem stillen Waldbad ein, außer dem Wind in den Zweigen und ein paar Vogelstimmen ist nichts zu hören. Geradeaus sind wir dann ein kurzes Stück auf dem Naturerlebnisweg für Biene, Hummel, Mensch & Co unterwegs. Dabei führt der Weg abwärts zu einer querenden Forststraße. Dieser folgen wir nur ein kurzes Stück nach rechts, dann biegen wir links in den schmalen Pfad ein. Haitzen ist ausgeschildert. Wir verlassen den Wald und wandern am Rand einer Wiese an einem Weiher vorbei aufwärts. An dem einzelnen Haus, wir sind jetzt in Frauenkau, treffen wir wieder auf einen größeren Weg, dem wir nach links weiter aufwärtsfolgen. Wieder im Wald wendet sich die kleine Straße nach links, am

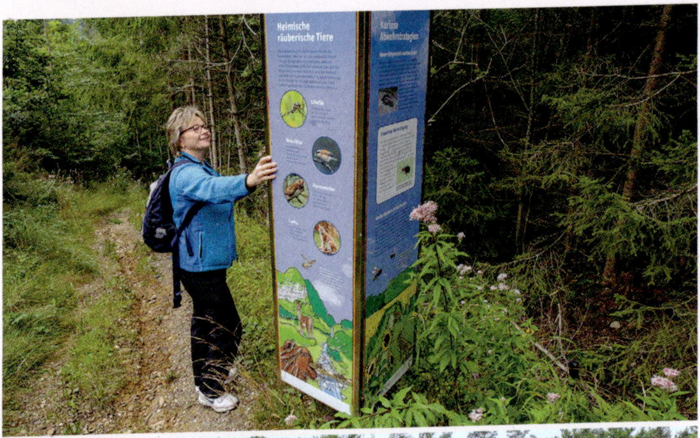

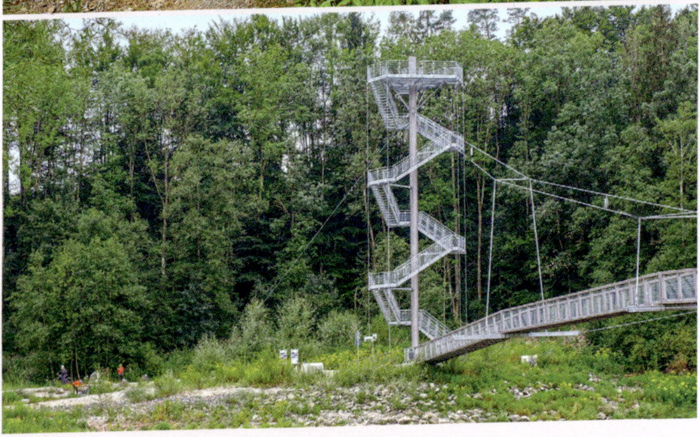

»Wie freu ich mich der Sommerwonne,
des frischen Grüns in Feld und Wald,
wenn's lebt und webt im Glanz der Sonne
und wenn's von allen Zweigen schallt.«

August Heinrich Hoffman von Fallersleben

Wegedreieck halten wir uns noch mal links und folgen dann dem Rechtsknick abwärts, und wiederum links haltend Richtung Rothmoos.

Illerwege Das nächste Ziel, das Rechberghaus, ist nun schon ausgeschildert. Dafür biegen wir in Rothmoos an den ersten Häusern rechts ein und halten uns dann bei den Gebäuden des nächsten Bauernhofs links. Über einen Feldweg kommen wir stets geradeaus zur Kante des Illerhochufers, das wir unweit des Rechberghauses (ein Naturfreundehaus) erreichen. An diese Stelle werden wir nach dem Besuch des Iller-Erlebnisstegs zurückkommen. Nach rechts machen wir uns an den Abstieg. Ein paar Öffnungen zwischen den Bäumen lassen uns tief auf die Illerschleifen blicken. Dann geht es steil über einen wurzeligen Pfad und über Treppen abwärts. Nach 20 Minuten haben wir den Abstieg geschafft und wandern durch die Flussauen der Iller nach rechts weiter. Wir passieren die Illerstaustufe und halten uns dann am Waldrand links zum bereits sichtbaren Aussichtsturm, den wir rasch über die leicht schaukelnde Hängebrücke erreichen. Auf dieser Flussseite gibt es neben der spannenden Fischtreppe die meisten Kiesbänke, die sich hervorragend für eine längere Rast anbieten. Denn etwas Kraft müssen wir sammeln, immerhin steht uns für den Rückweg wieder der Aufstieg bevor.

Über Rothenstein und Waldlehrpfad Zurück am Rechberghaus bleiben wir nun geradeaus und wandern über die Felder nach Rothenstein. Dort können wir einen Abstecher zur Burgruine Rothenstein unternehmen, von der nur noch wenige Mauern erhalten sind. Für den Rückweg folgen wir links der Straße und biegen dann gleich nach der Bachquerung rechts auf den Wanderweg ein (Schild »Bad Grönenbach«). Wer

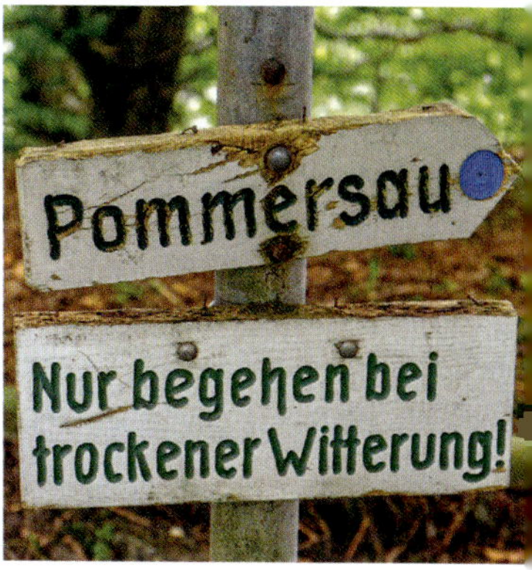

↑ **Am Naturerlebnisweg gibt es viel zu lesen.**
↓ **Der Aussichtsturm mit Hängebrücke an der Iller**
→ **Der Abstieg zur Iller kann wirklich rutschig sein!**

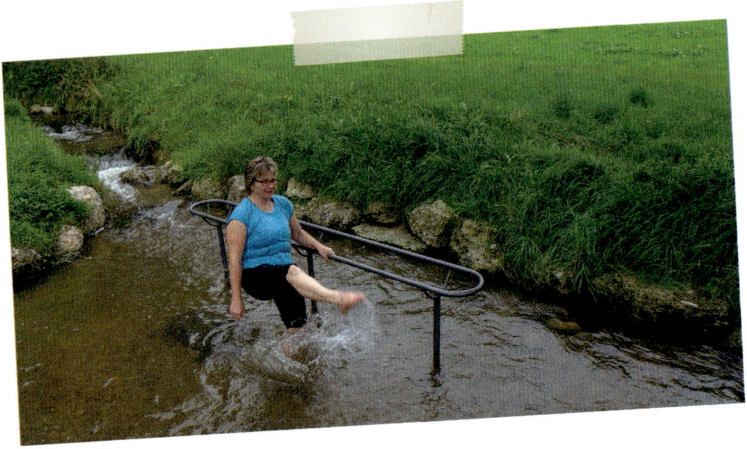

↑ **Zum Schluss erfrischt ein Kneipp-Tretbecken.**

seine Füße noch nicht im Illerwasser erfrischt hat, kann das hier im Kneipp-Tretbecken nachholen. Dahinter steigt der Weg in den Wald hinein an. Am querenden größeren Forstweg halten wir uns rechts und biegen dann gleich wieder links ein. Jetzt sind wir auf einem Waldlehrpfad (Dachssymbol) unterwegs und freuen uns über die netten Rätsel. Einen Forstweg queren wir noch geradeaus. Dann kommen wir zum Waldrand, wo wir an einem Wanderparkplatz auf eine Autostraße treffen. Dieser folgen wir nur für wenige Meter nach rechts und queren sie an den Sportplätzen. Über den nächsten Parkplatz sind wir schon wieder am Fuße des Grönenbacher Schlosses. Jetzt steht der letzte Anstieg bevor. In gemächlichen Kurven wandern wir durch die Streuobstwiesen hinauf zum Kreislehrgarten, den wir noch ausgiebig besichtigen, bevor wir die Heimreise antreten.

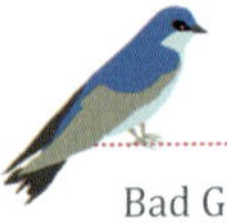

Tipp

Bad Grönenbach setzt auf die gut bewährte Heilmethode des Pfarrers Sebastian Kneipp. Es lohnt sich, ein kleines Handtuch einzupacken, um all die herrlichen Wassertretbecken auszuprobieren, die wir passieren. Als besonderes Highlight ist der Kreislehrgarten zu empfehlen. Eine Oase für alle Sinne.

AUF EINEN BLICK

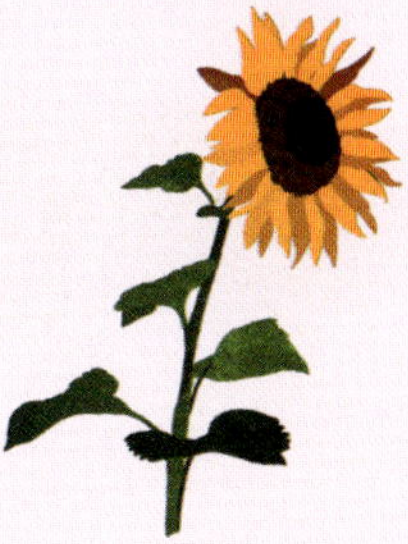

Tour 7: Tour für die Sinne

Dauer: 2.45 Std.

Höhenmeter: 350 Hm

Länge: 10,5 km

Schwierigkeit: Mittel

Tourencharakter: Längere Rundtour, mit einigem Auf und Ab über Hügel. Etwas Orientierung ist notwendig, der Weg verläuft sehr zickzackreich. Der Ab- und Aufstieg zur Iller ist steil und nach Regentagen nicht zu empfehlen.

Ausgangs-/Endpunkt: Bad Grönenbach, Hohes Schloss

Anfahrt: Pkw: Auf der A7, Ausfahrt Bad Grönenbach, weiter in die Ortsmitte, Parkplätze finden wir in der Marktstraße, Ecke Blumenstraße oder einige wenige direkt am Schloss.

Bahn/Bus: Der Bahnhof von Bad Grönenbach liegt drei Kilometer vom Ortszentrum entfernt, das mit einem Rufbus erreichbar ist. Einfacher geht es mit dem Zug nach Memmingen und von dort mit dem Bus 956 in die Ortsmitte von Bad Grönenbach.

Einkehr: Unterwegs keine, unbedingt eigene Getränke und Brotzeit mitbringen

Information: www.bad-groenenbach.de

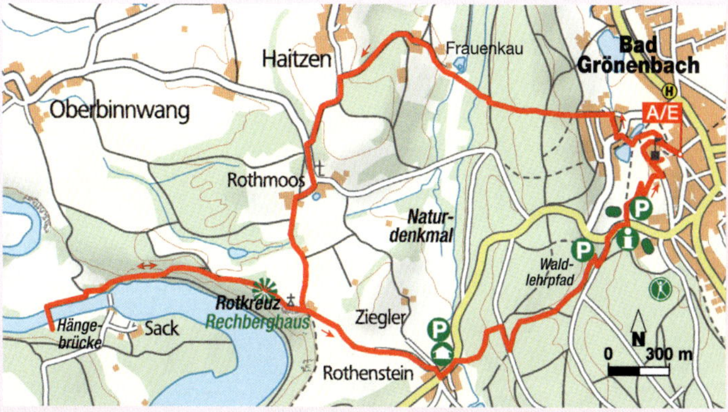

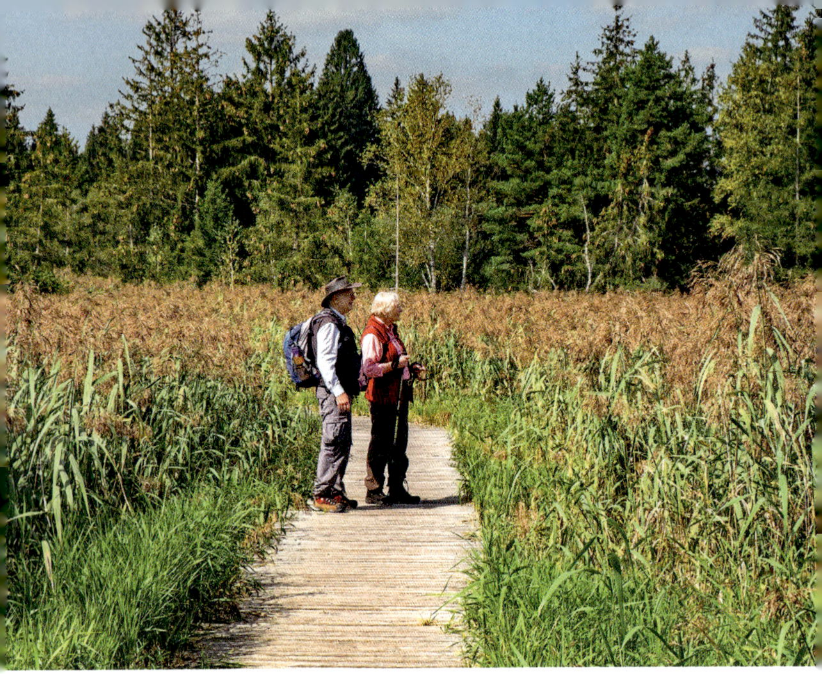

↑ Bohlenwege über das Moor am Elbsee ↓ Im Biergarten der Seealpe

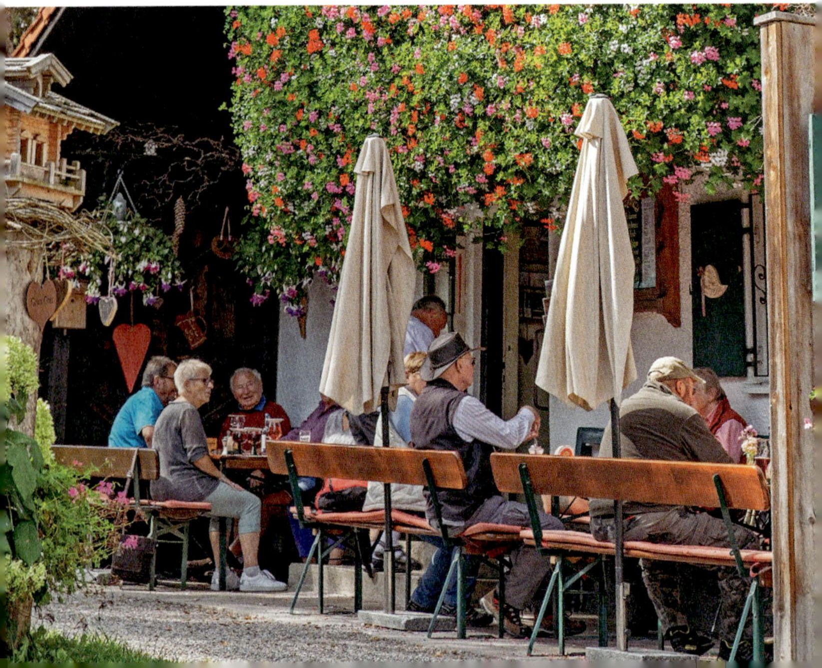

GEMÜTLICH UND EBEN UM DEN ELBSEE

Tour für TOUR 8 die Sinne

Durch Wiesen über das Moor zum Wirtshaus

Auf der Wanderung begegnen wir Moränenhügeln aus der Eiszeit. Wir schauen auf einen Moorsee, der langsam verlandet, wandern über landwirtschaftlich genutzte Wiesen und gehen durch Wälder, die sich langsam wieder zu einem Mischwald umwandeln.

Die Seealpe Am Parkplatz kurz vor dem Restaurant Elbsee finden wir einen gelben Wegweiser »Elbsee Rundweg«, der uns nach links und zunächst einmal weg vom See führt. Wir folgen der Beschilderung und stoßen nach wenigen Metern auf einen quer verlaufenden Feldweg, auf den wir rechts einbiegen. In einem Bogen führt er um den Campingplatz herum, dann überqueren wir eine Wiese und kommen in einen kleinen Wald. Am Waldrand geht es nach rechts zu einer T-Kreuzung. Hier halten wir uns wieder rechts und bleiben damit auf dem Hauptweg. Über eine Kreuzung wandern wir geradeaus weiter und nähern uns dem Ufer des Elbsees. Schließlich stoßen wir auf eine Fahrstraße, in die wir rechts einbiegen. Sie endet abrupt beim Beginn eines reinen Fußwegs. Auf weichen Hackschnitzeln geht es nun ins Moor. Ein dichter Schilfwald wiegt sich im Sommerwind und die trockenen Halme rascheln leise. Aus den Hackschnitzeln werden kräftige Holzbohlen, die uns noch tiefer ins Moor führen. Wir schauen von einer kleinen Brücke auf den Elbbach, von dem der See seinen Namen hat. Mit etwas Glück entdecken wir ein paar Frösche, die sich am Ufer aufwärmen oder gar eine Ringelnatter, die elegant den Bach überquert. Dann gehen wir direkt auf die Seealpe zu, wo wir uns gut und gern für eine Brotzeit niederlassen können.

Durch Wald und Feld Von der Seealpe folgen wir der Zufahrtstraße. Sie stößt auf eine T-Kreuzung, hier geht es rechts durch das Moränenland,

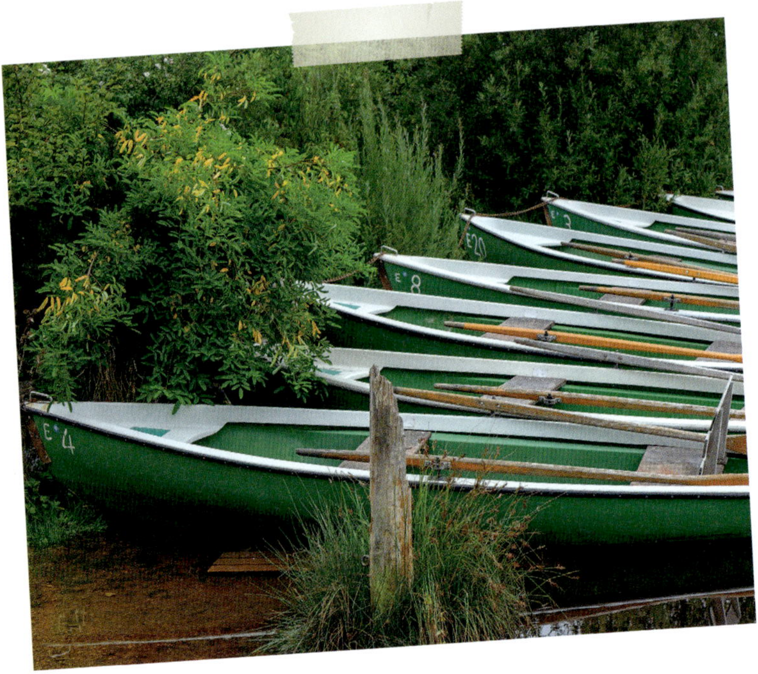

↑ **Ruderboote warten am Elbsee auf Gäste.**

wobei sich die Straße freundlicherweise immer zwischen den Hügeln hindurchschlängelt und uns einiges an Auf und Ab erspart. An einer Straßengabelung finden wir in einem Unterstand interessante Lehrtafeln, die über das Leben von Tieren und Pflanzen auf den Feuchtwiesen informieren. Ein kleines Stück weiter treffen wir dann auf einen Wanderparkplatz. Vor ihm zweigt rechts, in spitzem Winkel zurück, ein Fußweg ab, der uns am Rand der Feuchtwiesen nochmals über den Elbbach führt und uns zurück zum Parkplatz bringt.

Tipp

Im Sommer bietet sich der See zum Schwimmen an. Allerdings ist ein Zugang nur über das Seebad (Eintritt) am Campingplatz möglich.

AUF EINEN BLICK

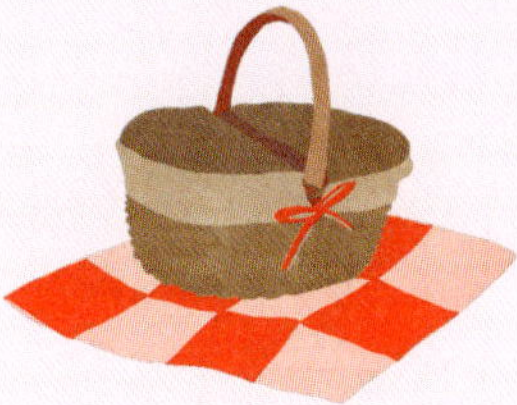

Tour 8: Tour für die Sinne

Dauer: 2 Std.

Höhenmeter: 100 Hm

Länge: 7 km

Schwierigkeit: Leicht

Tourencharakter: Einfache Rundtour, teilweise im Schatten. Angenehm breite Forst- und Feldwege wechseln sich mit einem Bohlenweg ab.

Ausgangs-/Endpunkt: Parkplatz vor dem Restaurant Elbsee

Anfahrt: **Pkw:** A96 München–Lindau nach Buchloe, weiter auf der B12 bis Ausfahrt Biessenhofen. Auf der Landstraße nach Norden zum Kreisverkehr, dort dritte Abfahrt nach Altdorf und weiter über Ebenhofen und Ruderatshofen Richtung Aitrang. Links der Straße liegt der Elbsee. Dort gibt es einen großen Parkplatz am Restaurant. Die vorderste Parkbucht dürfen wir Wanderer benutzen.
Bahn/Bus: Mit öffentlichen Verkehrsmitteln nur schwer zu erreichen, von der Bushaltestelle Aitrang zusätzlich noch etwa 90 Min. (hin und zurück)

Einkehr: Unterwegs liegt die Seealpe mit wunderschöner Terrasse, Brotzeiten und selbst gebackenem Kuchen – ausgesprochen gemütlich. Geöffnet ganzjährig Mittwoch, Freitag, Samstag und Sonntag ab 12 Uhr, Sonntag, Feiertag ab 10.30 Uhr. Am Ende der Wanderung liegt dann noch das Gasthaus Seealpe direkt am Ufer.

Information: www.aitrang.de

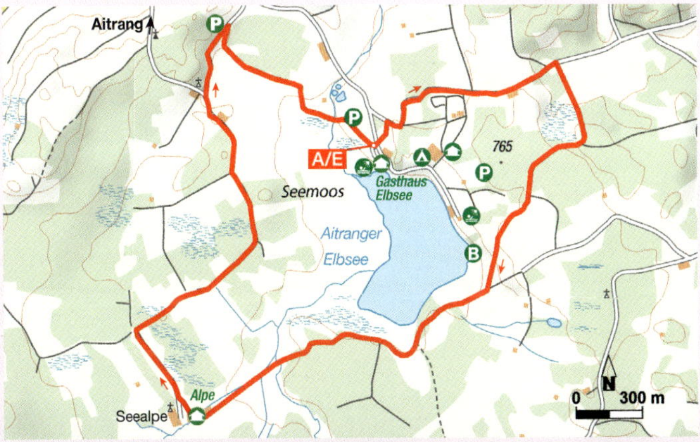

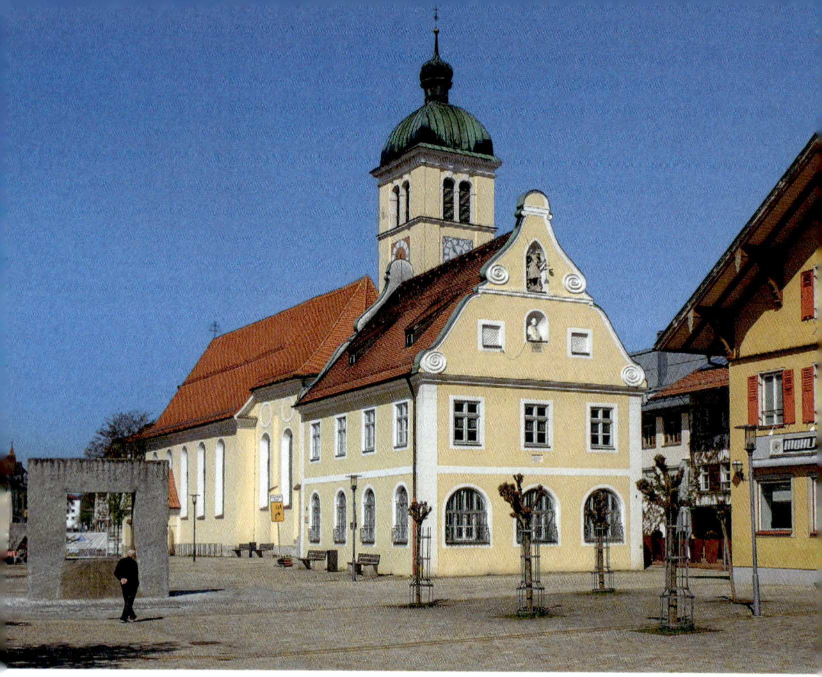

↑ Am Marktplatz von Marktoberdorf ↓ Der Engellandeplatz auf dem Buchel

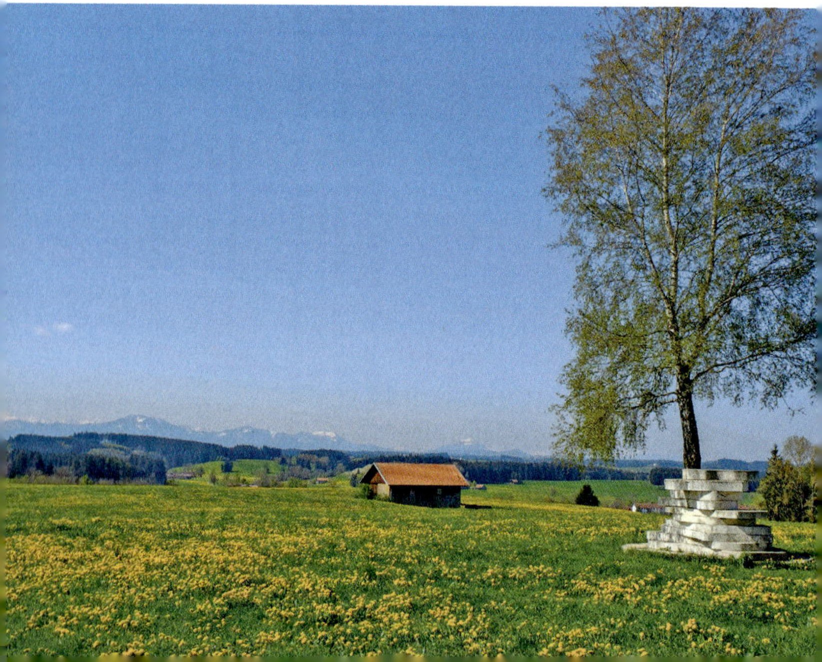

ALLGÄUER VIELFALT RUND UM MARKTOBERDORF

Tour für TOUR 9 die Sinne

Bergblick, Badesee und Brotzeitplatzerl

Marktoberdorf liegt inmitten herrlicher Natur. So wandern wir über zahlreiche Aussichtshügel, vorbei an einem Badesee und auf den Spuren der Römer auf einem unterhaltsamen Themenweg zur traumhaft schönen kurfürstlichen Lindenallee.

Über den Buchel zu den drei Bäumen Los geht es am Marktplatz in Marktoberdorf. Wir wandern auf der Georg-Fischer-Straße in östlicher Richtung. Gleich treffen wir auf die Hauptstraße, der wir ein kurzes Stück nach rechts folgen, um dann rechts in den Buchelweg einzubiegen. Der Weg steigt gleich an und wir wenden uns nach links auf den nur für Fußgänger ausgeschilderten Weg. Jetzt halten wir uns etwas rechts durch den Wald, parallel zu der wenige Meter von uns verlaufenden kleinen Zufahrtsstraße. An der kleinen Kapelle St. Wendelin biegen wir dann links ein und passieren den tollen Kinderspielplatz. Wir sind jetzt im Marktoberdorfer Stadtpark unterwegs, auf der Luitpoldhöhe, die auch Buchel genannt wird. Gleich nach dem Spielplatz geht es nach rechts und wir bleiben jetzt geradeaus. Wegweiser zur Aussicht »Bei den drei Bäumen« zeigen, dass wir richtig sind. Kaum verlassen wir den Wald, dürfen wir uns auch über die Fernsichten auf die nahen Allgäuer Berge freuen. An einem klaren Tag sind diese natürlich besonders schön. Die drei Bäume selbst haben wir nicht gefunden. Dafür gibt es einen »Engellandeplatz«, so nennen sich die Steinplatten mitten auf der Wiese unter einer Birke. Keiner Erklärung bedarf die Panoramatafel, die etwas versteckt auf der anderen Seite in einem Wäldchen steht.

Auf dem Jakobsweg zum Ettwiesenweiher Geradeaus geht es auf dem Feldweg in südlicher Richtung abwärts und wir erreichen die Hoch-

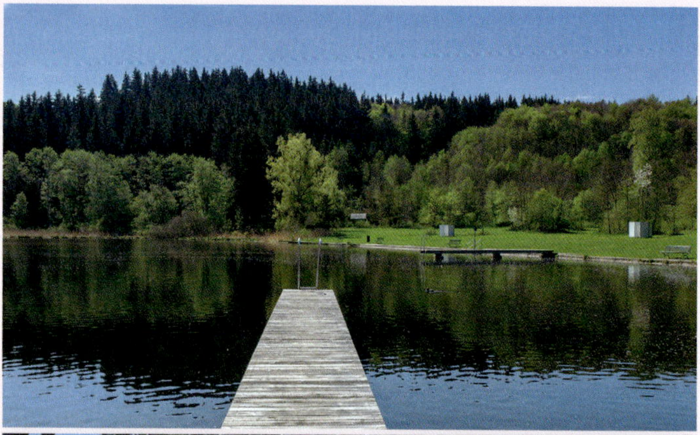

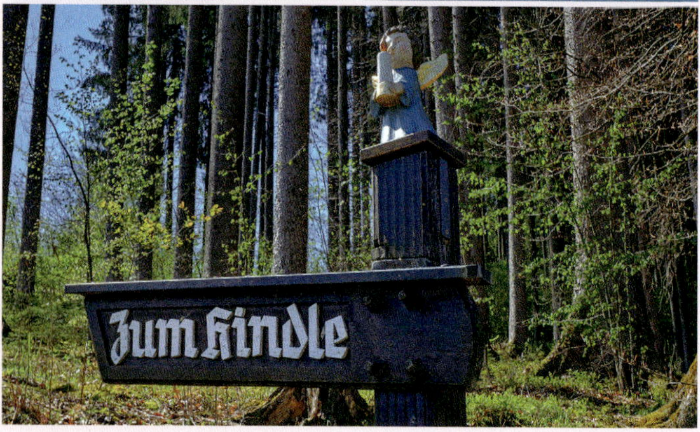

»In der Natur und der Welt
gibt es keine Dissonanzen,
die eine löst sich in der anderen auf.«

Hans Christian Andersen

wiesstraße in einem Vorort von Marktoberdorf. Dieser Straße folgen wir für knapp 500 Meter nach rechts und biegen dann an der großen Kreuzung links in die Seeger Straße ein. Zum Glück gibt es auf der rechten Seite einen Rad- und Fußweg. Am Ortsende von Marktoberdorf schwenkt der Radweg nach rechts. Wir hingegen bleiben geradeaus und folgen der Straße noch ein kurzes Stück. Dann biegen wir in den ersten Feldweg rechts ein und sind nun auf dem Jakobsweg unterwegs. Es geht über die Felder; wer Anfang Mai unterwegs ist, erwischt sie in voller Löwenzahnblüte. Der Weg endet an einem Bauernhof. Dahinter sehen wir bereits den Ettwiesenweiher, der schnell mit einem Rechts-Links-Schwenk erreicht ist. Im Sommer bietet er sich zur Abkühlung an. Der kleine Kiosk wäre auch die einzige Möglichkeit, sich mit Getränken zu versorgen.

Auf dem Terra-Nostra-Weg Nach der Rast oder Badepause folgen wir noch ein kurzes Stück der ansteigenden Straße über den Parkplatz hinaus. Dann geht es links über Treppenstufen hinauf zur Kindle-Kapelle, einer kleinen Wallfahrtskapelle. Jetzt sind wir außerdem auf dem Klobunzeleweg bzw. dem Wanderweg Terra Nostra unterwegs. Das ist ein gemeinsamer Themenweg, der sowohl Spielelemente für Kinder als auch Informationen und viel Wissenswertes für Erwachsene bietet. Beides macht Spaß und da die Wegverläufe identisch sind, können wir alles gemeinsam erleben. An der Kapelle vorbei führt der Themenweg in den Wald hinein. Der wurzelige Waldboden ist eine schöne Abwechslung. An den Klangspielen geht es nach links und wir sind schon wieder auf einem größeren Weg unterwegs. Schließlich verlassen wir den Wald und steigen mit bester Aussicht auf Kohlhunden und das Museum Römerbad abwärts. Im Ort folgen wir links-rechts der Beschilderung

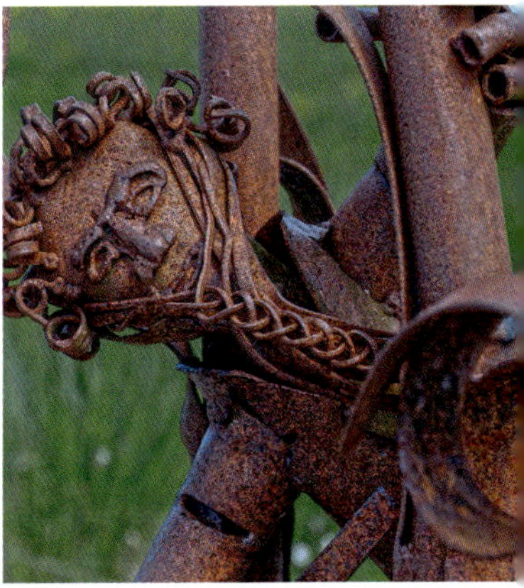

↑ **Im Sommer ist der Ettwieserweiher ein beliebter Badesee.**
↓ **Wanderwegschild zur Kindle-Kapelle**
→ **Das Maskottchen des Klobunzelewegs**

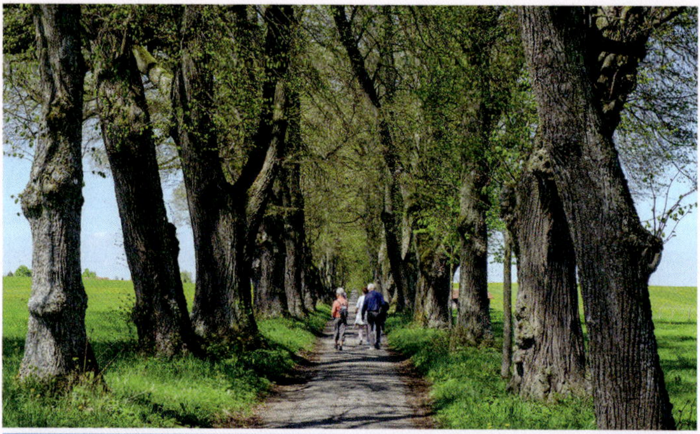

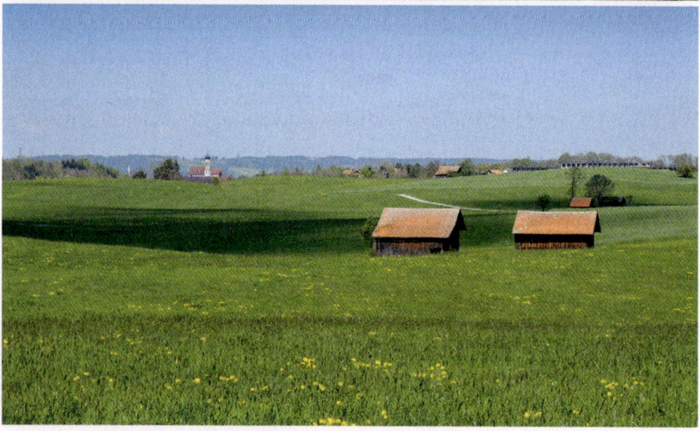

»Ich liebe die graden Alleen
mit ihrer stolzen Flucht.
Ich meine sie münden zu sehen
in blauer Himmelsbucht.«

Christian Morgenstern

zum Römerbad. Das Museum können wir besichtigen. Danach geht es durch die Unterführung zum Kuhstallweiher, dem eigentlichen Startplatz für den Klobunzeleweg. Auch hier können wir im Sommer noch einmal baden. Für den weiteren Wegverlauf geht es jetzt auf einen zweiten Themenweg, der sich Terra Nostra II. nennt. Dafür biegen wir gleich am Ende des Weihers links in den schmalen Pfad ein, der uns zunächst am Ostufer vorbei in ein Wäldchen führt. Dort ist der Weg aufgrund vieler Wurzeln etwas schwer zu erkennen. Am besten, wir halten uns links, in der Nähe des Waldrands, dann wird der Weg schon gleich wieder deutlich. In den nächsten größeren Feldweg biegen wir links ein, alle Abzweigungen sind immer hervorragend mit dem Terra-Nostra-II-Schild beschriftet. Es lotst uns so im Zickzack zum ehemaligen Pestfriedhof und dann erneut im Zickzack durch den Wald abwärts zum Parkplatz an einer Autostraße.

Rückweg durch die kurfürstliche Allee Diese queren wir geradeaus in den Feldweg, der an einer T-Kreuzung endet. Ab jetzt folgen wir der Beschilderung nach Marktoberdorf »Über die Kurfürstliche Allee«. Dabei dürfen wir uns nun nicht wundern, dass wir zunächst nach rechts, also in südlicher Richtung und somit eigentlich weg von Marktoberdorf, gehen. An der nächsten Abzweigung schwenkt der Weg schon wieder nach links und führt dann in einer Kurve bald am Waldrand entlang zurück nach Norden. Jetzt sind wir auf einem herrlichen Panoramaweg unterwegs und jeder Schritt gehört im Angesicht der nahen Bergkette natürlich genossen. Schließlich queren wir noch einmal eine größere Autostraße und dann geht es direkt zur berühmten Lindenallee, in die wir links einbiegen. Zu unserem großen Glück wird sie uns auf den letzten Kilometern begleiten. Schließlich erreichen wir

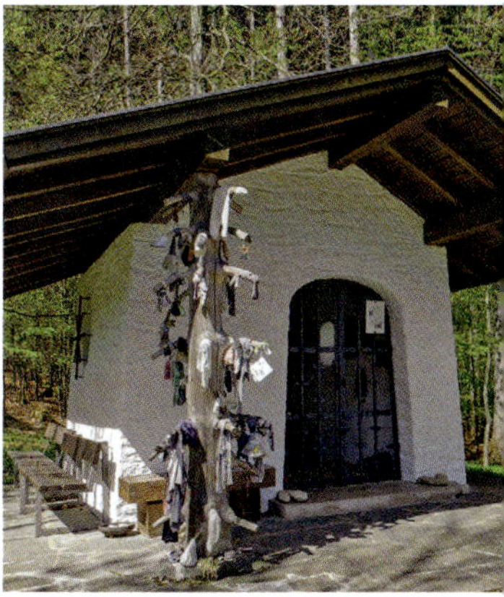

↑ Die Kurfürstliche Allee
↓ Panoramawege mit Blick auf Marktoberdorf
→ Vor der Kindle-Kapelle hängen viele Votivgaben.

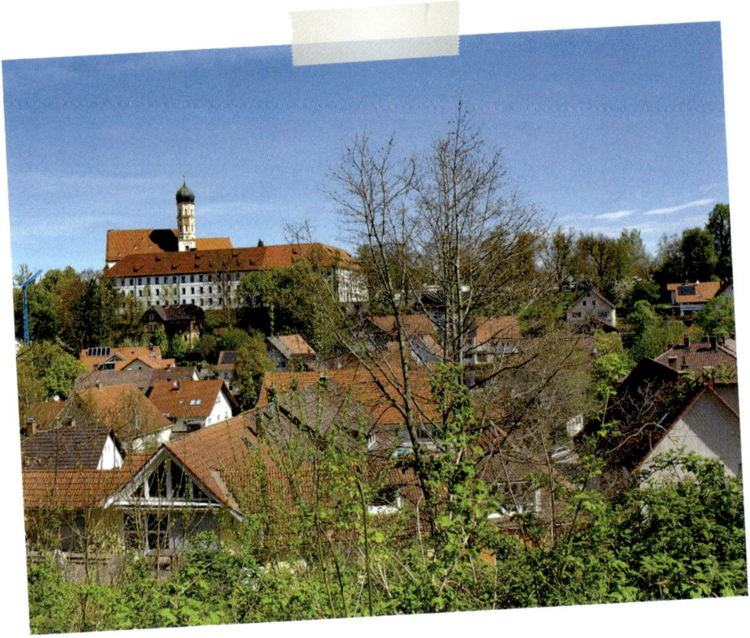

↑ **Blick von der Luitpoldhöhe auf Marktoberdorf**

Marktoberdorf am ehemaligen fürstbischöflichen Schloss und an der Pfarrkirche St. Martin, die beide auf einem Hügel über der Stadt thronen. Nach der Besichtigung wandern wir auf der Zufahrtsstraße abwärts und kommen durch die Kurfürstenstraße zurück zum Marktplatz.

Tipp

Clemens Wenzeslaus (1739–1812), Herzog von Sachsen und Prinz von Polen, Erzbischof von Trier und Bischof von Augsburg, verlor all diese Würden gegen eine Abfindung von 100 000 Gulden. Er wählte Marktoberdorf mit seinem Schloss als Alterssitz. Das sichtbarste Zeichen seiner Herrschaft ist die berühmte Kurfürstenallee, die er schon 1774 anlegen ließ. Nicht weniger als 630 Linden säumten einen Spazierweg, der vom Schloss zu einem Tempel führte, der inzwischen jedoch verschwunden ist.

AUF EINEN BLICK

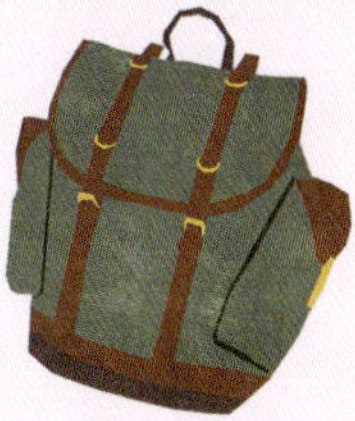

Tour 9: Tour für die Sinne

Dauer: 4 Std.

Höhenmeter: 200 Hm

Länge: 14 km

Schwierigkeit: Leicht

Tourencharakter: Eine leichte, aber etwas längere Rundtour, mit wenig Steigungen auf kleinen Nebenstraßen, Feld- und Waldwegen. Badesachen einpacken!

Ausgangs-/Endpunkt: Marktoberdorf, Rathaus am Marktplatz

Anfahrt: **Pkw:** Von München auf der A96, Ausfahrt Buchloe, auf der B12 nach Marktoberdorf (Ausfahrt Marktoberdorf Nord), Parkplätze am Bahnhof
Bahn/Bus: Marktoberdorf liegt an der Bahnstrecke Biessenhofen–Füssen, dazu stündlich (abwechselnd) Direktverbindung nach München und Augsburg

Einkehr: Unterwegs keine, in Marktoberdorf rund um den Markplatz

Information: www.marktoberdorf.de

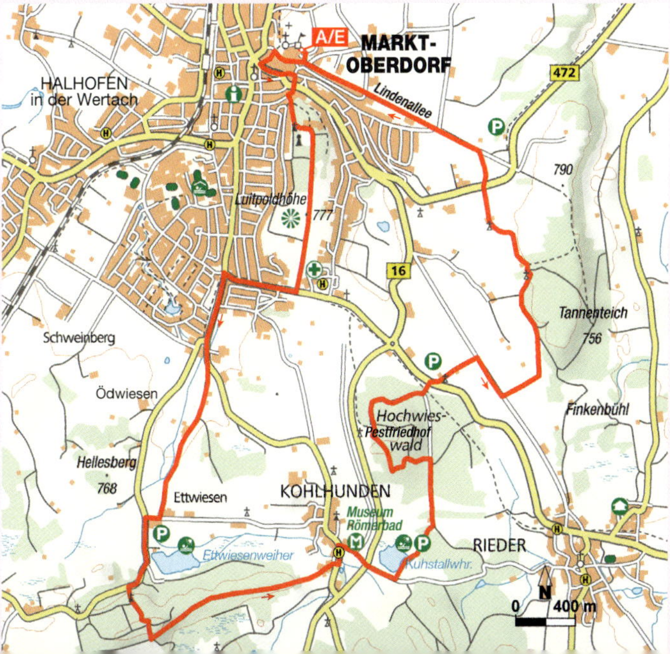

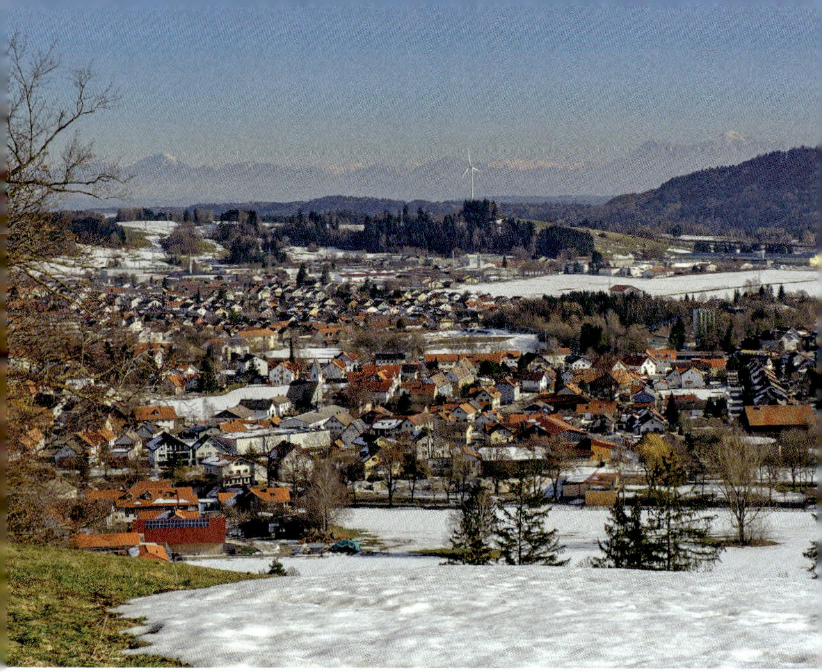

↑ Ausblick vom Schlossberg über Peiting ↓ Der vereiste Lechstausee

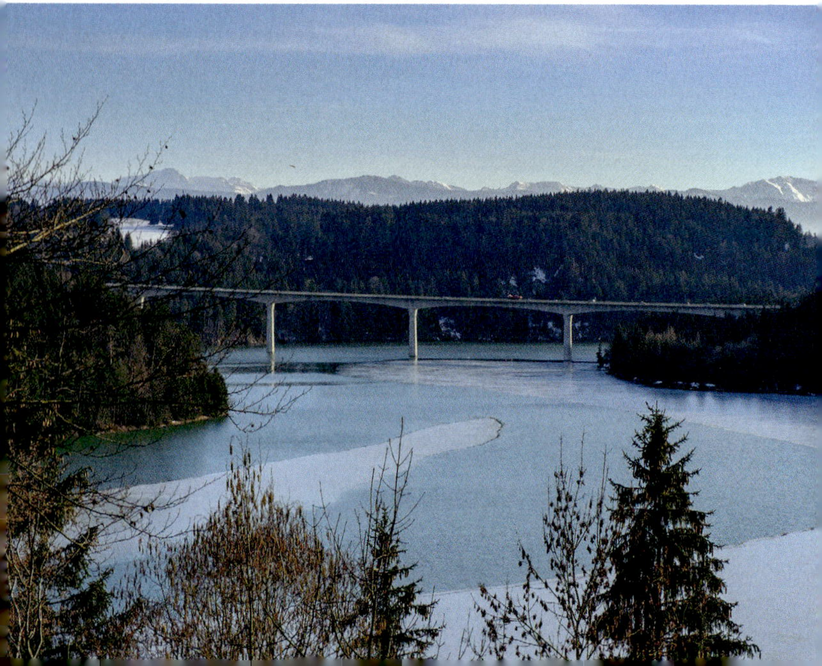

IM LECHGEBIET BEI SCHONGAU

Tour
TOUR 10
ohne Uhr

Römerspuren am Tor zum Allgäu

Die Gegend bei Schongau ist ein geschichtsträchtiges Pflaster. Römer und Welfen siedelten hier am Lechufer. Auf dieser Wanderung folgen wir ihren Spuren und freuen uns über das Alpenpanorama und so manches Gipfelkreuz, das auch ohne richtigen Berg auskommt.

Durch die Papierfabrik auf den Schlossberg Wir starten in Schongau an der Lechbrücke und queren den Fluss hinüber zur großen UPM Papierfabrik. Gleich nach dem Fluss biegen wir rechts in die Friedrich-Haindl-Straße ein und dürfen uns dann nicht wundern. Der Beginn dieser Wanderung ist etwas seltsam, denn er führt als offizieller Wanderweg mitten durch das große Fabrikgelände. So schwenkt die Straße gleich nach der Querung der Bahngleise nach links und führt dann über den kleinen Werkskanal auf das Gelände der Papierfabrik. Stets auf der rechten Seite der Straße haltend, geht es in südlicher Richtung zwischen den Hallen durch zum Ende des Werksgeländes. Dort teilt sich die Straße. Das Wanderschild »Schlossberg« weist uns nun nach links den Weg hinauf in den Wald. Ab hier ist unsere Wanderung über die gesamte Strecke hinweg mit dem quadratischen Schild ausgeschildert, auf dem das Symbol einer römischen Säule mit stilisiertem Lechwasser gedruckt ist. So steigen wir auf das Lech-Hochufer und verlassen bald den Wald auf eine sonnige Wiese. Links über uns sehen wir das Gipfelkreuz des Schlossbergs, zu dem wir mit einem Abstecher hinaufsteigen. Oben freuen wir uns über die weite Aussicht: Auf der einen Seite über Peiting hinweg auf die Ammergauer Alpen und das Wettersteingebirge, auf der anderen Seite über den Lech. Um 1055 errichteten die Welfen, eines der ältesten Hochadelsgeschlechter Europas, auf dem Peitinger Schlossberg eine mächtige Burg, die ihr Herrschaftsgebiet am oberen Lech sicherte. Mehr darüber erzählt uns die Informationsstation neben dem

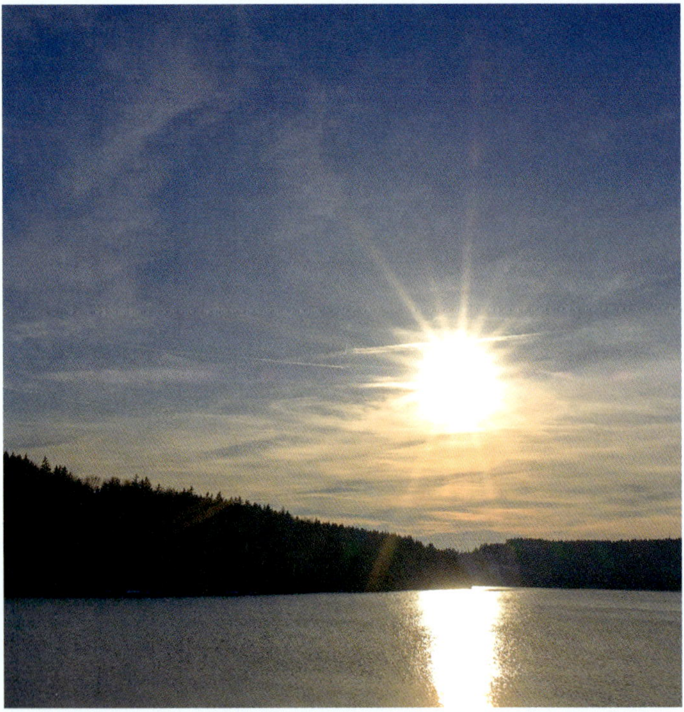

»Es ist doch erstaunlich,
was ein einziger Sonnenstrahl mit
der Seele des Menschen machen kann.«

Fjodor M. Dostojewski

Gipfelkreuz. Auf solche Stationen stoßen wir unterwegs noch ein paarmal. Schön ist, dass sie sich auch immer an Kinder richten und so die Wanderung mit Rätseln abwechslungsreich gestalten.

Zur Villa Rustica mit Fernblicken Vom Schlossberg steigen wir auf gleichem Weg hinunter und biegen kurz darauf an einer Scheune rechts auf einen Wiesenpfad ein. Er steigt an und führt an der steil abfallenden Hangkante entlang. Kleine Kinder sollten hier an der Hand gehen. Zwischen den Bäumen öffnen sich immer wieder Tiefblicke auf den Lechstausee. Oben angekommen, wandern wir am Rand einer lang gestreckten Wiese in südlicher Richtung. Wie Almwiesen breiten sich die Felder vor unseren Augen aus, am Horizont stehen die nahen Allgäuer Berge. Einige Feldkreuze markieren besonders schöne Aussichtspunkte. Wir sind nun auf dem Kalvarienberg unterwegs und treffen auf weitere Themenstationen und den Aussichtspunkt »Lechstausee«. Ehe wir, dem Pfad am Waldrand folgend, wieder absteigen, können wir eine Pause machen. Für uns ist dieses Aussichtsplateau einer der schönsten Flecken der Wanderung. Weiter unten stoßen wir auf einen Feldweg, dem wir nach rechts durch die Bauernhöfe von Weinland folgen. An der Weggabelung nach den Höfen bleiben wir geradeaus und erreichen eine kleine querende Straße. Auf ihr geht es für wenige Meter nach rechts, dann besuchen wir links die frei zugängliche Ausgrabung der Villa Rustica, die sich in dem modernen Infohaus befindet.

Über den Lechstausee Nach der Besichtigung geht es links auf dem Feldweg über die Bundesstraße. Gleich danach halten wir uns rechts und wandern parallel entlang der großen Bundesstraße, die wir kurz darauf nach rechts erneut queren.

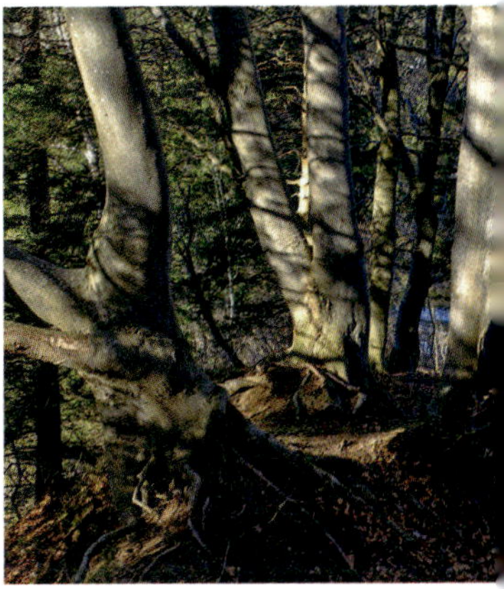

← Sonnenuntergang am Lech
→ Knorrige Buchen wachsen entlang des Weges.

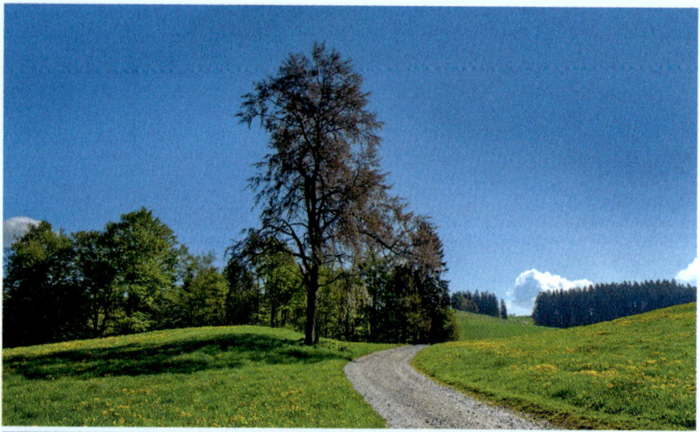

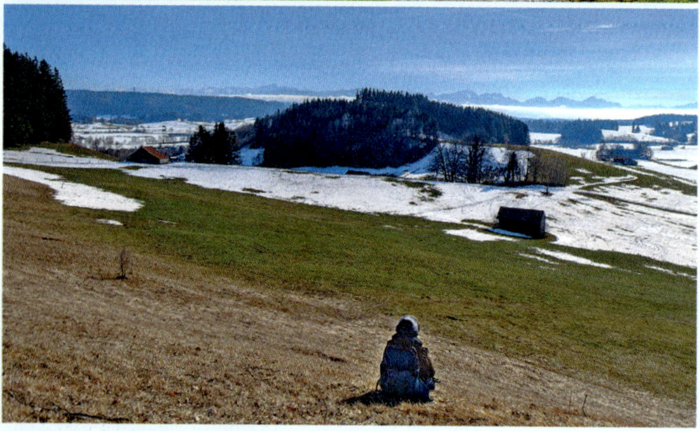

»Der Augenblick ist jenes Zweideutige,
darin Zeit und Ewigkeit einander berühren.«

Sören Kierkegaard

Über eine Schleife gehen wir unter der Straße hindurch auf die große Lechtalbrücke. Hoch über dem Wasser geht es zum anderen Ufer. Dort wandern wir über den Parkplatz und dann am Waldrand entlang zur nächsten Wegegabelung. Hier folgen wir für ein kleines Stück nicht unserem Wegweiser, sondern halten uns rechts, um direkt am westlichen Lechufer nach Schongau zurückzuwandern. Dabei ist es egal, ob man dem breiten Forst- und Radweg folgt oder auf den kleineren Pfad rechts davon ausweicht, der, in unseren Augen, romantischer entlang der Hangkante verläuft. Spätestens an einer weiteren Themenstation, wo uns auch die Beschilderung der »Römischen Säule« rechts auf den Pfad weist, biegen wir alle auf diesen ein. Er bringt uns an eine Wiese. Hier geht es nun rechts leicht bergab und dann, nach dem Lech-Aussichtspunkt, erneut rechts und steil abwärts in den Wald. Der Weg führt über Wurzeln und ist ein bisschen »tricky«. Also langsam! Unten wird er gleich wieder bequemer und wir erreichen das Lechufer am Bootshaus Lido. Hier kann man im Sommer herrlich baden! Nun ist der Weg nicht mehr zu verfehlen. Vorbei am Yachtclub und der Lechstaustufe folgen wir der Lechuferstraße über die lange Linkskurve. Rechts von der Straße verläuft ein Fußweg. Mit Blick auf die Altstadt von Schongau erreichen wir, vorbei am Eisstadion und dem Schwimmbad Plantsch, wieder die Lechbrücke, von der aus wir gestartet sind.

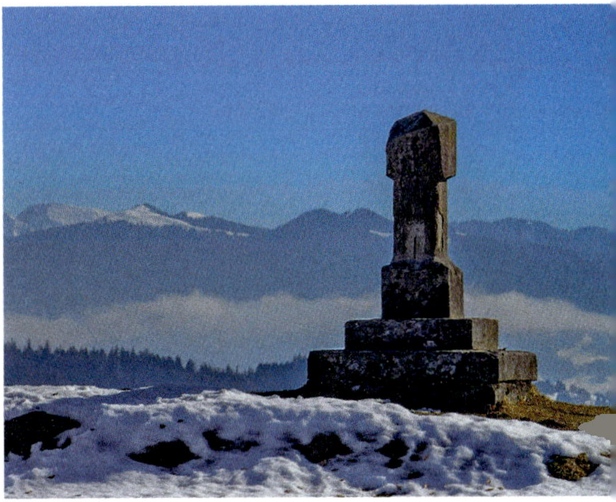

↑ **Frühlingswiesen bei Weinland**
↓ **Die Aussicht vom Kalvarienberg ist zu jeder Jahreszeit schön.**
→ **Ein Gedenkstock markiert den Peitinger Schlossberg.**

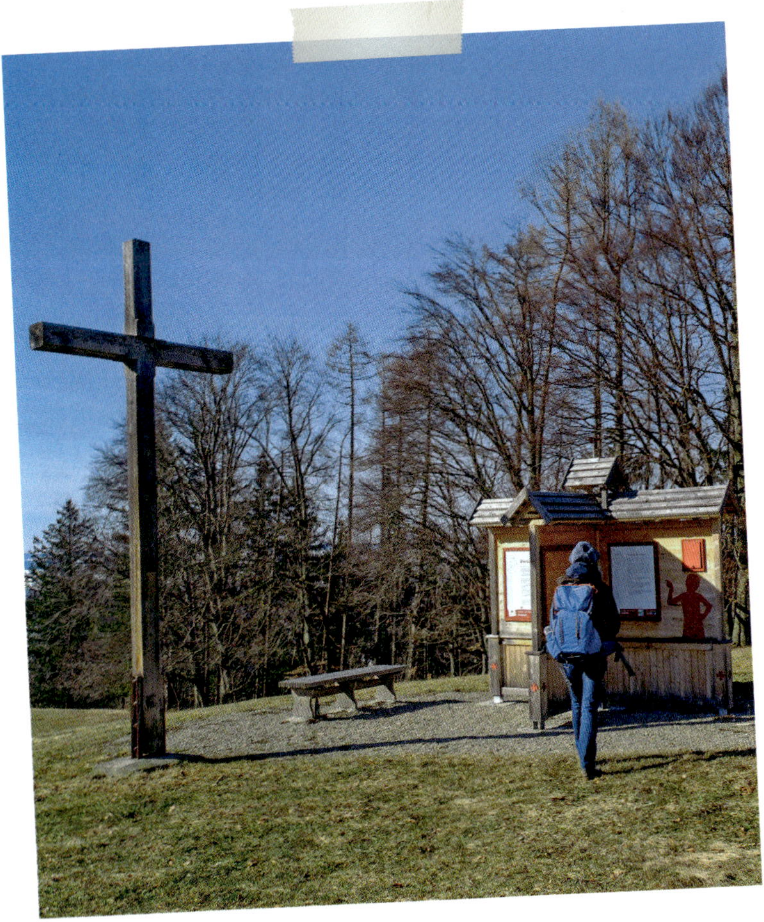

↑ Am Schlossberg stand einst die Welfenburg.

Tipp

Schongau ist eine typische mittelalterliche Handelsstadt, sicher auf einem Hügel gelegen, und heute noch von einer Stadtmauer umgeben. Das gotische Ballenhaus auf dem weiten Stadtplatz erinnert an den blühenden Handel, der die Stadt am Lech reich gemacht hat.

AUF EINEN BLICK

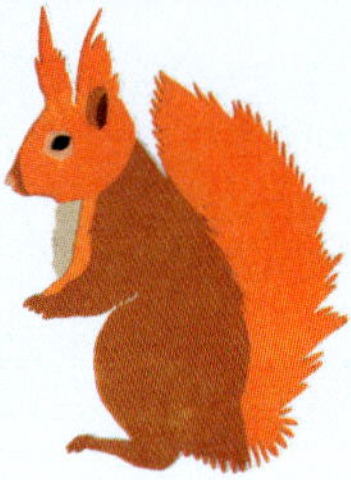

Tour 10: Tour ohne Uhr

Dauer: 3 Std.

Höhenmeter: 300 Hm

Länge: 12 km

Schwierigkeit: Mittel

Tourencharakter: Längere Rundtour mit ein paar Steigungen im Hochuferbereich des Lechs. Meist auf Wander- und Feldwegen und wenig befahrenen Nebenstraßen. Die Pfade am Hochufer sind schmal, steil und von Wurzeln durchsetzt. Nach Regentagen nicht zu empfehlen. Bademöglichkeit am Ende der Tour.

Ausgangs-/Endpunkt: Schongau, Lechbrücke

Anfahrt: **Pkw:** Von München auf der A96, Ausfahrt Landsberg West, weiter auf der B17 nach Schongau. Dort links Richtung Bahnhof/Peiting bis zur Lechbrücke bei der großen UPM Papierfabrik. Parkplätze in der Lechuferstraße am Festplatz. **Bahn/Bus:** Mit der Bahn nach Schongau, zu Fuß auf der Bahnhofstraße in acht Minuten zur Lechbrücke

Einkehr: Unterwegs keine, aber im Anschluss in Schongau mehrere Möglichkeiten: z. B. direkt am Marienplatz Bistro Ballenhaus im Rathaus

Information: www.schongau.de

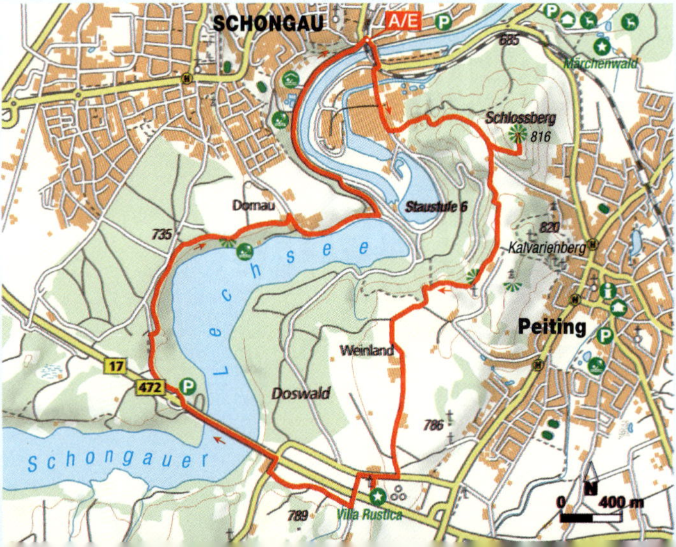

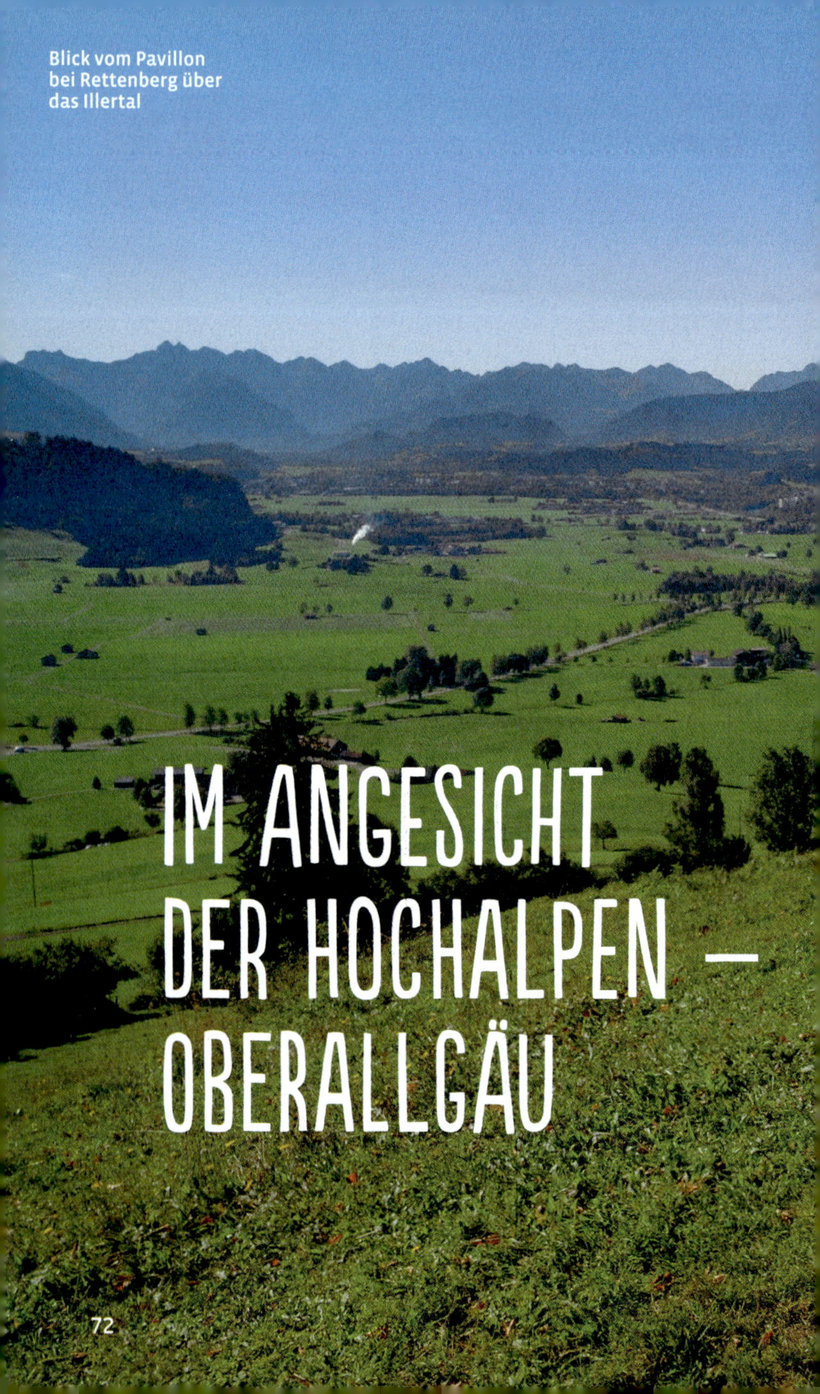

Blick vom Pavillon bei Rettenberg über das Illertal

IM ANGESICHT DER HOCHALPEN – OBERALLGÄU

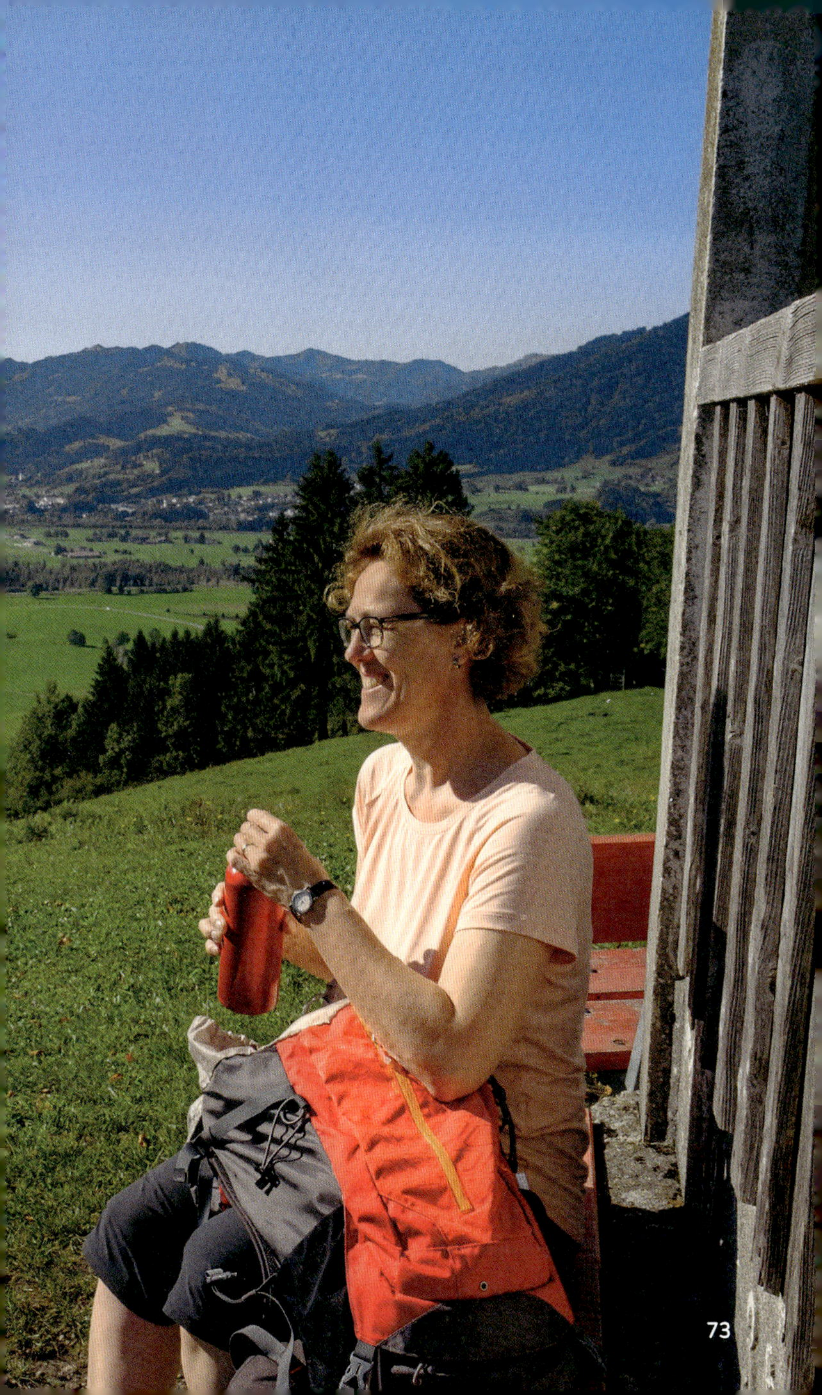

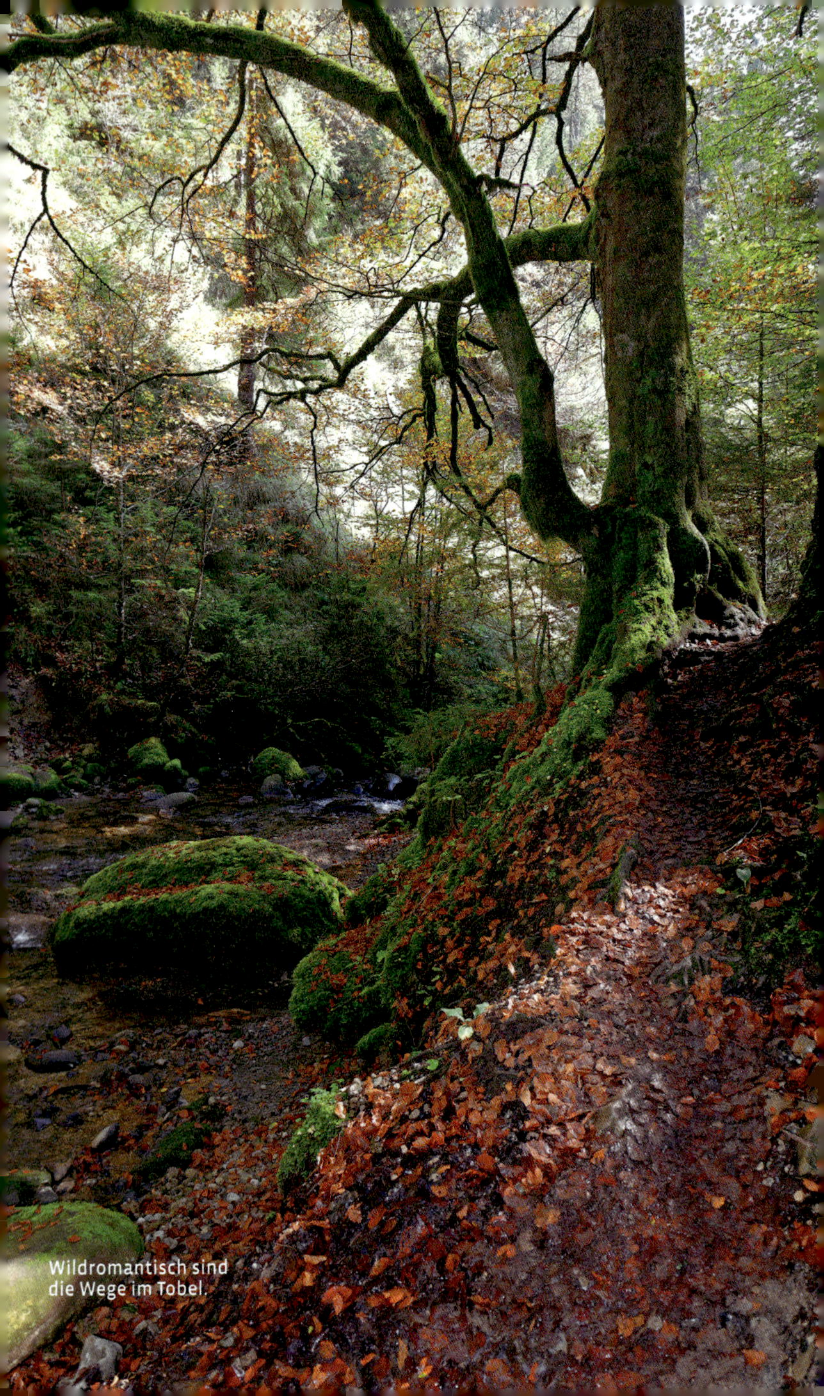

Wildromantisch sind
die Wege im Tobel.

Tour
TOUR 11
der Stille

DURCH DEN FALLTOBEL BEI NIEDERSONTHOFEN

Wilde Wasserfallwege am Schrattenbach

Wo wilde Wasser rauschen ... dort wandern wir über Wurzelwege und wilde Steige! Die Tour führt durch einen herrlich duftenden Wald, vorbei an knorrigen Bäumen und hin zum wunderbaren Niedersonthofener Wasserfall.

In den Falltobel Wir starten an der Kirche St. Alexander und Georg in der Ortsmitte von Niedersonthofen. Von hier wandern wir nach Südwesten. Dort finden wir gleich das erste Schild, das uns den Weg zum Wasserfall weist, es geht durch die Mühlenbergstraße. Ganz an ihrem Ende, nach dem letzten Haus, biegen wir links in den Wanderweg ein und treffen auf den Schrattenbach, dem wir von nun an in westlicher Richtung folgen. Zu Beginn geht es erst mal ein Stückchen bergauf. Wir wandern auf einem wurzeligen Waldweg, der uns wie Bergziegen im ständigen Auf und Ab, mal näher und mal weiter weg, am Bach entlangführt. Immer tiefer geht es in den Falltobel, der auch Schrattenbachtobel genannt wird. Infotafeln geben uns dabei Einblicke in die Flora, Fauna und Geologie des Falltobelwegs. Ein Tobel ist im Allgäuer Dialekt nichts anderes als eine Schlucht.

Wildes Wasser Kurz vor dem Wasserfall wird es dann wild im engen Tal. Knorrige Bäume säumen den Weg und viele Steine sind mit Moos bewachsen. Dann endlich hören wir das Rauschen des Wasserfalls. Nur noch eine Kurve und vor uns stürzt der Niedersonthofener Wasserfall wie ein weißer Schleier über die Felsen hinab. Auch wenn es hier nicht wirklich still ist, so ist dieses malerische Fleckchen Erde doch etwas Besonderes und lässt uns zur Ruhe kommen. Und deshalb ist jetzt Zeit für eine Pause. Ein kleines Stück zurück finden wir eine Bank für unsere Brotzeit. Außerdem können wir die Schuhe ausziehen und unsere Füße im erfrischenden Bach kühlen.

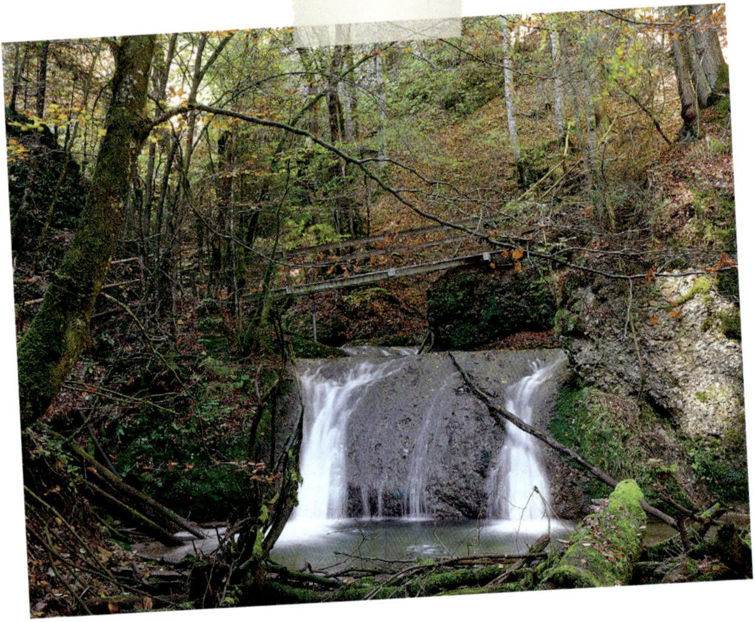

↑ Einer der kleineren Wasserfälle

Aufstieg für den Rückweg Nach der Rast steigen wir die vielen Stufen am Wasserfall weiter hinauf. Zum Glück ist es angenehm schattig, denn der Weg bringt uns ganz schön ins Schwitzen. Schließlich teilt sich der Weg. Wir halten uns links und marschieren Richtung Gopprechts. Noch einmal queren wir den Schrattenbach, dann geht es mit herrlicher Sicht auf die Berge über Wiesen zu den Höfen von Gopprechts. Dort halten wir uns links und wandern auf einem kleinen Sträßchen zurück nach Niedersonthofen.

Tipp

Wer nach der Wanderung noch Lust zum Baden hat, springt in den nahen Niedersonthofener See. Er ist einer der schönsten Badeseen im Oberallgäu und hat schnell angenehme Temperaturen.

AUF EINEN BLICK

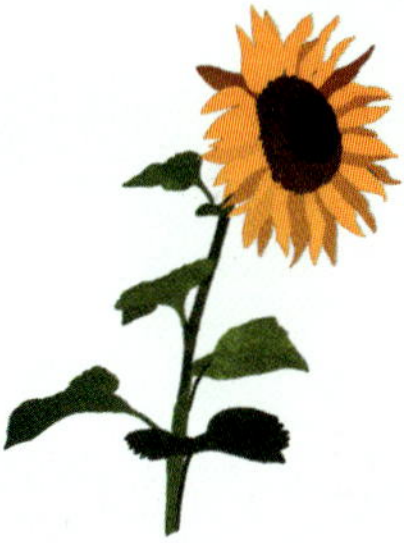

Tour 11: Tour der Stille

Dauer: 2 Std.

Höhenmeter: 200 Hm

Länge: 6 km

Schwierigkeit: Leicht

Tourencharakter: Eine leichte, vor allem schattige Wanderung entlang des Schrattenbaches. Meist auf schmalen Wegen, die nach längerem Regen nass sein können. Etwas Trittsicherheit ist erforderlich. Ein kurzer, aber steiler Anstieg muss geschafft werden.

Ausgangs-/Endpunkt: Kirche von Niedersonthofen

Anfahrt: **Pkw:** Auf der B19, Ausfahrt Niedersonthofen/Memhölz, weiter nach Niedersonthofen, Parkplatz in der Sonnenstraße
Bahn/Bus: Mit der Bahn bis Martinszell, weiter mit dem Bus

Einkehr: Unterwegs keine, am besten eigene Brotzeit mitbringen; es gibt schöne Raststellen. Erst am Ende der Tour liegt z. B. der Gasthof Zur Krone in Niedersonthofen.

Information: www.allgaeuerseenland.de

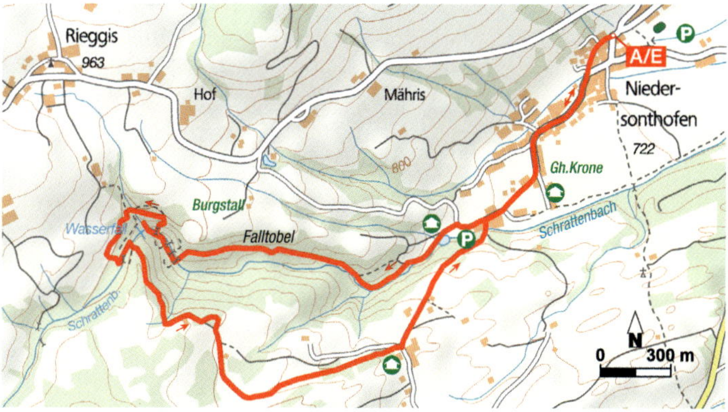

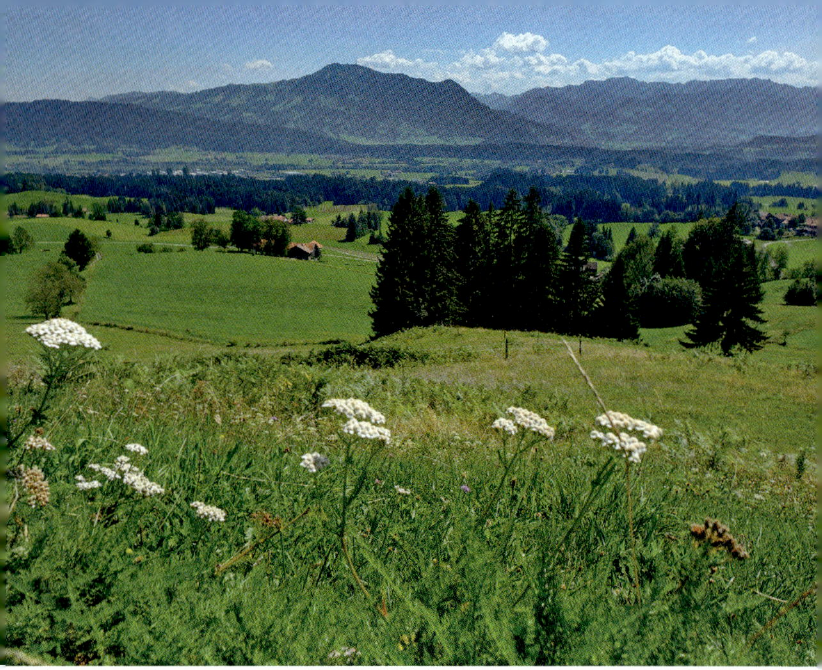

↑ Aussicht vom Hochholder über das Illertal ↓ Einsam sind die Waldwege.

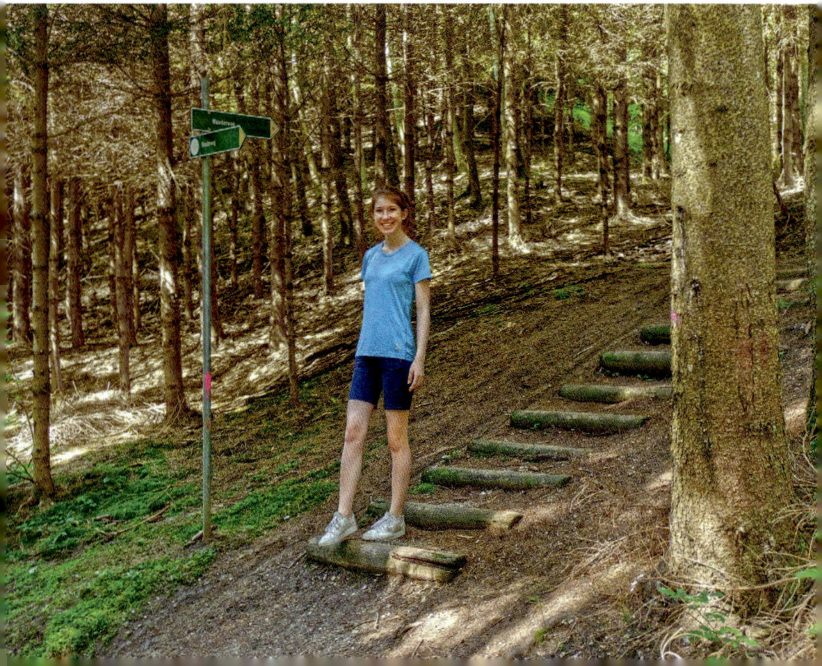

Tour der Stille
TOUR 12

AUF DEN HOCHHOLDER

Die Ruhe vor den Bergen

Wurzelige, stille und völlig einsame Waldpfade führen zum Hochholder. Dort treten wir aus dem Wald und stehen an einem Gipfel, wie wir ihn im Allgäuer Alpenvorland niemals vermuten würden: links und rechts von uns weite Alpwiesen und vor uns die ganze Parade der Allgäuer Alpen.

Einsam zum Hochholder Wir beginnen unsere Wanderung in der Dorfmitte von Knottenried am Infohäuschen neben dem Maibaum. Für wenige Schritte folgen wir der Straße noch nach Norden und biegen dann rechts in die abwärtsführende Straße ein. Der Hochholder ist bereits ausgeschildert. Wer den Parkplatz am Dorfende benutzt, geht zurück in den Ort und biegt dann links in diese Straße ein. Sie führt uns über Felder aus dem Ort hinaus zu einem Bauernhof mit mehreren Gebäuden. Am letzten gehen wir links vorbei und schon sind wir auf einem Feldweg, der über eine Viehweide zum Waldrand führt. Dort passieren wir einen Unterstand und tauchen in die Ruhe des Waldes ein. Ein paar Stufen führen zu einem quer verlaufenden Waldweg, dem wir nach links folgen. Am Waldrand teilt sich der Weg erneut, wir halten uns links und steigen nun leicht bergan wieder in den Wald hinein. Zu unserer Linken passieren wir ein kleines Hochmoor. Im Herbst wächst hier der blaue Enzian in ganzen Büscheln und in der Luft liegt der Duft des Indischen Springkrauts. Kurz darauf zweigt rechts ein schmaler Weg ab, der Richtung Hochholder ausgeschildert ist. Jetzt sind es nur noch wenige Minuten auf dem wurzeligen Pfad, dann treten wir aus dem Wald auf eine weite grüne Wiese, die nach Süden sanft abfällt. Nach links erreichen wir mit einem letzten kleinen Aufschwung das Gipfelkreuz des Hochholders.

Allgäuer Bergkulisse Dieser letzte Aufschwung fällt uns nicht schwer angesichts der prächtigen Ausblicke, die sich uns nun bieten. Wir sehen

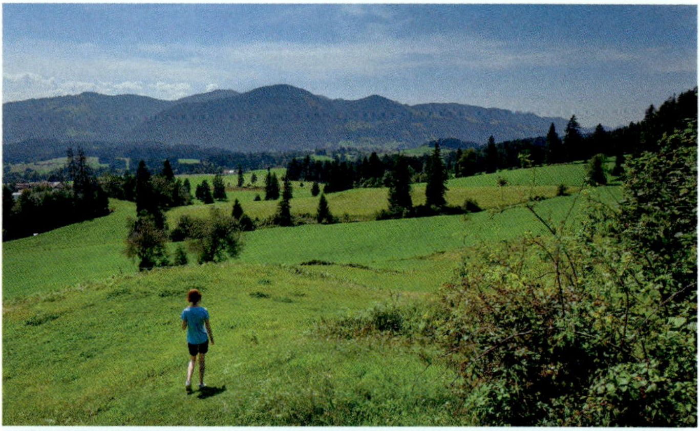

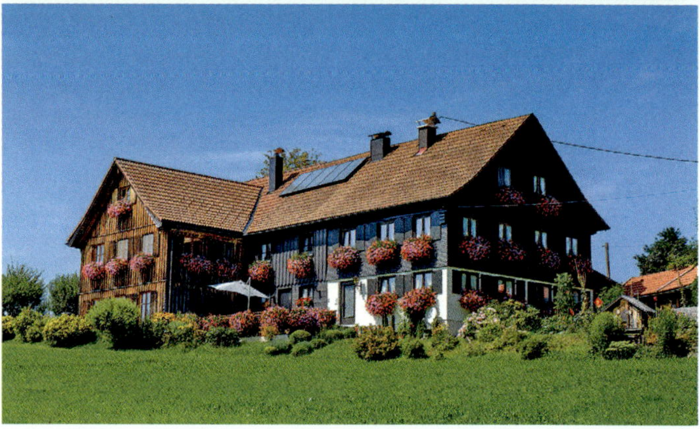

»Es liegt in der Natur des Menschen,
dass er nicht über einen Berg stolpert,
wohl aber über einen Ameisenhügel.«

Lü Bu We

weit über das Illertal zwischen Martinszell und Oberstdorf. Vom Grünten über die Allgäuer Hochalpen im Süden bis hin zur Nagelfluhkette reihen sich die Berge wie Perlen an einer Schnur. Besonders an klaren Tagen ist das eine Augenweide, die uns glücklich stimmt.

Abstieg nach Akams Vom Gipfel steigen wir zurück bis zum Waldrand. Dort geht es links durch ein Viehgatter und dann auf einem Pfad über die Wiese in südlicher Richtung (Schild »Akams«). Nach der nächsten Wiese wird der Weg zu einem Forstweg und führt uns steiler abwärts zu den Häusern von Akams. Nach links können wir dort im Gasthof »Zum lustigen Hirsch« einkehren. Ansonsten folgen wir rechts der kleinen Teerstraße, die wir uns mit Autos teilen müssen. Zum Glück ist sie wenig befahren, und wir können die Aussicht weiterhin genießen. So kommen wir in den Weiler Luitharz, an dessen Ende wir rechts der kleinen asphaltierten Straße bergauf folgen (Schild »Knottenried«). An einem Feldkreuz mit einer Rastbank verlassen wir die Straße nach rechts und steigen steiler bergauf. Sie verzweigt sich gleich nochmals, wir halten uns ganz links und steuern nach wenigen Schritten auf den Strommasten zu. Nun verliert sich der Weg fast völlig. Wir steigen einfach am Rand des Zaunes in der Direttissima über die Wiese aufwärts. Erst ganz oben, wenn es schon wieder flacher wird, stoßen wir auf den nächsten Wegweiser. Am Waldrand entlang queren wir die nächste Wiese, dann führt ein Pfad am Rand eines Brombeergestrüpps

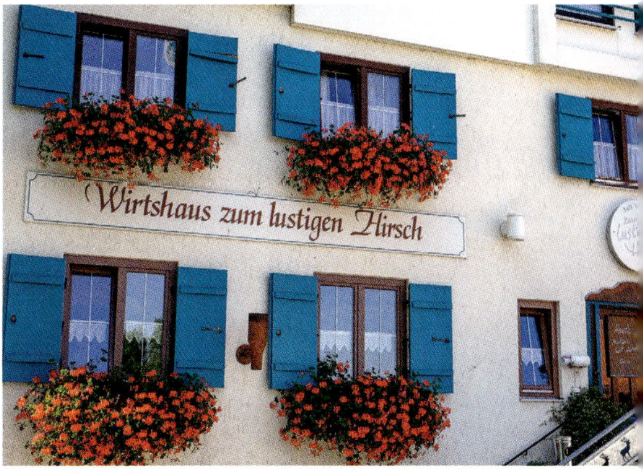

↑ Abstieg vom Hochholder
↓ Üppig wachsen die Geranien an den Allgäuer Bauernhäusern bei Akams.
→ Hier lässt sich gut einkehren.

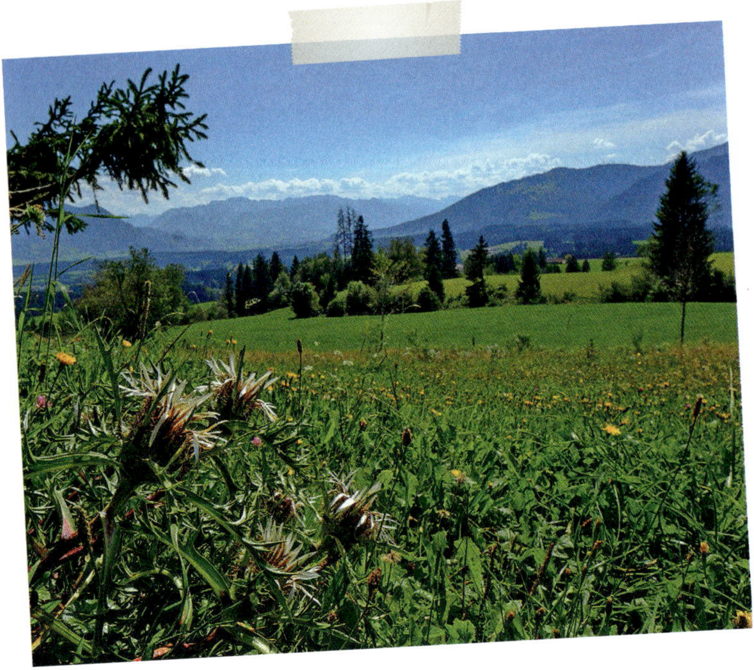

↑ **Sogar Silberdisteln wachsen auf den Wiesen.**

leicht abwärts. Vor uns sehen wir nun schon wieder die Häuser von Knottenried, die wir dann am Rand einer Wiese entlang einfach ansteuern. Hinter dem ersten Haus müssen wir noch einmal rechts einbiegen, wir passieren ein paar Neubauten und halten uns dann links. Jetzt sind wir wieder auf der Straße, die wir vom Hinweg schon kennen. Sie bringt uns zum Ausgangspunkt zurück.

Tipp

Ganz in der Nähe liegt das Allgäuer Bergbauernmuseum in Diepolz. Das kleine, aber feine Freilichtmuseum gibt uns lebendige Einblicke in das längst vergangene Allgäuer Bauernleben. Im selben Ort gibt es auch eine sehr gute Käserei.

AUF EINEN BLICK

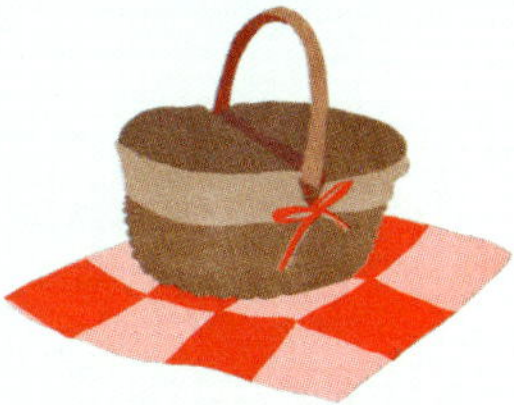

Tour 12: Tour der Stille

Dauer: 2 Std.

Höhenmeter: 180 Hm

Länge: 6,8 km

Schwierigkeit: Leicht

Tourencharakter: Eine nicht zu lange Rundwanderung, die am Anfang bergab und erst am Ende bergauf führt, wobei man den Aufstieg als kurz und knackig bezeichnen kann. Er führt ziemlich steil und ohne Schatten über eine Wiese nach oben. Dazwischen teilen wir uns für ein kurzes Stück die Strecke mit Autos.

Ausgangs-/Endpunkt: Knottenried, Dorfmitte

Anfahrt: **Pkw:** Auf der A7, Ausfahrt Autobahndreieck Allgäu, weiter auf der B19 bis Waltenhofen, dann Richtung Immenstadt, nach Seifen rechts über Bräunlings Richtung Missen-Wilhams; auf halber Strecke dorthin rechts nach Knottenried abbiegen. Einige wenige Parkplätze direkt in der Ortsmitte; ein größerer Wanderparkplatz liegt am nordöstlichen Ortsrand.
Bahn/Bus: Mit der Bahn nach Immenstadt, dann weiter mit dem Bus

Einkehr: Auf halber Strecke liegt in Akams der Gasthof Zum lustigen Hirsch. Eine überraschend große, aber sehr gemütliche Einkehrmöglichkeit mit einem netten Biergarten, direkt neben der Kirche. Dienstag ist Ruhetag.

Information: www.alpsee-gruenten.de

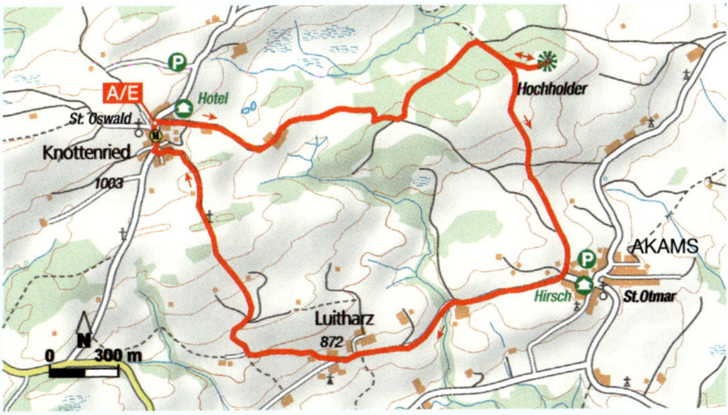

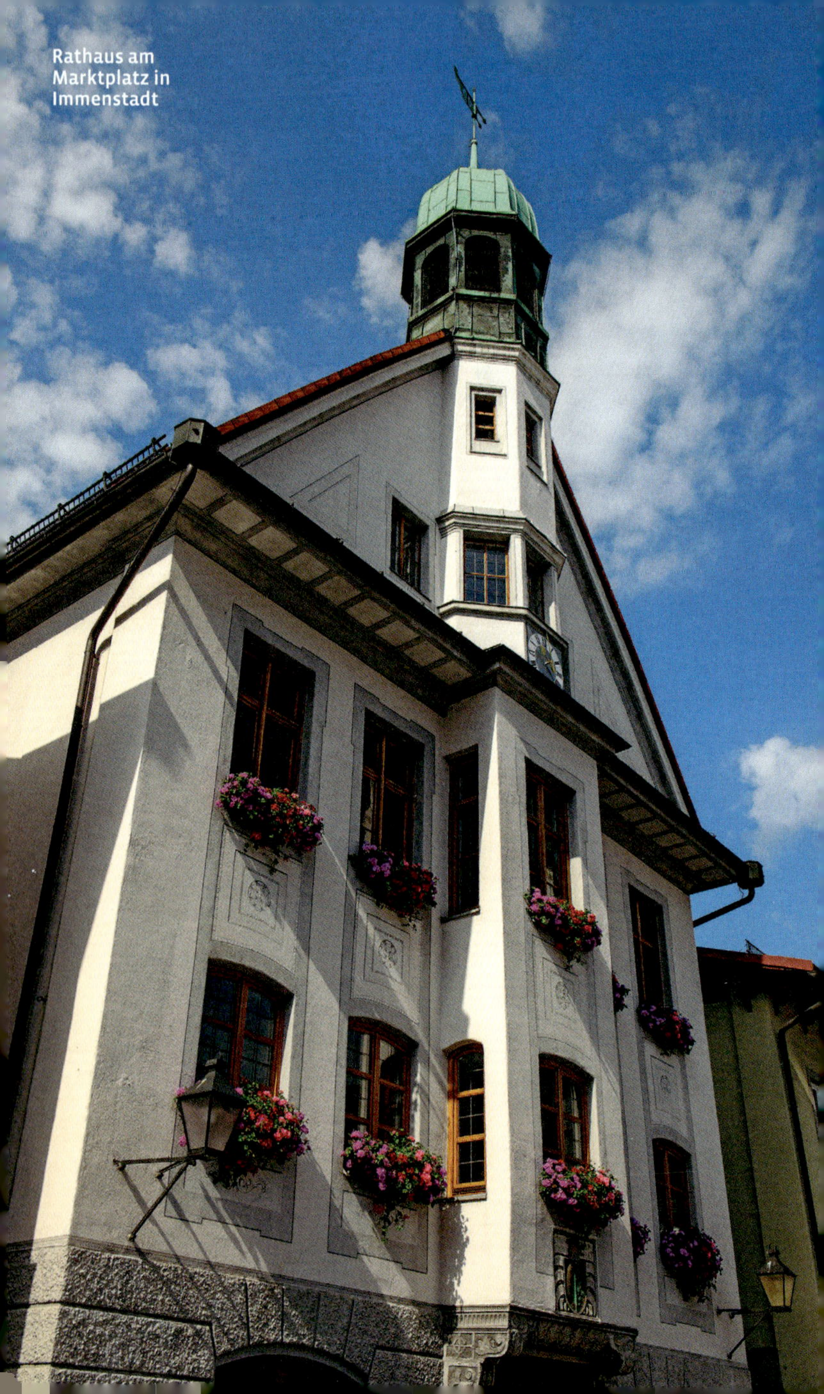

Rathaus am Marktplatz in Immenstadt

KULTUR UND NATUR RUND UM IMMENSTADT

Tour TOUR 13 ohne Uhr

Allgäu mit Seen, Burgruinen und Alpenblick

Neben dem hübschen Immenstadter Ortskern sind der Große und der Kleine Alpsee die bekanntesten Attraktionen der Gegend. Weniger bekannt sind dagegen die nahen Burgruinen, von denen zwar nur mehr einige Mauern übrig sind, die dafür jedoch mit wunderschönen Aussichten punkten.

Zum Großen Alpsee Wir starten vom Bahnhof in Immenstadt und überqueren am Zebrastreifen die große Bahnhofstraße. Dann wenden wir uns auf ihr nach links und folgen ihr über den Kreisverkehr zum Badeweg, in den wir rechts einbiegen. Am Wohnmobilparkplatz und dem Polizeigebäude vorbei beginnt schließlich parallel zur Bahnstrecke ein Rad- und Fußweg. Auf ihm erreichen wir schnell den kleinen Alpsee, wobei wir die Abzweigung nach rechts zum Strandbad ignorieren. Stets geradeaus, überqueren wir die Gleise, bleiben dann aber rechts weiter in unserer Wanderrichtung. Nun haben wir die Konstanzer Ach erreicht. Das kleine Flüsschen durchfließt den Großen und Kleinen Alpsee und plätschert hier, idyllisch von dicken Kastanienbäumen umsäumt, neben unserem Weg. Ein wunderschöner Wegabschnitt, der für unseren Geschmack viel zu schnell endet, weil wir nach kurzer Zeit das Ufer des großen Alpsees erreichen.

Erste lange Pause Hier laden die vielen Ruhebänke entlang der Seepromenade zum Verweilen ein. Einige Cafés und Kioske, aber auch Bootsverleihstationen verlocken zur Pause. Gönnen wir uns ruhig ein bisschen Zeit, denn der Alpsee ist eine der großen Attraktionen am Weg. Selbstverständlich dürfen wir im Sommer dort auch baden. Wir können das AlpSeeHaus (siehe Tipp) besichtigen oder einen kleinen Abstecher hinauf zu den beiden Kirchen von Bühl unternehmen, die kunsthistorisch äußerst interessant

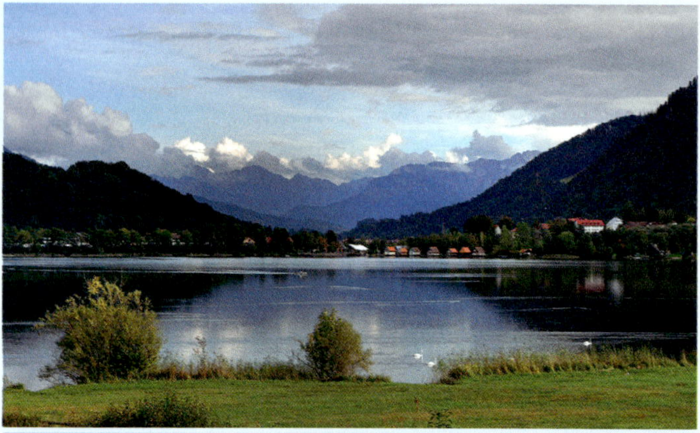

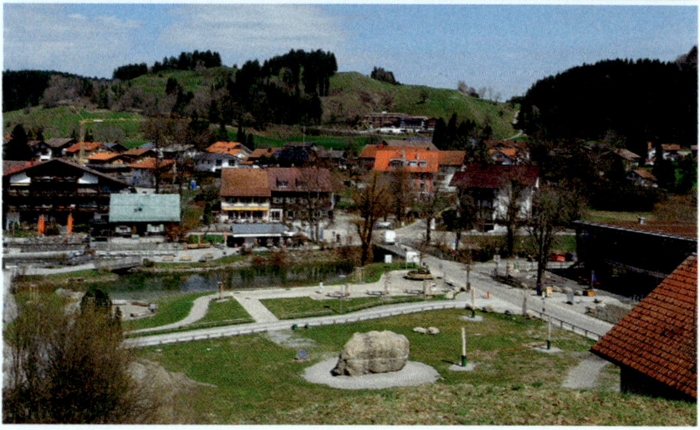

»Ein Pfad, dem nur wenige folgen,
führt zu Höherem als eine Straße,
die Tausende gehen.«

Thomas Edward Lawrence

sind. Im Untergeschoss von St. Stephan befindet sich die heilige Grabkirche mit einer seltenen Darstellung der Kreuzigung Christi.

Aufstieg zu den Ruinen Für unsere weitere Wanderung halten wir uns dann am Abfluss der Konstanzer Ache rechts und wandern an der Seepromenade entlang, denn wir wollen den Alpsee genießen. Links lockt noch ein kleiner Abstecher auf den großen Steg, dann geht es weiter in Richtung Hauser Strandbad. Kurz vor dem Strandbad weist uns ein Schild nach rechts zu den Ruinen Rothenfels und Hugofels. Nach der Unterführung geht es rechts in der ursprünglichen Wanderrichtung zurück. Die kleine Teerstraße bringt uns in den Weiler Hub. Hier halten wir uns links und erreichen die große Autostraße, die wir durch eine Unterführung queren. Nun steht der anstrengendere Teil der Wanderung bevor. Schnurgerade führt uns die Straße zunächst den Berg hinauf. Zum Verschnaufen sollten wir uns zumindest umdrehen, denn die Aussicht entschädigt für die Mühe. Oben wird es etwas flacher, ein schönes Wiesenplateau liegt vor uns. Der Weg wendet sich nach rechts und schließlich erreichen wir in einem großen Bogen das wunderschön restaurierte Privathaus am Rothenfels. Ein Abstecher nach rechts, vorbei an der Scheune, bringt uns zur Burgruine Rothenfels, die eigentlich nur noch aus einem einzigen Mauerrest besteht. Unter schönen Buchenbäumen können wir Informationstafeln dazu studieren, eine Picknickbank lädt zur Pause ein. Die gleiche Situation finden wir auf der Burgruine Hugofels, zu der wir auf der anderen Seite nochmals ein Stück aufsteigen müssen. Dort gibt es neben den Mauerresten sogar einen eingezäunten tiefen Brunnenschacht und überdies tolle Ausblicke, nicht nur zum Alpsee, sondern auch auf Immenstadt und die nahen Berge.

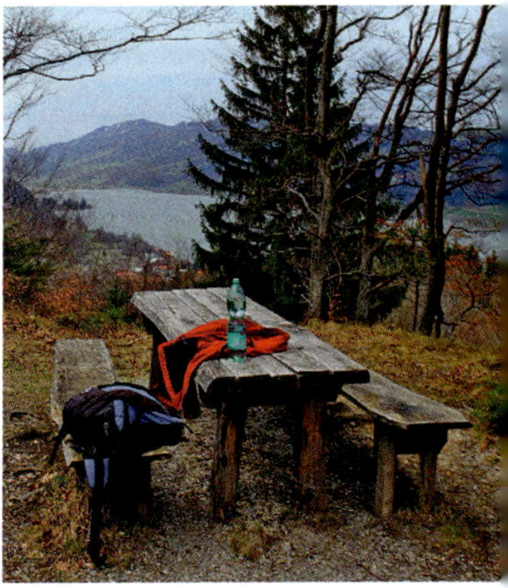

↑ **Der Große Alpsee liegt eingebettet zwischen den Bergen.**
↓ **Vom Bühl haben wir einen guten Ausblick auf die Hotels am Alpsee.**
→ **Die Rastplätze an den Ruinen liegen schattig im Wald.**

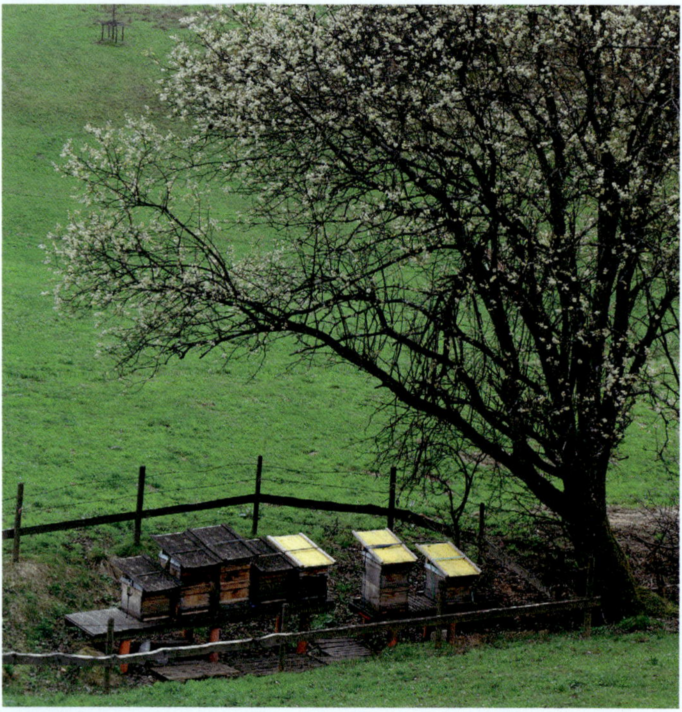

»Wer viel gewinnen will,
muss auf die kleinen Dinge achten.«

Mary Ward

Über den Grählweg Nach der Besichtigung steigen wir zurück zum Haus und folgen nun links dem Wanderweg zwischen dem Haus und dem Hang der Ruine Hugofels. Auf einem Feldweg geht es anschließend über Viehweiden. Nach einem Waldstück halten wir uns rechts, nun der Beschilderung nach Immenstadt/Dachseck folgend. Nach links bietet sich ein Abstecher zur Alpe Rothenfels an, im Sommer kann man dort einkehren. Nach wenigen Schritten erreichen wir die nächste Wegverzweigung und bewundern die mächtigen knorrigen Eichen, die, fest am Hang verwurzelt, alle Stürme überstehen. Nach links folgen wir der Beschilderung auf den Grählweg, der seinem Namen dem Fremdenverkehrsförderer Ludwig Grähl zu verdanken hat. Der Weg führt auf eine Wiese mit Rastbänken, von denen wir eine beeindruckende Aussicht auf die Allgäuer Bergwelt genießen dürfen. Unter uns liegt Immenstadt und dahinter die Nagelfluhkette. Jetzt heißt es, sich Zeit zu nehmen, die Panoramakarte zu studieren und sich einfach am Blick zu erfreuen.

Zeit für Immenstadt Für das letzte Stück gehen wir weiter über die Wiese, an deren Ende beginnt wieder ein schmaler Wanderweg bergab. Wir stoßen auf einen Feldweg, dem wir ein Stück nach rechts folgen. Ziemlich am tiefsten Punkt weist uns ein Schild »Immenstadt Kalvarienberg« nach links auf einen kaum sichtbaren Pfad mitten über die Wiese. Durch einen Wald erreichen wir die ersten Häuser von Immenstadt. Wir halten uns rechts in die Eichendorffstraße, die gleich darauf in der Kalvarienbergstraße endet. Diese queren wir minimal nach links versetzt. Hier beginnt zwischen den Häusern ein schmaler Weg, der sich dann gleich mit bester Sicht auf Immenstadt entlang von Kastanienbäumen rechts zur Kalvarienberg-Kirche wendet. Von dieser

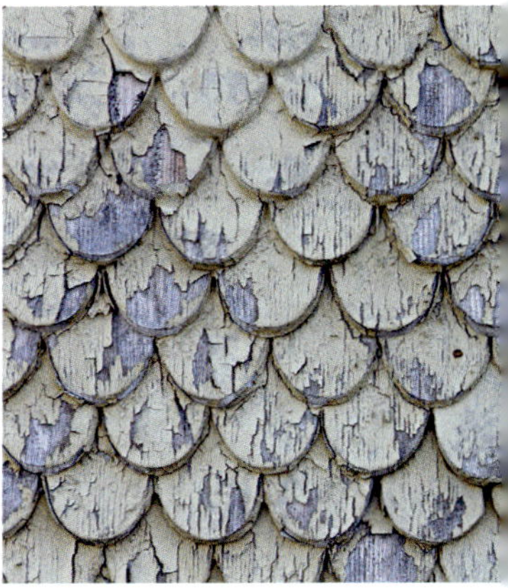

← **Bienenhäuser am Grählweg**
→ **Typische Holzschindeln an den Allgäuer Bauernhäusern.**

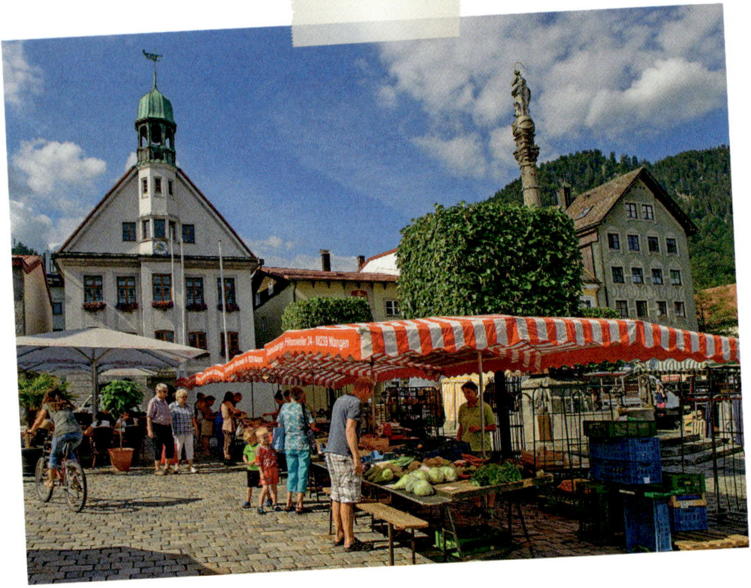

↑ **Immenstadt ist eine pulsierende lebendige Kleinstadt im Allgäu.**

führen Stufen hinunter zu den ersten Häusern der Altstadt. Stets dem Weg folgend, queren wir die Ach und wandern in der Gerbergasse und der Theo-Bechteler-Straße am Klosterplatz vorbei. So sind wir schnell am Marienplatz, dem mit Straßencafés und Eisdielen gesäumten, pulsierenden Herz Immenstadts. Nach einer Besichtigung wandern wir am Schloss rechts und dann links in die Alleestraße. Diese wird zur Bahnhofstraße, der wir zurück zu unserem Startplatz folgen.

Tipp

Eine Tourist Information finden wir im AlpSeeHaus direkt am großen Alpsee. Dort ist auch das Naturparkzentrum Nagelfluhkette untergebracht. Gegen Eintritt können wir uns die multimediale Erlebnisausstellung über die Allgäuer Bergwelt ansehen. Überdies gibt es im Foyer des Hauses frische Käsespezialitäten der Bergkäserei Diepolz.

AUF EINEN BLICK

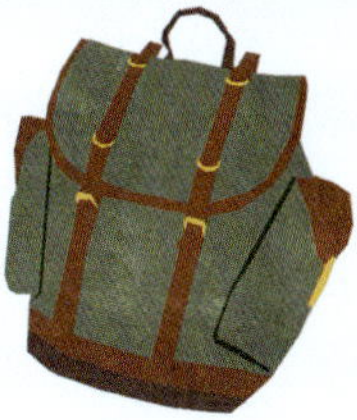

Tour 13: Tour ohne Uhr

Dauer: 2.30 Std.

Höhenmeter: 200 Hm

Länge: 10,3 km

Schwierigkeit: Leicht

Tourencharakter: Wanderung zur Hälfte auf asphaltierten, breiten Wanderwegen und zur anderen Hälfte auf ungeteertem Untergrund. Im Bereich der Burgruinen schmale Pfade. Ein einziger steilerer Wegabschnitt ist zu schaffen; Verkürzung möglich. Die gesamte Tour ist sehr sonnig. Beste Zeit: Frühjahr und Herbst.

Ausgangs-/Endpunkt: Bahnhof Immenstadt

Anfahrt: **Pkw:** Immenstadt liegt an der B308, Parkplätze z. B. in der Tiefgarage am Bahnhof.
Bahn/Bus: Mit dem Zug nach Immenstadt

Einkehr: Verschiedene Cafés und Restaurants am Alpsee. Am Ende der Wanderung viele Möglichkeiten in der Altstadt von Immenstadt

Information: www.alpsee-gruenten.de

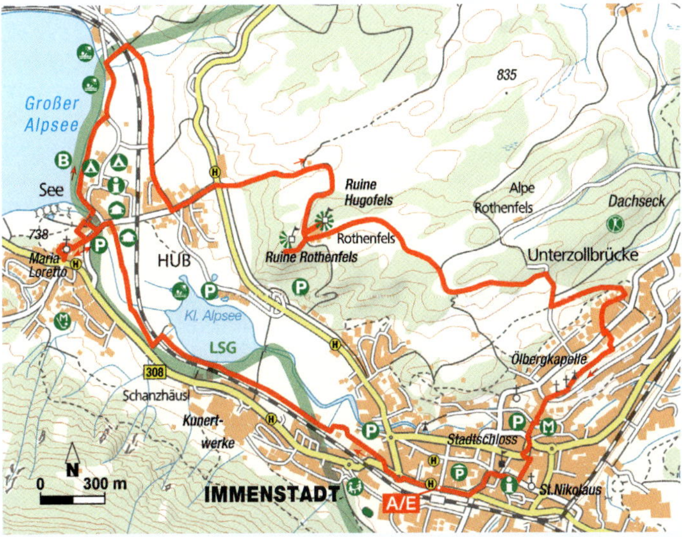

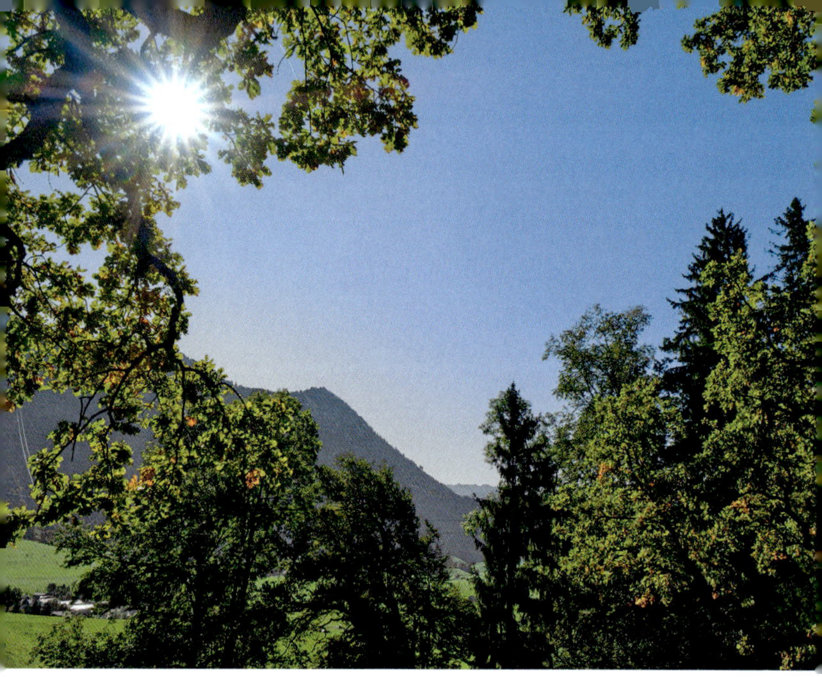

↑ Glück ist, wenn die Sonne blitzt. ↓ Rettenberg liegt zu unseren Füßen.

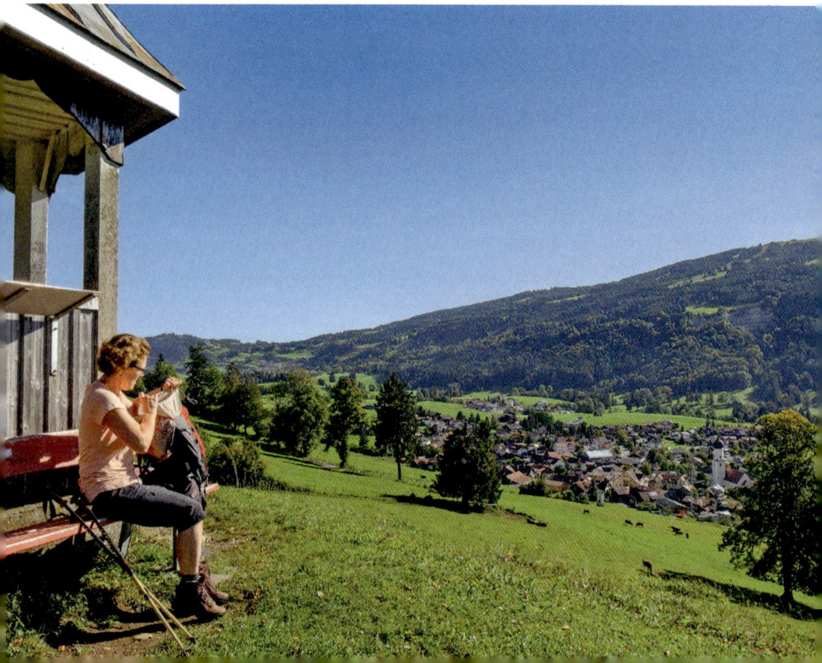

AUF DEN FALKENSTEIN

Tour für
TOUR 14
die Sinne

Alles, was dazugehört!

Die Besteigung des Falkensteins bei Rettenberg hat alles, was zu einer glücklichen und gelungenen Wanderung gehört: wunderschöne Wurzelwege, tolle Aussichten, knorrige Bäume, einen felsigen Gipfel und eine nette Einkehrmöglichkeit.

Auf die Gebhardshöhe Wir starten an der Rettenberger Touristinfo im Bichelweg und gehen die wenigen Schritte zur großen Hauptstraße in den Ort. Dieser folgen wir nach links, passieren die Kirche und erreichen dann den Brauereigasthof Engel. Auf der gegenüberliegenden Straßenseite beginnt die Bergstraße, der wir auch weiter über die Linkskurve folgen. Hier dürfen wir uns nicht wundern, denn die Gebhardshöhe, über die wir zum Falkenstein wandern wollen, ist mehrfach und in verschiedenen Richtungen ausgeschildert. Wir haben uns gern für die etwas längere Variante entschieden, die dem »Wandertrilogie«-Symbol, das sind die drei übereinander gestapelten Steine, folgt. So teilt sich der Weg gleich nach den letzten Häusern. Wir halten uns links und wandern am Rand einer Wiese mit sensationeller Aussicht über das Illertal und auf die Allgäuer Hochalpen zum Waldrand. An einer knorrigen alten Eiche, die unweit einer Hütte ihre dicken Äste in den Himmel streckt, stoßen wir auf einen querenden Wanderweg. Diesem folgen wir nun nach rechts bergauf und steigen so auf die Gebhardshöhe hinauf, wo wir kurz darauf den sechseckigen Aussichtspavillon erreichen. Ein Glücksmoment, der seinesgleichen sucht. Dieser Logenplatz schenkt uns nämlich ein wunderbares Alpenpanorama – der perfekte Platz für eine Sinnesrast. Da fällt es schwer, sich von den Rastbänken loszueisen.

Über den Gratweg Für den Weiterweg folgen wir der Beschilderung zum Falkenstein über den Gratweg. Nach dem Pavillon geht es noch ein Stück über eine Wiese, dann verzweigt sich der Weg im Wald. Links führt der Waldweg zum Falkenstein, geradeaus auf einem deutlich kleineren Pfad

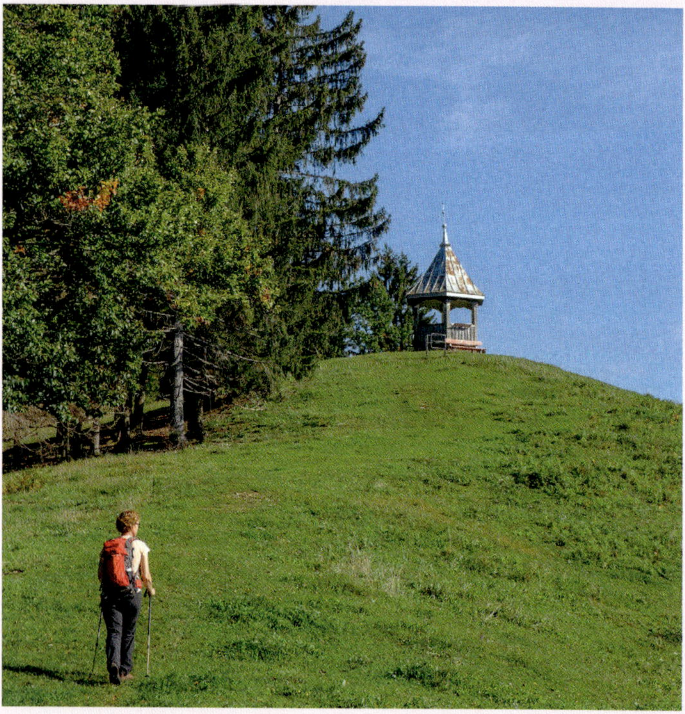

»Die Natur des Auges ist es,
die Farben zu lieben;
aber wenn das Herz nicht heiter ist,
so mögen alle fünf Farben vor Augen sein,
und man sieht sie nicht.«

Lü Bu We

geht es anfangs steiler bergauf auf den Gratweg. Diesen wählen wir, denn für uns sind kleine, von Wurzeln durchsetzte Pfade immer ein Glücksverstärker und tausendmal angenehmer als die klassischen Forstwege. So geht es im leichten Auf und Ab weiter bergauf. Wir passieren die Abzweigung zur Alpe Stockach, die wir erst am Rückweg besuchen werden. Kurz danach teilt sich der Weg am Waldrand. Von rechts werden wir später zurückkommen. Wir halten uns jetzt aber links und folgen weiter der Beschilderung über den Gratweg. Immer wieder öffnet sich der Wald und gibt Blicke auf den Grünten frei. Bald genießen wir auch die ersten Aussichten zu unserer linken Seite. Der Berg fällt hier steil und dramatisch zur Iller ab. Jetzt wissen wir, woher der Gratweg seinen Namen hat. Aber keine Angst! Unser Wanderweg ist so geschickt angelegt, er kommt dem Abgrund (bis auf an einer einzigen Stelle) nie wirklich nahe. Wer also nicht ganz schwindelfrei ist, nähert sich einfach nicht den Aussichtspunkten. Noch einmal erreichen wir eine Wegegabelung im Wald. Wir folgen stur der Beschilderung zum Falkenstein, die nun nach links erst einmal wieder an Höhe verliert. Sogar über Treppenstufen steigen wir abwärts. Aber kurz darauf kommt es zum ultimativen Bergaufschwung. Wir steigen über eine Alpwiese und ein letztes Stück auf dem Gratweg zum Gipfel des Falkensteins auf. Der felsige Buckel ist von einem Gipfelkreuz bekrönt und wir haben den höchsten Punkt unserer Wanderung mit 1115 Metern erreicht. Die Sicht reicht weit nach Norden hin über Martinszell und den Niedersonthofener See bis nach Kempten. Sogar den Alpsee bei Immenstadt können wir entdecken. Und für alle ganz Neugierigen: Die große Firma im Tal gehört zum Bosch-Konzern. Leider ist am Gipfel nicht viel Platz, die einzige Rastbank ist oft belegt. Für eine längere

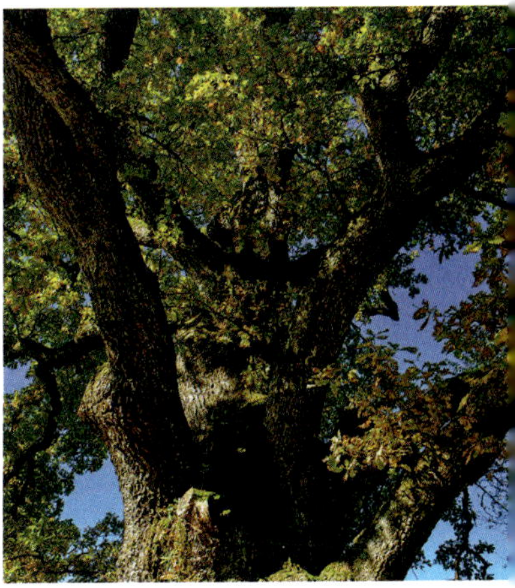

← **Schon der Aufstieg zum Pavillon ist ein lohnendes Ziel.**
→ **Die knorrige Eiche markiert den Beginn des Gratwegs.**

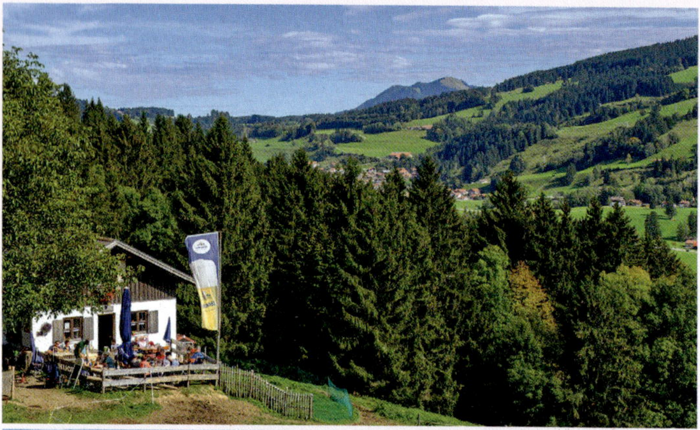

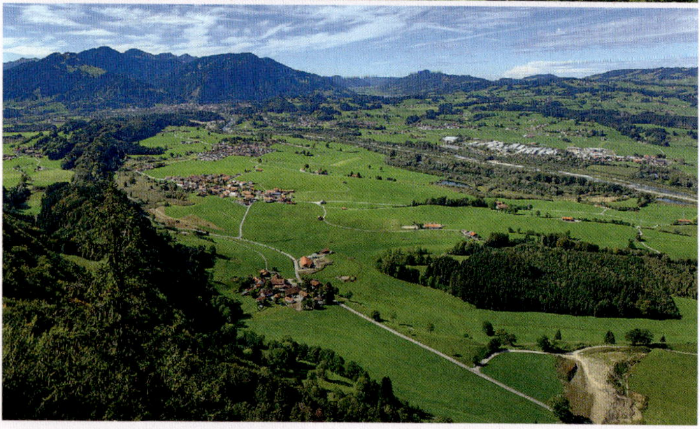

»Essen ist ein Bedürfnis,
genießen ist eine Kunst.«

François de La Rochefoucauld

Brotzeitpause suchen wir uns ein anderes Plätzchen, wenn wir nicht ohnehin in der Alpe Stockach einkehren möchten.

Auf alle Fälle Alpe Stockach Deshalb folgen wir vom Gipfel einfach dem Gratweg weiter in nördlicher Richtung. Wir verlieren gleich etwas an Höhe. Unser nächstes Ziel ist Hinterberg, das dankenswerterweise gut ausgeschildert ist. In dem Weiler treffen wir auf einen Wanderparkplatz. Dort folgen wir rechts der Zufahrtsstraße in Richtung Vorderberg. Zum Glück ist die Straße wenig befahren und die Häuser von Vorderberg sind schnell erreicht. Vor dem ersten Haus auf der rechten Seite biegen wir ebenfalls rechts in den ansteigenden Feldweg ein, der zur Alpe Stockach ausgeschildert ist. Das erneute Bergauf hält sich in Grenzen, sodass wir weiter einfach die Aussicht genießen dürfen. Der Weg führt dann etwas nach links über eine Alpwiese und an deren Ende stoßen wir wieder an die Stelle, die wir vom Hinweg schon kennen. Hier biegen wir nun links auf einen Pfad, der durch den Wald abwärtsführt. Die Alpe Stockach ist bald zu sehen und über eine Linkskurve dann auch schnell erreicht. Bis spät am Abend scheint hier die Sonne auf die kleine Terrasse und schenkt uns somit Zeit, um zu bleiben, ohne zu frösteln. Sowohl der Rübli- als auch der Käsekuchen waren äußerst fein. Gut, dass es auch Brotzeiten gibt, denn so sind wir gleich zum Abendessen geblieben. Aber schließlich müssen auch wir ins Tal. Zum Glück ist der Abstieg nicht schwierig. Wir folgen einfach der kleinen Zufahrtsstraße, die hinter der Alpe beginnt. Sie führt uns mit drei großen Kurven ins Tal. Dort stoßen wir auf eine Vorfahrtsstraße, der wir für wenige Minuten nach rechts zurück bis Rettenberg folgen.

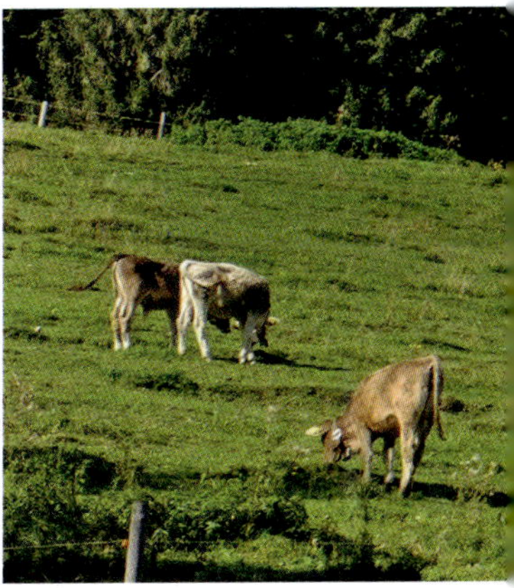

↑ In der Alpe Stockach kehren wir ein.
↓ Herrlich ist die Aussicht vom Falkenstein auf das Tal der Iller.
→ Allgäuer Kühe grasen auf den Alpwiesen.

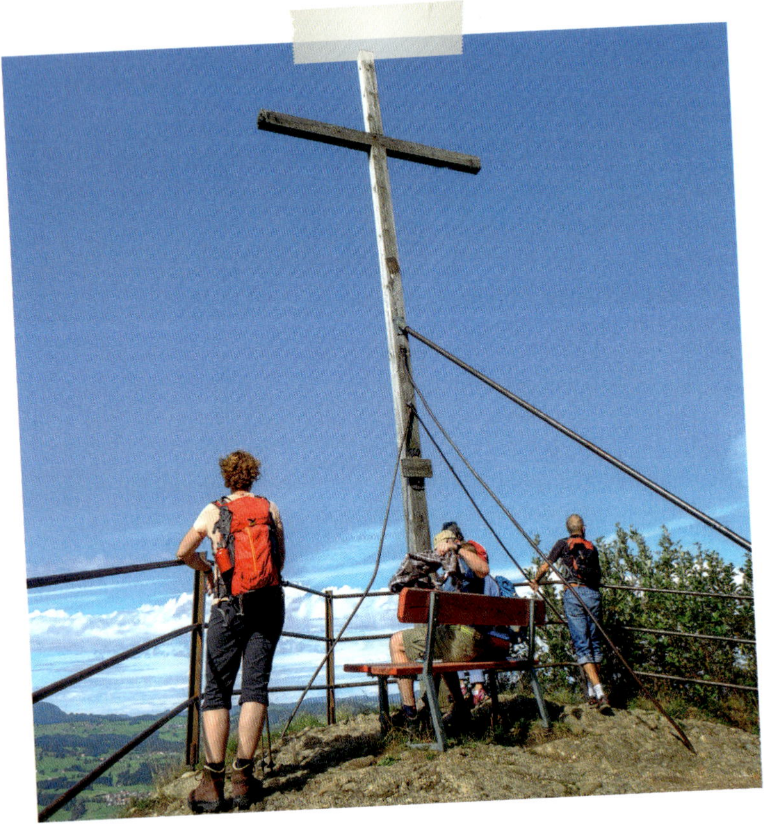

↑ **Auf dem Falkensteingipfel ist nicht viel Platz.**

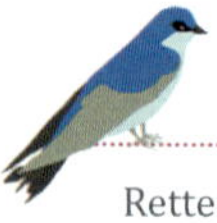

Tipp

Rettenberg ist das Brauereidorf im Allgäu. Gleich drei Brauereien sieden und brauen in dem kleinen Ort am Fuß des Grünten das beliebte »flüssige Gold«. Nach bester Braumeisterkunst entstehen »Gigglstuinar«, »Grünten Gold«, »Herzsolo« oder »Vollmondbier« in den Rettenberger Sudkesseln. Die drei Familienbrauereien Zötler, Engelbräu und BernardiBräu sorgen so für ein reges Wirtshausleben im Ort, zudem gibt es viele Events rund um die Allgäuer Biere.

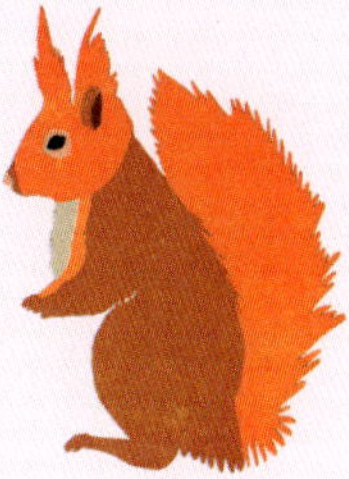

AUF EINEN BLICK

Tour 14: Tour für die Sinne

Dauer: 3 Std.

Höhenmeter: 360 Hm

Länge: 8 km

Schwierigkeit: Mittel

Tourencharakter: Eine kleine und einfache Bergtour. Etwas trittsicher sollte man auf den wurzeligen Wegen sein. Vor der Gratwanderung muss man keine Angst haben, außer man ist extrem schwindelgefährdet. Der Weg führt immer mit gutem Abstand von der steil nach Norden abfallenden Kante des Falkensteins entlang. An einer einzigen Stelle (ca. 50 cm Weglänge) nähert er sich!

Ausgangs-/Endpunkt: Rettenberg, Touristinfo

Anfahrt: **Pkw:** Von der A7 über Kempten auf die B19 Richtung Immenstadt/Oberstdorf. Ausfahrt Immenstadt Süd, dann nach Rettenberg. Parkplätze am Freibad oder am Friedhof
Bahn/Bus: Mit der Bahn bis Immenstadt oder Pfronten, mit dem Bus nach Rettenberg

Einkehr: Alpe Stockach (Montag Ruhetag), gemütliche kleine Alm mit sensationellem Blick über das Illertal. Kleine Brotzeiten und extrem leckere Kuchen! Mai bis Anfang Sept., täglich 10–21 Uhr, bis 15. Oktober dann nur bis 19 Uhr. Mit Kinderspielplatz

Information:
www.alpsee-gruenten.de

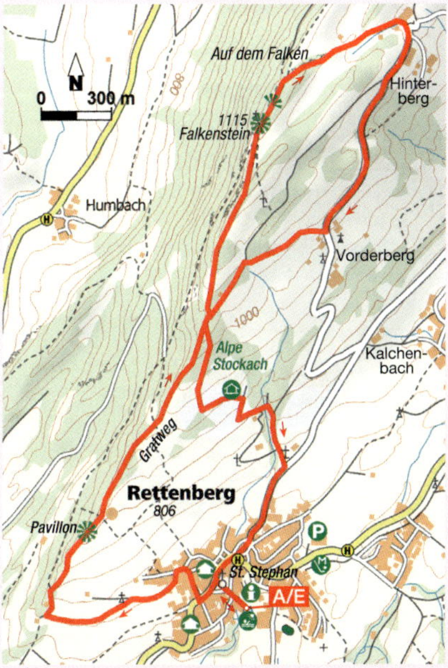

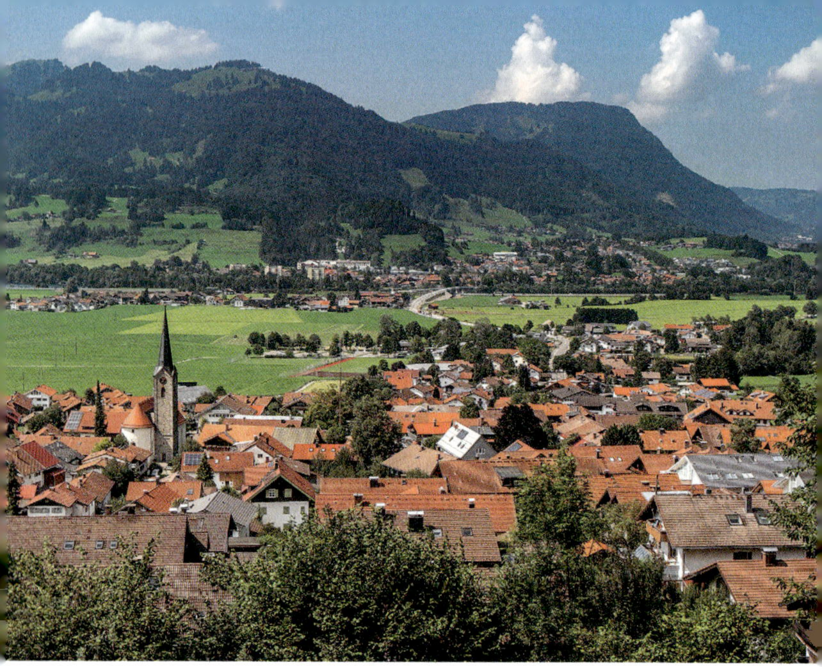

↑ Burgberg vom Steinernen Bichel ↓ In der Starzlachklamm

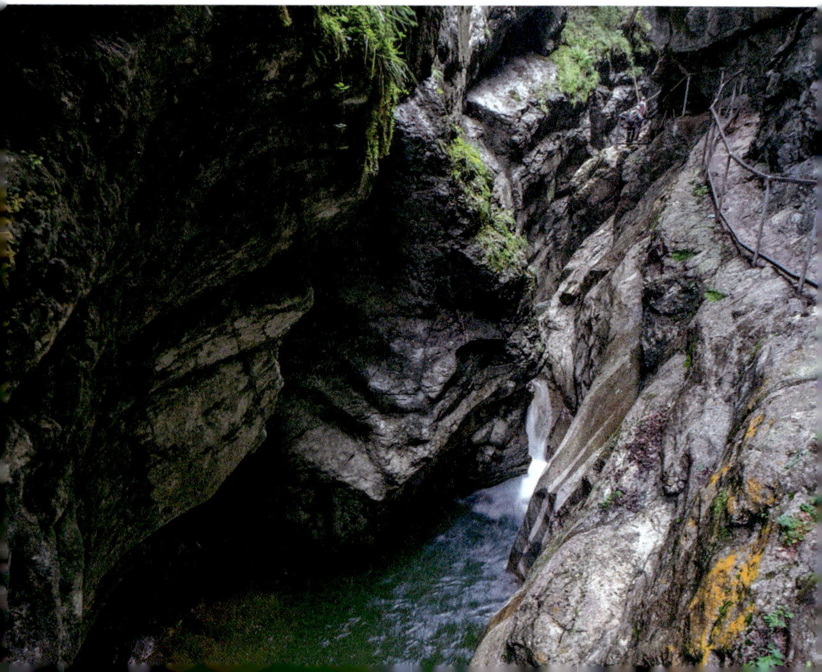

STARZLACHKLAMM

Tour für die Sinne
TOUR 15

Drama unterm Grünten

Von gut 100 Millionen Jahren Erdgeschichte könnte uns ein Geologe in der Starzlachklamm erzählen. Weil die wenigsten von uns so ein Fachwissen haben, lassen wir uns einfach von der wilden Landschaft beeindrucken, vom stürzenden Wasser, das sich durch herabgebrochene Felsen zwängt, und von dem gewaltigen Rauschen, das an jeder Stelle der Klamm anders klingt.

Zum Kassenhäuschen Wir beginnen unsere Wanderung an der Starzlachbrücke zwischen den beiden Parkplätzen und wandern, immer in Ufernähe bleibend, flussaufwärts. Der Weg steigt leicht ab. Die vielen offen liegenden Baumwurzeln, die nach Regentagen unangenehm rutschig sein können, zeigen uns schon jetzt, dass knöchelschonende Bergschuhe die richtige Wahl sind. Nach einer guten Viertelstunde stehen wir unter der Klammhütte und bekommen einen ersten Eindruck von den stürzenden Wassern, die wir gleich erleben dürfen. Hier bezahlen wir nun den Eintritt in die Klamm; er dient dazu, die Wege instand zu halten.

Durch die Klamm Dass der Weg aufwendig gebaut ist, merken wir gleich. Er schmiegt sich manchmal dicht an die Felsen, Treppen und Brücken gewähren selbst dort ein Weiterkommen, wo man es zunächst gar nicht vermutet. Dabei wird uns stets ein Wasserspektakel geboten. Manchmal scheint das Wasser fast stillzustehen, dann schießt es über schräg aufgefaltete Felsblöcke oder stürzt sich über hohe Stufen nach unten. Mit etwas Glück lassen sich vom Weg aus Canyoning-Sportler beobachten, die ihren Adrenalinkick mitten im Wasser suchen. Es sieht abenteuerlich aus, aber wer den Sport betreibt, behauptet, er mache nicht nur glücklich, sondern sei einfacher, als man glaubt. Wir sind auch ohne diese Action glücklich unterwegs und genießen die durch die Wassertröpfchen gereinigte Luft. Irgendwann ist aber auch die schönste Schlucht zu Ende. Der Weg

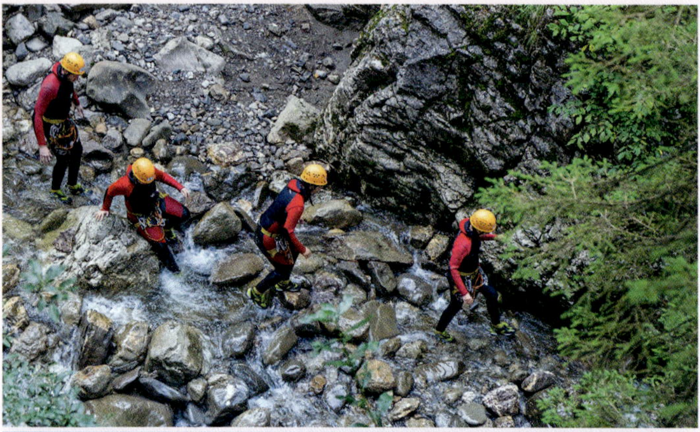

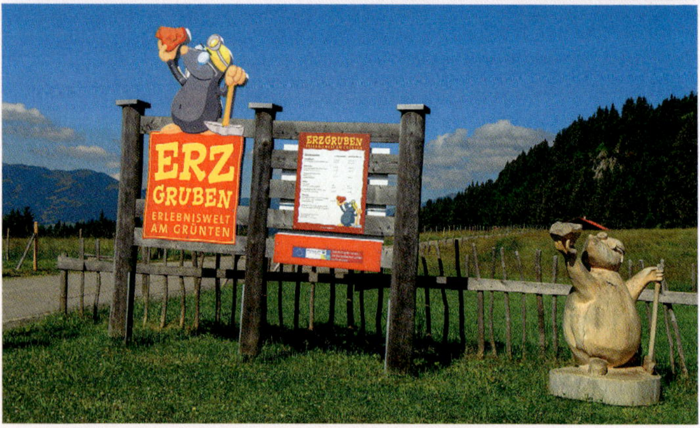

»Es ist die Aufgabe eines jeden Menschen,
zu sich selbst zu kommen.«

Edith Stein

schwenkt nach links, passiert noch ein paar gewaltige Steinblöcke, die von einem dramatischen Bergsturz stammen, und schließlich erreichen wir eine Alpwiese unterhalb des Gasthofs Alpenblick. Jetzt teilt sich der Weg. Nach rechts sind wir in einer Minute an der Alpe Topfen, wo wir uns zu einer Brotzeit niederlassen können. Der Name hat übrigens nichts mit dem bayerischen Ausdruck für Quark, also Topfen zu tun. Es ist vielmehr eine Geländebezeichnung im Allgäu. Unter Topfen versteht man hier eine Absenkung, eine Art Topf im Gelände.

Zurück ins Tal Von der Alpe gehen wir zu unserem Anstiegsweg zurück und von dort zum Gasthof Alpenblick. Für den Abstieg können wir nun bequem das Erzgrubenbähnle wählen. Es bringt uns ins Tal nach Burgberg. Der Weg von seinem Halt am Burgberger Friedhof zum Parkplatz ist gut ausgeschildert.

Alternativer Abstieg Wer jedoch lieber zu Fuß absteigt, folgt nach dem Gasthof Alpenblick links der Beschilderung auf den Wanderweg. So steigen wir ebenfalls schnell über die Ruine Burgberg in das Dorf hinunter und wandern dann, uns links haltend, zum Parkplatz zurück.

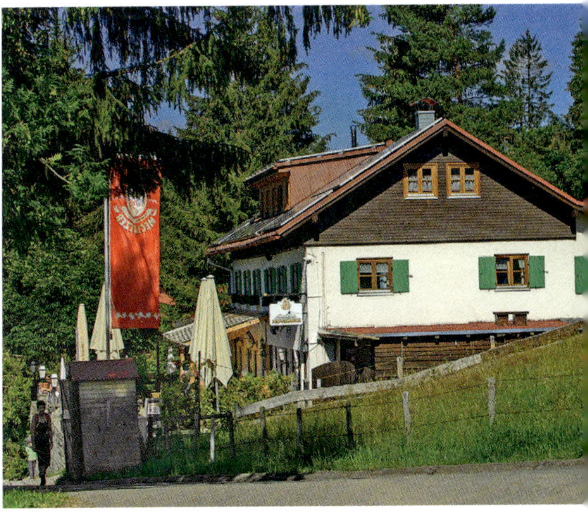

↑ **Mit etwas Glück können wir Abenteurer beim Canyoning beobachten.**
↓ **Die Erzgruben sind ebenfalls ein lohnendes Ziel.**
→ **Berggasthof Alpenblick**

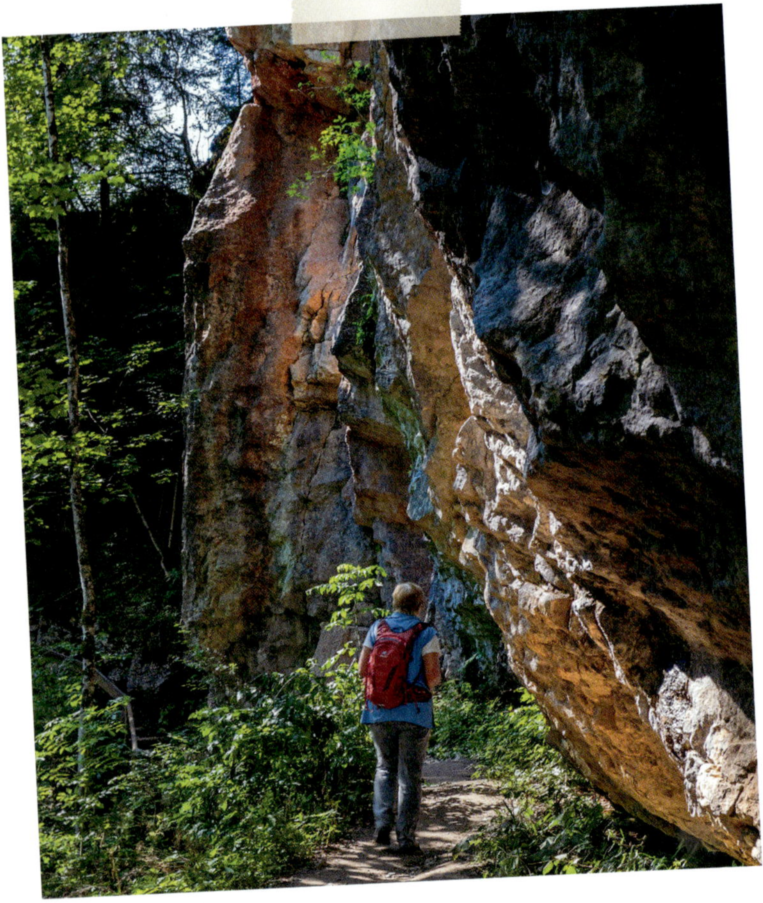

↑ **Wilde Wege führen in die Starzlachklamm.**

Tipp

Jahrhundertelang baute man am Grünten Eisenerz ab, das dann im Tal verhüttet wurde. Vor etlichen Jahren wurde ein Teil der Gruben wieder begehbar gemacht und kann mit einer Führung besucht werden. Das Erzgrubenbähnle bringt uns zum Grubeneingang.

AUF EINEN BLICK

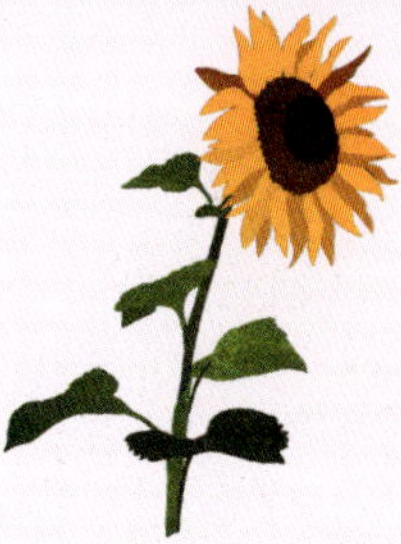

Tour 15: Tour für die Sinne

Dauer: 3 Std.

Höhenmeter: 300 Hm

Länge: 3,5 km

Schwierigkeit: Mittel

Tourencharakter: Eine Tour mit viel Schatten, die aber durch die Starzlachklamm kräftig ansteigt. Knöchelhohe Bergschuhe oder Sportschuhe sind empfehlenswert. Der Rückweg erfolgt vom Berggasthof Alpenblick mit dem Erzgrubenbähnle. Vorher Fahrplan beachten, relativ lange Mittagspause. Wenn man beim Einsteigen dem Fahrer den Parkplatz Winkel nennt, fährt er bis zum Burgberger Friedhof. Von dort sind es noch gute zehn Minuten zum Auto.

Ausgangs-/Endpunkt: Burgberg, Parkplatz Winkel

Anfahrt: **Pkw:** Von München über die A96 und die B12 nach Kempten, weiter auf der A7 zum Dreieck Allgäu und über die B12 und B19 zur Ausfahrt Sonthofen. Kurz Richtung Hindelang, dann links nach Burgberg. Dort die erste Straße rechts (Edelweißstraße) zum Friedhof und den Schildern zum Parkplatz Winkel folgen. Der Parkplatz hat zwei Teile. Hinter der Starzlach sind weitere Stellplätze.
Bahn/Bus: Von Blaichach oder von Sonthofen mit dem Bus nach Burgberg

Einkehr: Wer die Stimmung auf einer Alpe genießen möchte, macht seine Mittagspause auf der Alpe Topfen. Die frische Milch und das Älpler Brot waren ein Genuss. Allerdings gibt es nur Sitzplätze vor der Alpe. Zehn Gehminuten weiter liegt der Berggasthof Alpenblick. Hier hält auch das Erzgrubenbähnle.

Information: www.gemeinde-burgberg.de

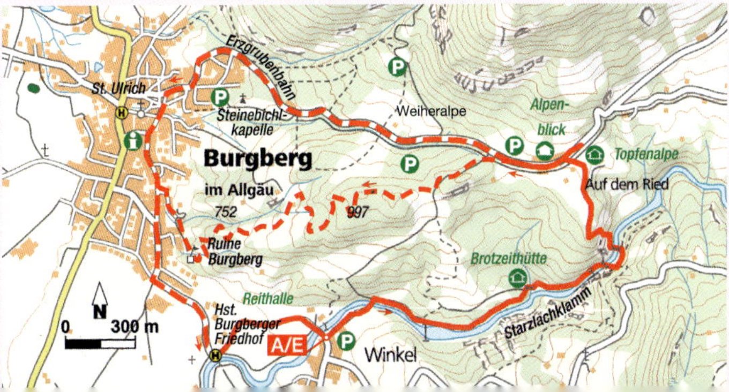

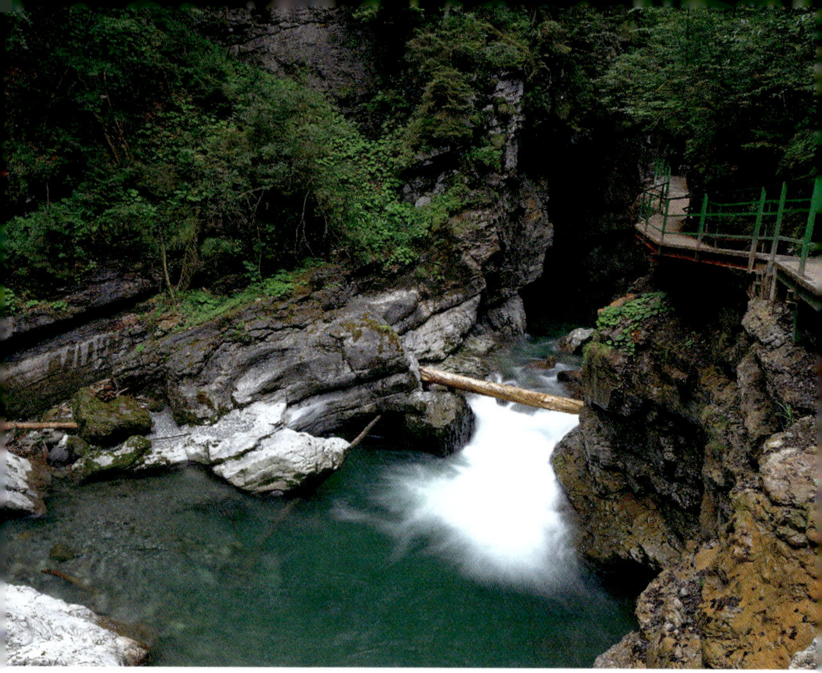

↑ Düster wird es in der Klamm. ↓ Die Breitach am Ausgang der Klamm

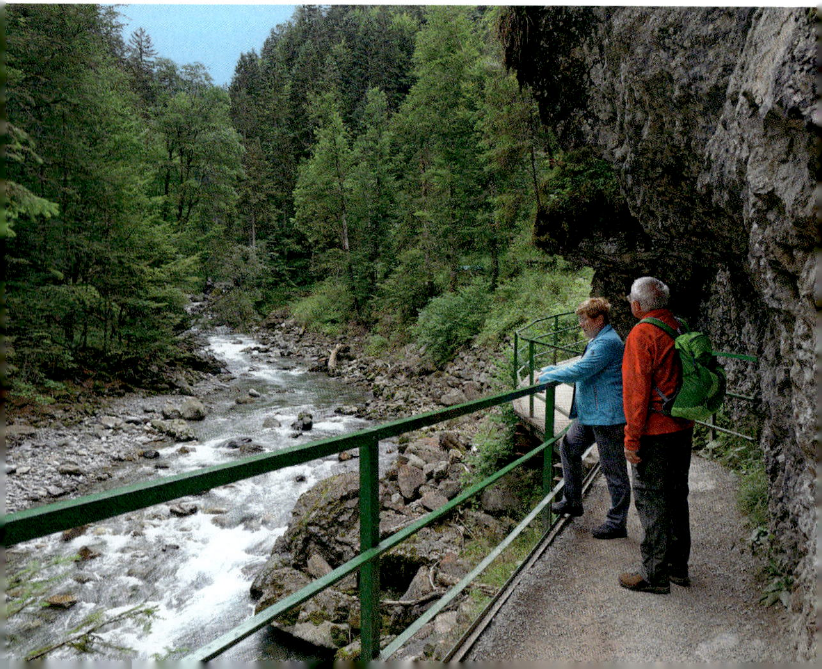

DURCH DIE BREITACHKLAMM

Tour
TOUR 16
ohne Uhr

Die Kraft des Wassers

Das Kleinwalsertal ist ein Seitental des Lechtals, das durch die Breitach entwässert wird. Im Lauf von vielen Tausend Jahren hat sich der Gebirgsfluss mit der Kraft seines Wassers so tief in den Untergrund eingeschnitten, dass am Talausgang eine gewaltige Schlucht, eine Klamm, entstanden ist.

Wasser und Steine Wir starten am großen Parkplatz Breitachklamm, passieren den gleichnamigen Gasthof und entrichten unseren Obolus für den Weg durch die Klamm. Zuerst führt dieser völlig unspektakulär den Bach entlang, dann beginnt die Schlucht, die im Verlauf immer enger wird. Unser Weg rückt näher an das Wasser, bis er in einen Steig übergeht. Dieser ist sehr spannend, teilweise in den Felsen gesprengt, oder führt auf Brücken über dem Abgrund. Quirlige Kinder gehen an diesen Stellen besser an der Hand der Eltern. An manchen Stellen ist die Schlucht so eng, dass wir nicht mehr an ein Weiterkommen glauben. Ein fast schon beklemmendes Gefühl, und doch freuen wir uns, der Naturgewalt so nahe zu sein. Die Kraft des Wassers ist offensichtlich. Es hat sich im Lauf der Jahrtausende wie eine gewaltige Säge in das Gestein gefressen. Dabei ist es gar nicht das Wasser selbst, das den Berg durchschneidet. Es sind die vom Wasser mitgerissenen Steine, die das Gestein ausmergeln. Jeder Felsbrocken und jedes Sandkorn, das vom Wasser mitgerissen wird, trägt zwar nur den Bruchteil eines Millimeters ab. Wenn dies aber ohne Unterbrechung über Jahrtausende geschieht, wird eine 1500 Meter lange Schlucht daraus. Wir überqueren mehrere Male die Breitach und an der engsten Stelle sehen wir hoch über uns die Zwingsteigbrücke. Schließlich endet die Schlucht, eigentlich viel zu schnell, aber trotzdem mit einem Gefühl der Befreiung, wenn wir wieder ins Freie kommen. Dort steht auch das zweite

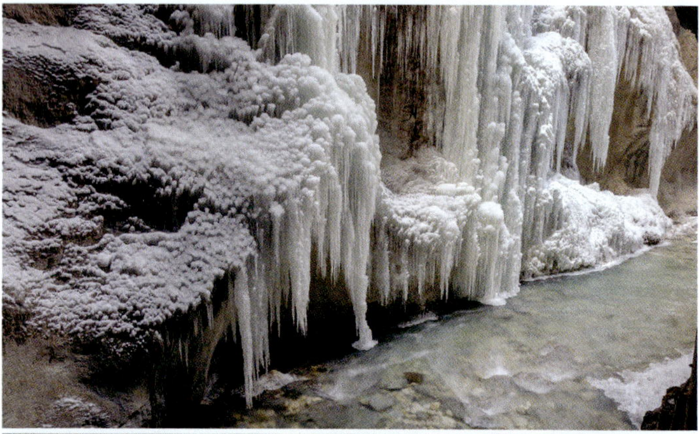

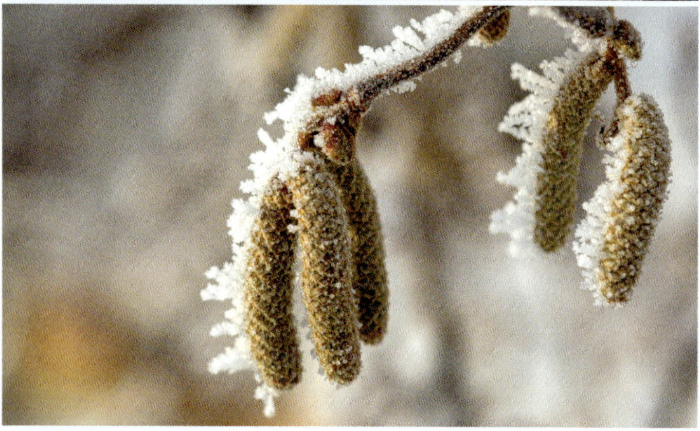

»Die Natur muss gefühlt werden.«

Alexander von Humboldt

Kassenhäuschen, schließlich sollen die Wanderer, die von Süden kommen, auch ihren Beitrag zur Erhaltung des Weges leisten.

Über den Zwingsteig Hier beginnt auch der Rückweg, er ist als »Zwingsteig« markiert. Von unserer ursprünglichen Wanderrichtung aus machen wir eine Wende um 180 Grad und steigen langsam am Rand der Schlucht aufwärts. Schließlich gabelt sich der Weg, nach links überqueren wir auf der Zwingsteigbrücke die Klamm. Trotz der geänderten Perspektive staunen wir erneut, wie eng und wie tief die Schlucht ist. Der Name Zwingsteig kommt übrigens nicht von ungefähr. Erst mit der Erschließung der Klamm bekam sie den heute üblichen Namen nach dem Fluss. Vorher war sie für die Einheimischen ganz einfach »der Zwing«, ein Wort das sich von »einzwängen« herleitet.

Finale an der Alpe Dornach Wir wandern durch den Wald und stoßen auf den Sesselweg, eine allerdings kaum befahrene Straße, mit der die Alpe Dornach und die Sesselalpe an das öffentliche Straßennetz angebunden sind. Wir schwenken nach rechts auf die Straße ein, nach gut 500 Metern erreichen wir die Alpe Dornach, die sich zu einem soliden Gasthaus und einem kleinen Hotel entwickelt hat. Ideal für eine ordentliche Brotzeit oder auch für ein durchaus gehobenes Mittagessen. Auf die Kinder wartet ein riesengroßer Spielplatz, auf die Eltern eine Terrasse mit prächtiger Aussicht zu den Allgäuer Hochalpen. Nach der Rast geht es auf dem Sesselweg noch ein kurzes Stück weiter zu einer Wegverzweigung. Wir nehmen den rechten Weg, er führt zuerst langsam, dann aber immer steiler abwärts und stößt bei der Breitachklamm-Kapelle auf die Klammstraße. Nach rechts haben wir dann schnell wieder unseren Ausgang erreicht.

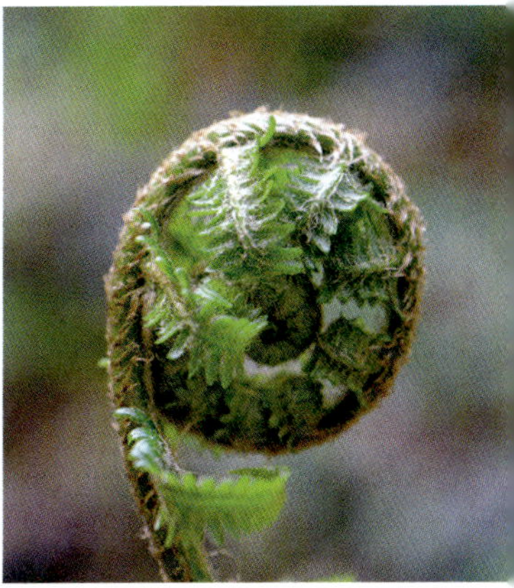

↑ Auch im Winter ist die Breitachklamm ein lohnendes Wanderziel.
↓ Gerade die kleinen Dinge am Wegesrand stimmen uns glücklich.
→ Frühlingsfarn

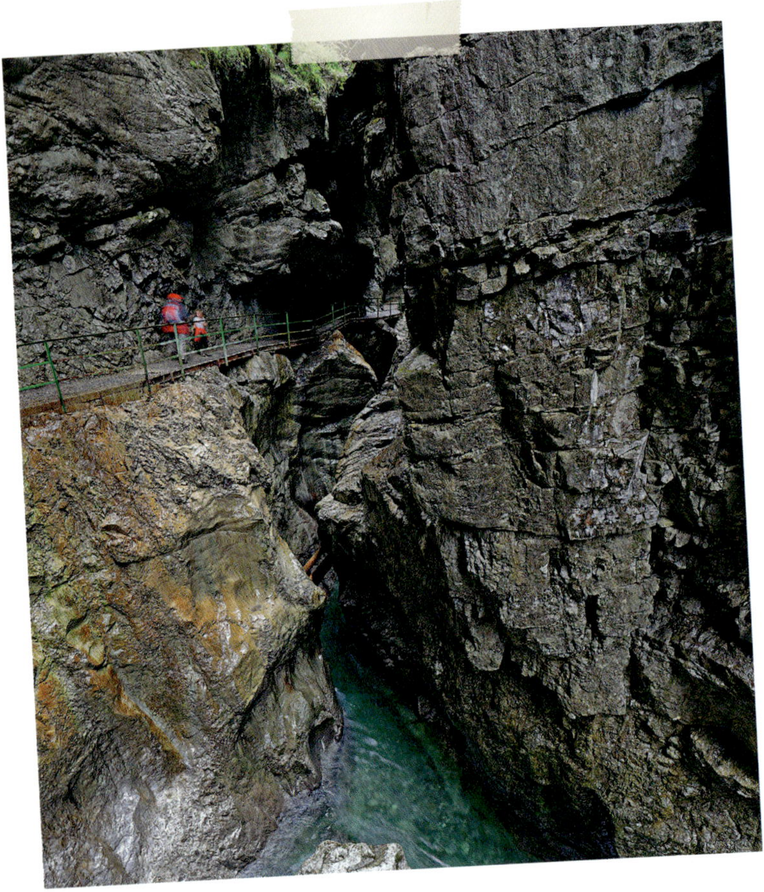

↑ Ein Regenschutz ist sinnvoll in der feuchten Klamm.

Tipp

Der Legende nach hausten in der Klamm die wilden Muetes, die Zwinggeister, die jeden, der in ihre Nähe kam, vernichteten. So erklärte man die wilden Stürme, die manchmal durch die Schlucht brausten und dabei ein Pfeifen und Heulen auslösten, das Besucher auch heute noch in Angst und Schrecken versetzen kann.

AUF EINEN BLICK

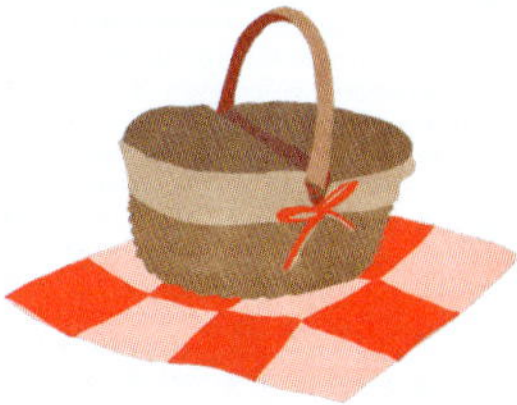

Tour 16: Tour ohne Uhr

Dauer: 2 Std.

Höhenmeter: 240 Hm

Länge: 4,3 km

Schwierigkeit: Leicht

Tourencharakter: Rundtour mit viel Schatten auf Wanderwegen und engen Pfaden. In der Klamm ist leichter Regenschutz sinnvoll, vor allem nach Regentagen muss man mit Sprühwasser von oben rechnen. **Wichtig:** Neuerdings ist die Klamm auch im Winter zugänglich, wetterbedingte Schließungen sind jedoch möglich: Tel. 08322/48 87. Tickets für die Klamm am besten vorab online buchen.

Ausgangs-/Endpunkt: Parkplatz Breitachklamm

Anfahrt: Pkw: Von München über die A96, B12, A7, A980 und B19 nach Oberstdorf. Vor der Breitachbrücke rechts in die Straße An der Breitach und dann bei der großen Ferienwohnanlage links in die Klammstraße. An ihrem Ende ist ein großer Parkplatz.
Bahn/Bus: Mit der Bahn nach Oberstdorf und weiter mit der Buslinie Tiefenbach zur Haltestelle Breitachklamm

Einkehr: Gasthaus Alpe Dornach, Gasthaus Breitachklamm

Information: www.breitachklamm.com

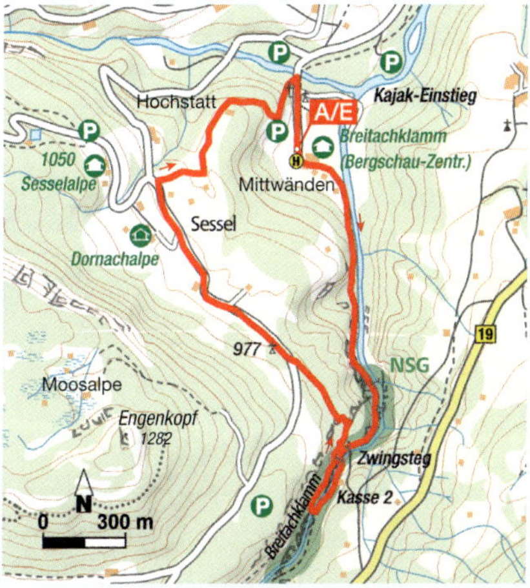

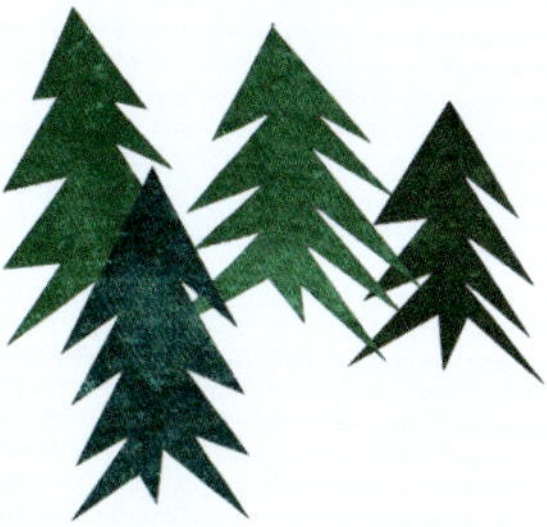

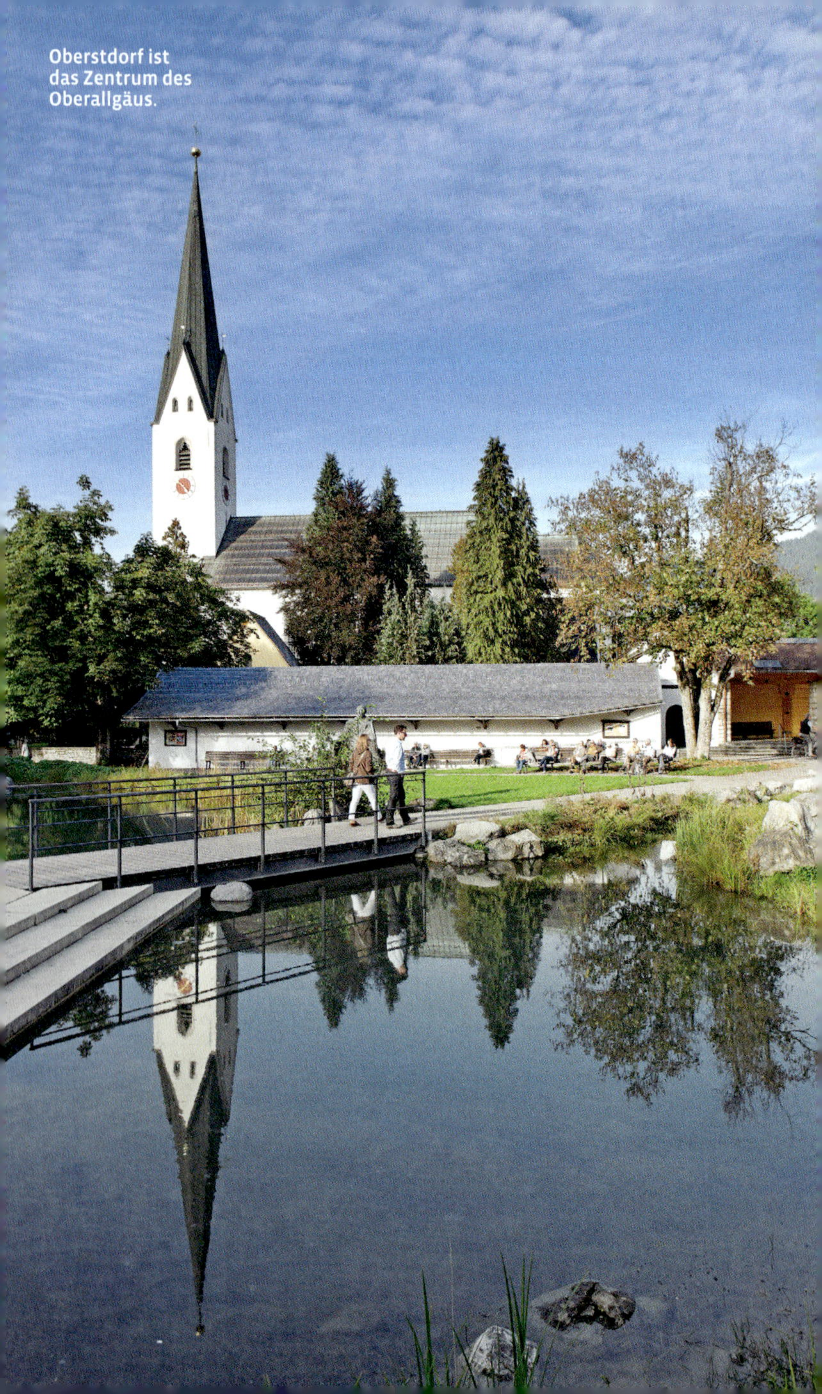

Oberstdorf ist das Zentrum des Oberallgäus.

Tour für TOUR 17 die Sinne

VON OBERSTDORF NACH GERSTRUBEN

Das »Kleinste Walsertal«

»Kleinstes Walsertal« ist natürlich nicht der offizielle Name des Tales, in dem das Bergdorf Gerstruben liegt. Es heißt Dietersbachtal. Trotzdem ist er treffend, denn die winzige Siedlung wurde bereits im 14. Jahrhundert von ausgewanderten Walsern gegründet.

Moorweiher mit Allgäuer Bergblick Wir beginnen unsere Wanderung am Bahnhof von Oberstdorf und wandern auf der Hauptstraße direkt nach Süden zur Weststraße, in die wir links einbiegen. Über den Marktplatz kommen wir zur Oststraße, der wir zur Nebelhornbahn und an ihr vorbei zur Trettachbrücke folgen. Bevor wir sie queren, führen rechts zwei Wege nach Gerstruben; wir nehmen den rechten, breiten Weg, der etwas abseits vom Bach beginnt. Er führt an einer prächtigen Allee vorbei, zu der sich ein Abstecher lohnt. Von dort haben wir einen schönen Blick über die Täler, die sich hier verzweigen: das Stillachtal rechts und das Trettachtal links, dazu die vielen Nebentäler. Dazwischen liegt, mächtig aufragend, der Himmelschrofen. Wir gehen den kleinen Hügel nach unten, biegen links ab, wandern mit etwas Abstand am Moorbad vorbei und kommen zu einem stillen Moorweiher, in dem sich der Schattenberg aus der Nebelhorngruppe wunderschön spiegelt. Ein lang gezogener Weg durch lichten Mischwald bringt uns an den Rand des Oberstdorfer Golfplatzes und dann weiter zu einem Teersträßchen, dem wir nach links folgen.

Durch den Hölltobel Bei der Verzweigung der Straße bleiben wir in der Mitte und überqueren die Trettach auf einer kleinen Brücke. Hoch über dem Bergbach sticht die Trettachspitze wie eine kühne Felsnadel in den Himmel und verdeckt fast die viel berühmtere Mädelegabel. An der ersten Abzweigung nach Gerstruben wandern wir noch vorbei, folgen aber gut

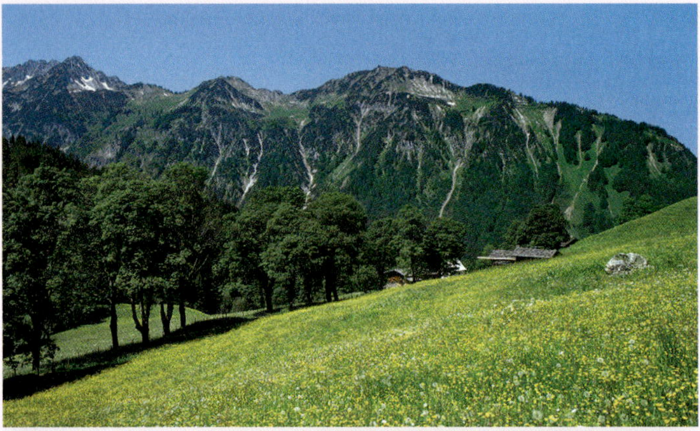

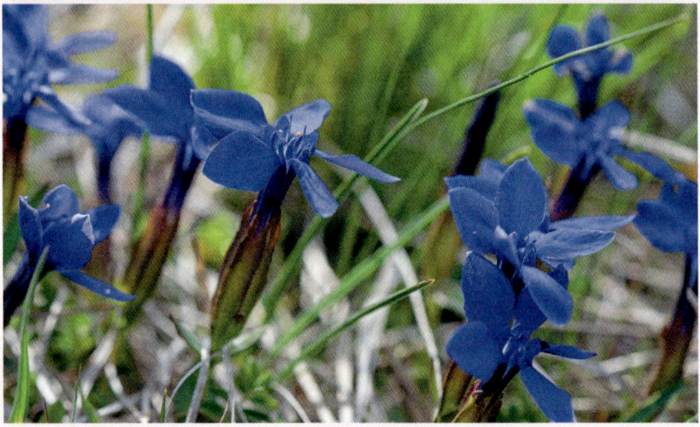

»Das Leben ist so aufregend,
dass man kaum Zeit für etwas anderes findet.«

Emily Dickinson

750 Meter weiter einem zweiten Schild nach links. Anfangs noch über die Felder, steigen wir dann durch den spannenden und wilden Dietersbachtobel aufwärts. Wild ist diese Schlucht wirklich, zum Teil stehen die Felswände nur knapp zwei Meter auseinander. Nicht umsonst wird dieser Tobel auch Hölltobel genannt: Früher hat man geglaubt, hier sei der Eingang zur Unterwelt. Es gibt Stege und Aussichtsplattformen und sogar einen kleinen Wasserfall, den wir mit einem Abstecher erreichen. Oberhalb des Tobels treffen wir wieder auf die Fahrstraße, biegen um eine Ecke und sind schon in Gerstruben.

Die Walser Bergsiedlung Hier haben Walser massive, aus schweren Balken gezimmerte Bauernhöfe errichtet, die wir heute noch bewundern dürfen. Die wunderschöne idyllische Bergsiedlung Gerstruben ist auf vielen Kalendern und Postkarten verewigt. Wer Hunger und Durst hat, kann in der Bergwirtschaft bei Familie Dodier einkehren. Ihre Wildgerichte aus der Gerstrubner Jagd sind weit bekannt.

Abstecher Im Sommer bietet sich noch eine zusätzliche Wanderung entlang des Dietersbaches bis zur Gerstrubner Alpe oder gar zur Dietersbacher Alpe an. Hin und zurück braucht man zur Gerstubner Alpe 40 Minuten, bzw. zur Dietersbacher Alpe zwei Stunden zusätzlich.

Über die Rautwiese Für den Rückweg steigen wir zwischen Jagdhaus und Kapelle auf einem als »Spielmannsau« bezeichneten Weglein ab und gehen vor dem Bauernhof über die Wiesen nach unten auf die Bäume zu. Dort geht es steil zum Dietersbach hinunter, den wir auf einer kleinen Holzbrücke überqueren.

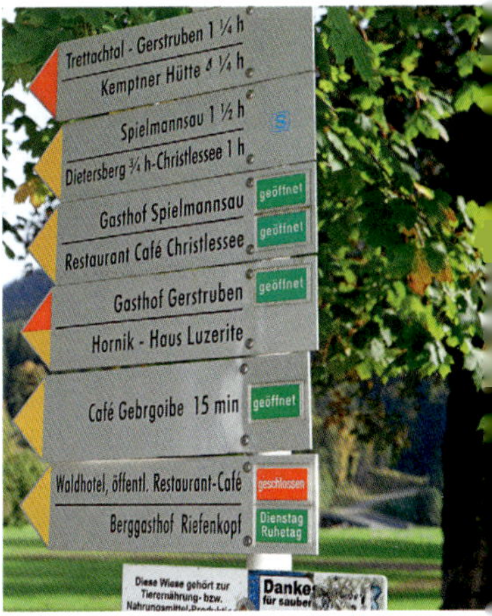

↑ Sommerwiesen bei Gerstruben
↓ Im Frühling wachsen »Schusternagerl« auf den Wiesen in Gerstruben.
→ Fast beliebig können wir die Wanderung ausdehnen.

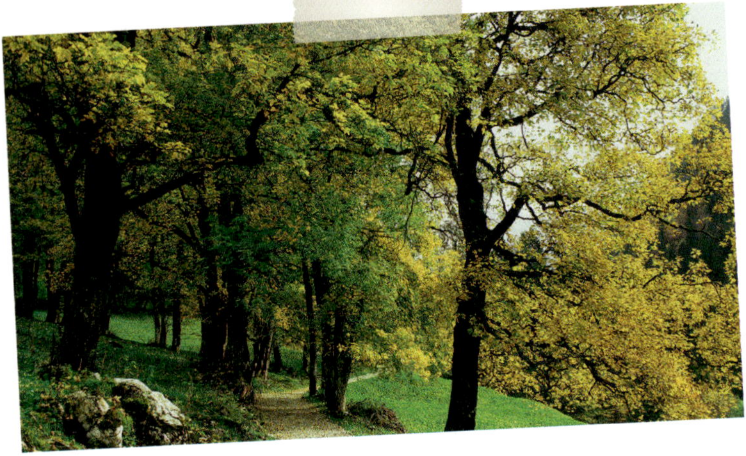

↑ Die Allee im Herbstkleid führt von Gerstruben zur Gerstrubener Alpe.

Über die Rautwiese, auf der früher ein Bauernhof stand, führt im lichten Wald der Weg in zwei Serpentinen hinunter zum Talweg. Wir wandern auf der kaum befahrenen Straße nach rechts, passieren die Abzweigung zum Hölltobel und erreichen talauswärts wieder die Trettachbrücke. Um nicht den gleichen Weg zurückzugehen, bleiben wir auf der rechten Bachseite. Wir marschieren am Hotel und Café Gruben vorbei und treffen auf den Weg, der aus dem Oytal kommt. Immer dicht am Trettachufer entlang, sind wir in einer halben Stunde wieder in Oberstdorf an der Trettachbrücke, von der wir auf dem bekannten Weg über den Marktplatz zum Bahnhof zurückkehren.

Tipp

Der Ort ist eine Gründung der Walser, also einer Bevölkerungsgruppe, die aus dem Rhonetal, dem Wallis, hierher auswanderte. Ob die ersten Siedler im Dietersbachtal direkt aus dem Wallis zugewandert sind oder ob sie vom Kleinen Walsertal weiterwanderten, lässt sich heute nicht mehr feststellen. Auf alle Fälle haben sie sich vom Ackerbau und von der Viehzucht ernährt, darauf weist schon der Name hin. Die Gerste war nicht nur hier die ertragreichste Ackerfrucht.

AUF EINEN BLICK

Tour 17: Tour für die Sinne

Dauer: 4 Std.

Höhenmeter: 350 Hm

Länge: 15 km

Schwierigkeit: Leicht

Tourencharakter: Längere Rundtour mit viel Schatten auf perfekten Wanderwegen

Ausgangs-/Endpunkt: Bahnhof Oberstdorf

Anfahrt: **Pkw:** Von München über die A96, B12, A7, A980 und B19 nach Oberstdorf. Parkplätze gibt es an der Nebelhornbahn, dann verkürzt sich die Wanderung um 30 Minuten.

Bahn/Bus: Mit der Bahn nach Oberstdorf

Einkehr: Berggasthof Gerstruben, Hotel und Café Gruben

Information: www.oberstdorf.de

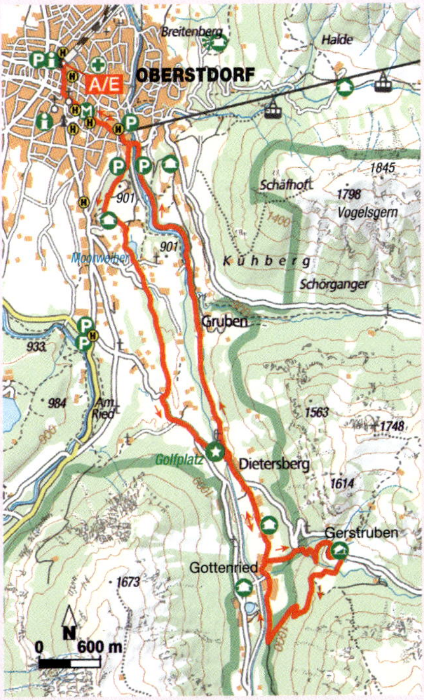

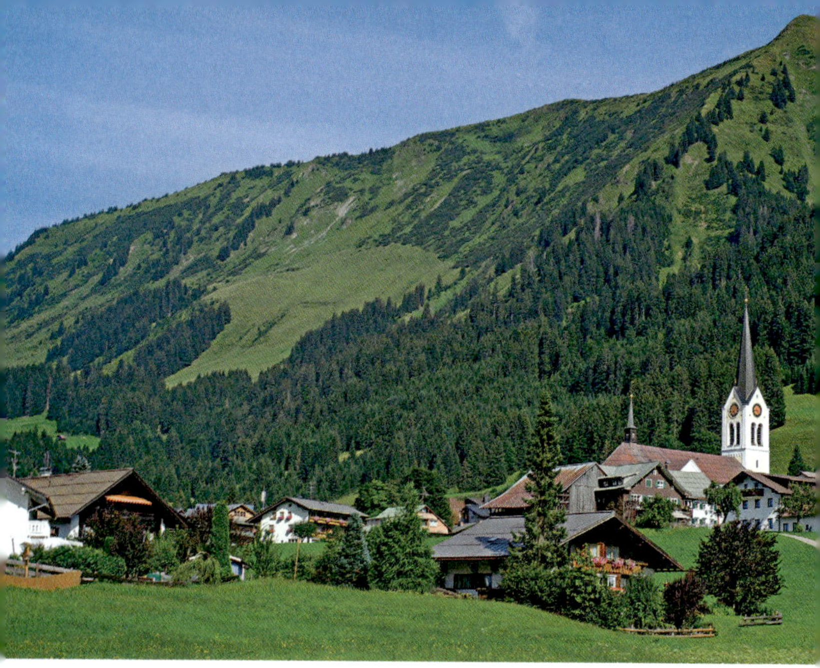

↑ Riezlern ↓ Die Hängebrücke bringt uns nach Egg.

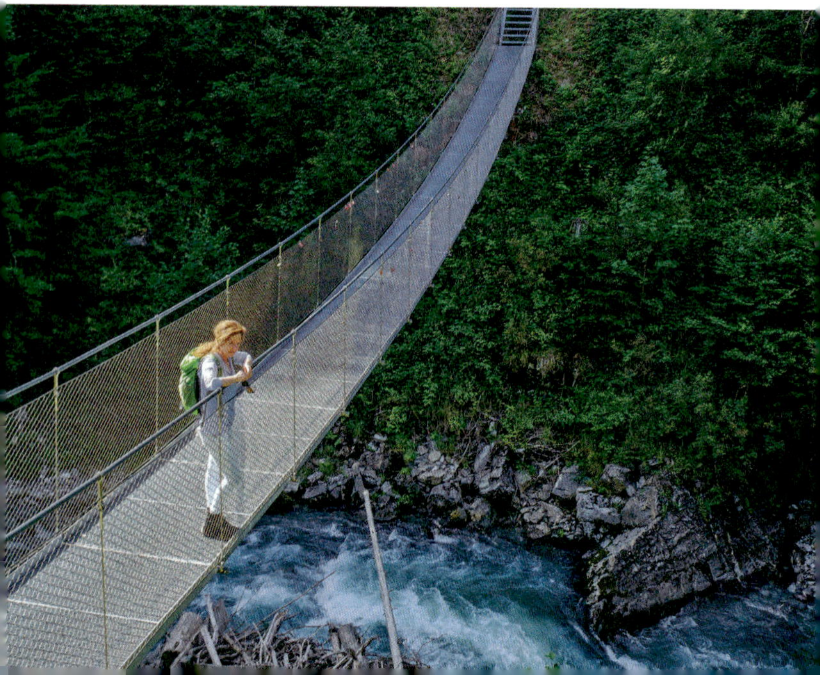

IM KLEINWALSERTAL

Tour TOUR 18 ohne Uhr

Das Beste aus dem Talgrund

Zwischen Hirschegg und Riezlern wandern wir entlang der Breitach und dem Schwarzwasser über grüne Hügel, eine Hängebrücke und kleine Hochmoore. Vorbei an alten Walserhäusern stoßen wir auf viele kleine Highlights und Wunder der Natur.

Über den Burmiweg Mit dem Walserhaus im Rücken queren wir etwas nach rechts die große Walserstraße, die durch das Tal führt, und setzen unseren Weg in den Mühlenweg fort. Jetzt passieren wir die Pfarrkirche Mutter Anna und kurz darauf die Schule. Wer mit Kindern unterwegs ist, muss hier alle Überredungskünste aufbringen, denn der gigantische Kinderspielplatz verführt sie eher zum Anhalten. Nach der Autowerkstatt biegen wir nicht sofort rechts in die Straße ein, sondern wählen wenige Schritte weiter rechts den Leidtobel-Wanderweg, der entlang eines Baches steil bergab führt. Im Talgrund stoßen wir dann schon auf die Breitach, den Hauptfluss im Kleinwalsertal. Jetzt folgen wir dem Flusslauf nach links. Vorbei an der kleinen Maria-Hilf-Kapelle, geht es gleich über die überdachte Leidtobelbrücke, in der eine alte Figur des hl. Nepomuk vor den Gefahren des Wassers schützen soll. Gleich nach der Brücke teilt sich der Weg. Wir halten uns links und sind nun auf dem Burmiweg weiter entlang der Breitach unterwegs. Burmiweg heißt er nur, weil extra für Kinder abwechslungsreiche Spielestationen angelegt wurden, zu denen das kleine Murmeltier (nein, es ist kein Biber!) Burmi führt (im Walser Dialekt wird das Murmeltier Burmänte genannt). So wandern wir mal links, mal rechts der rauschenden Breitach und freuen uns über die herrliche Landschaft. Das erste kleine Naturwunder begegnet uns dabei an der Grillstelle mit der natürlichen Quelle, die schwefelhaltig aus dem Boden strömt. Schließlich queren wir noch einmal den Fluss nach rechts, der Weg steigt etwas an und wir verlassen an einem alten Baum den Wald. Über die Wiesen geht es nun vorbei an einigen Ferien- und Bauernhäusern zum Ortsrand von Riezlern.

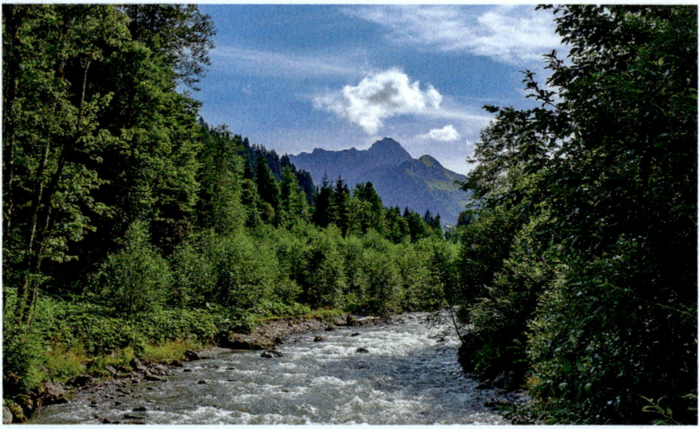

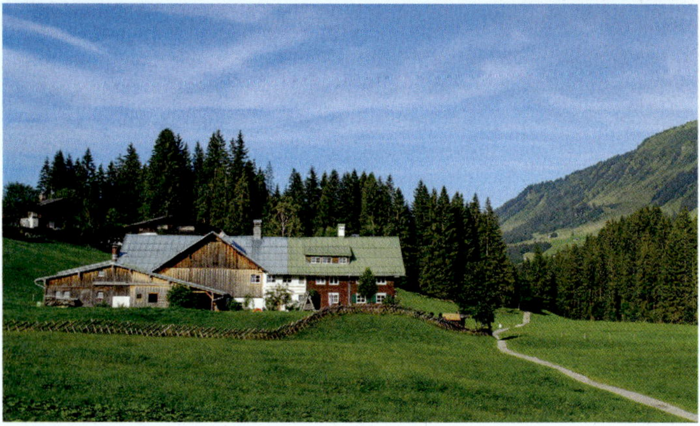

»Wenn es dir gut geht,
dann freu dich über dein Glück,
und wenn es dir schlecht geht, dann bedenke:
Gott schickt dir beides, und du weißt nie,
was die Zukunft bringen wird.«

Prediger 7,14

Schwankend über die Hängebrücke Ein Abstecher an der großen Talstraße nach rechts sorgt für einen Einkehrschwung, aber für den Weiterweg überqueren wir sie. Wir halten uns an den rechten Rand des Parkplatzes, wo uns ein kleiner Pfad über den Zwerbach bringt und uns dann links vorbei am Freibad in den Kurpark führt. Im Kurpark halten wir uns rechts, der Beschilderung »Egg über Seilhängebrücke« folgend. So geht es im Felderweg an der Schule vorbei. Dann biegen wir links in die Engelbert-Kessler-Straße ein. Dort beginnt nach der ersten Kurve links steil abwärts ein Pfad zum nächsten Highlight, der Hängebrücke. Leicht schwankend queren wir auf ihr die Breitach und steigen anschließend auf dem Mahdtalweg wieder das Flussufer hinauf. Am Ponyhof Eberle erreichen wir den Ortsteil Egg.

Mahdtalhaus Jetzt folgen wir der Beschilderung zum Mahdtalhaus und verlassen den Weiler Egg vorbei an Andy's Gaisahof; leicht bergab teilt sich gleich darauf der Weg. Links können wir rascher und kürzer die Naturbrücke erreichen. Wir jedoch wollen noch ein wenig die Aussicht genießen und wandern deshalb nach rechts, wo wir durch das kleine Hochmoor Höfle den Schwarzwasserbach erreichen. Eine Brücke bringt uns auf die andere Seite und nun steigt der Weg an. Wir passieren das DAV Mahdtalhaus und freuen uns mit jedem gewonnenen Höhenmeter über die immer schöner werdende Aussicht auf das Kleinwalsertal. Die Allgäuer Hochalpen, allen voran die Kanzelwand, geben einen prächtigen Hintergrund dazu ab.

Zur Naturbrücke An der kleinen Straßenkreuzung halten wir uns links und folgen nun der Beschilderung »Hirschegg über Kesselschwand«. Vorbei an der Wachauer Berghütte und einigen einsam

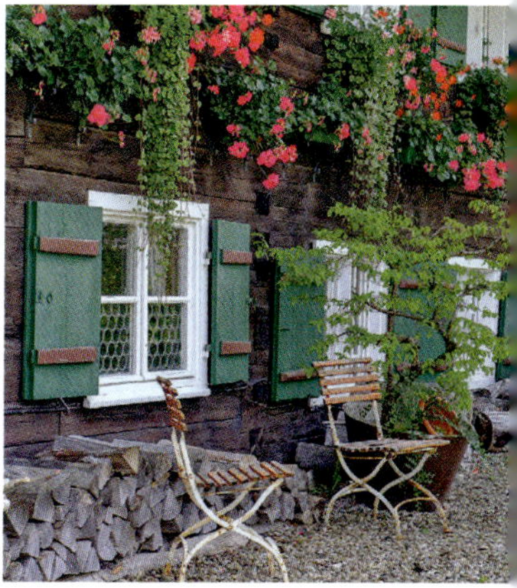

↑ Am Horizont über der Breitach baut sich der Widderstein auf.
↓ Bauernhaus im Auweg bei Wäldele
→ Blumenschmuck am Gasthof Adler in Hirschegg

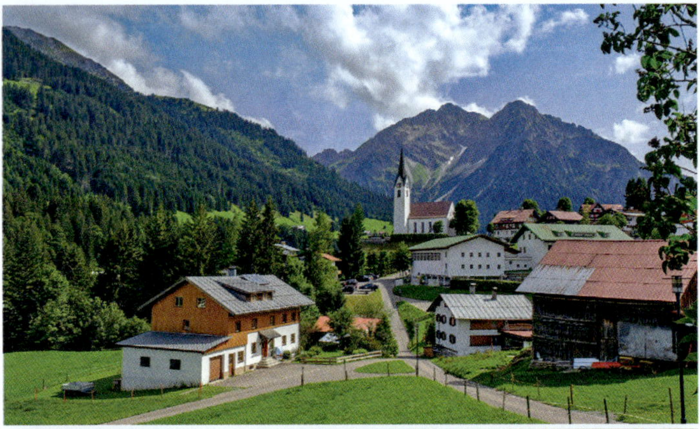

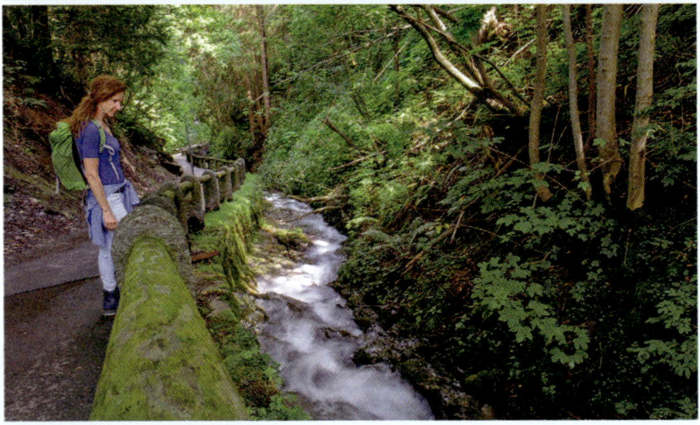

»In der vollkommenen Stille
hört man die ganze Welt.«

Kurt Tucholsky

gelegenen Bauernhöfen, erreichen wir wieder den Schwarzwasserbach, wo uns die Schilder zur Naturbrücke neugierig machen. Die ist über eine normale Brücke dann schnell gefunden und wirklich etwas ganz Besonderes. Ein mystisches Plätzchen, das mit seinem wild rauschenden Wasser und dem vielen grünen Moos fast magisch wirkt. Für den Weiterweg bleiben wir auf der westlichen Schwarzwasserbachseite, das heißt, wir wandern in ursprünglicher Richtung weiter, mit dem Bach zu unserer linken Seite. Ein schmaler Almwiesenweg führt uns nun an einem einsamen Bauernhaus vorbei auf dem Auweg in den Ortsteil Wäldele, wo wir an den Sportplätzen auf eine größere Straße treffen. Sie verbindet Riezlern mit Oberwäldele und der Ifenbahn. Wer möchte, kann hier an der Bushaltestelle die Wanderung abkürzen. Ansonsten queren wir hier die Straße und folgen weiter der Beschilderung nach Hirschegg.

Schwarzwasserbach Im nächsten Waldstück steigt der Weg nochmals an. Wir passieren einen schönen Wasserfall und die berühmte Rastbank von André François-Poncet. Fast ganz oben besuchen wir dann noch die Kessellöcher, die im Lauf von vielen Jahrhunderten durch Abtragung des Gesteins mithilfe der Wasserkraft entstanden sind. Wenige Schritte später sind wir an der Straße und können für die Rückfahrt auf den Bus warten. Wer noch Kraft hat, kann auch links bis zur ehemaligen Fuchsfarm wandern. Dort halten wir uns rechts in den Schöntalweg und dann gleich wieder links auf dem Rohrweg. Jetzt geht es auf einem Panoramaweg mit schönster Sicht auf Elferkopf und Widderstein leicht abwärts. Nach dem Haus Bergfelder können wir links abbiegen und gelangen so zurück in die Ortsmitte von Hirschegg.

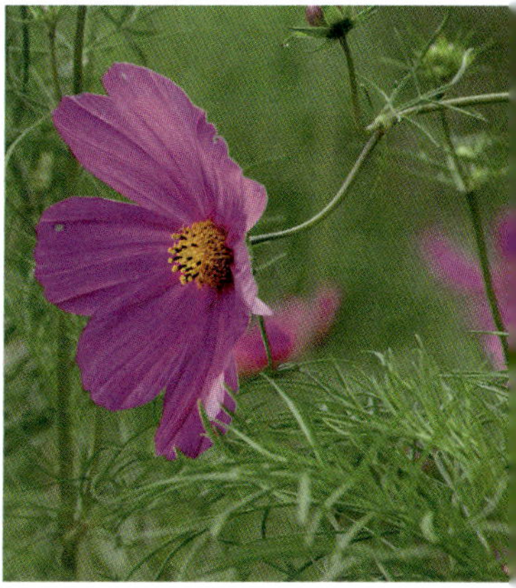

↑ **Hirschegg im Kleinwalsertal**
↓ **Am rauschenden Bach entlang steigen wir in Hirschegg zur Breitach hinab.**
→ **In den Gärten wachsen Bauernblumen wie das Schmuckkörbchen.**

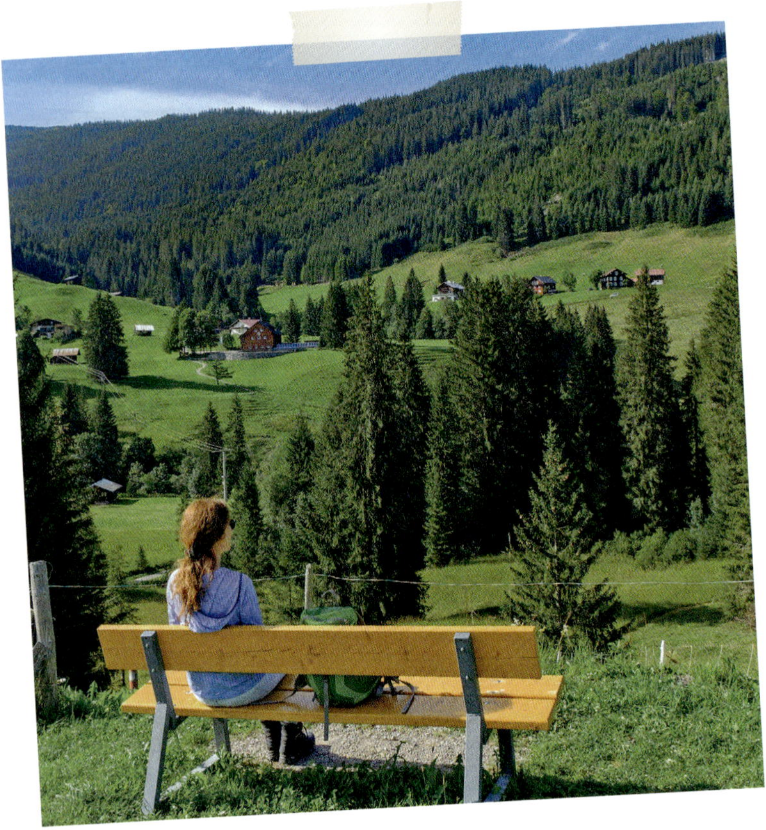

↑ **Rast am Mahdtalweg bei Riezlern**

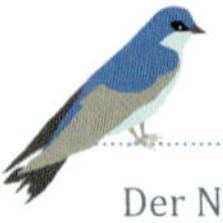

Tipp

Der Name Kleinwalsertal stammt von den Walsern, die im 13. Jahrhundert das Wallis verließen, um hier zu siedeln. Genau genommen waren es fünf Familien, die aus politischen und wirtschaftlichen Gründen das Oberwallis verlassen mussten und im damals unbewohnten Breitachtal Fuß fassten. Das Tal gehörte damals dem Freiherrn von Rettenberg, der jedoch den Walsern gegen einen Laib Käse pro Familie und Jahr die Ansiedlung und Rodung gestattete.

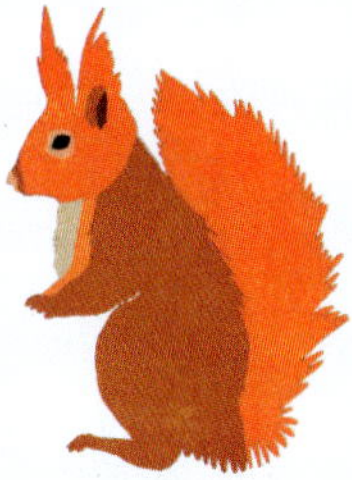

AUF EINEN BLICK

Tour 18: Tour ohne Uhr

Dauer: 3.45 Std.

Höhenmeter: 500 Hm

Länge: 11 km

Schwierigkeit: Mittel

Tourencharakter: Eine technisch einfache Wanderung, die jedoch im steten Auf und Ab durch das Tal verläuft. Immer wieder sind kleine steilere Abschnitte zu bewältigen. Lässt sich super nach Lust und Laune mit dem Walserbus abkürzen.

Ausgangs-/Endpunkt: Hirschegg, Walserhaus

Anfahrt: **Pkw:** Auf der B19 Richtung Oberstdorf, dann rechts ins Kleinwalsertal bis Hirschegg. Das Walserhaus liegt in der Ortsmitte und ist gleichzeitig Touristinfo. Im Gerbeweg links davon gibt es einige Parkplätze, ebenso gegenüber des ehemaligen Gasthofs Adler.
Bahn/Bus: Mit der Bahn bis Oberstdorf, dann weiter mit dem Bus ins Kleinwalsertal Haltestelle Hischegg, Walserhaus

Einkehr: Unterwegs kommen wir nach Riezlern, wo wir mit einem Abstecher in die Ortsmitte gut einkehren können. Die Strecke eignet sich auch hervorragend für eine mitgebrachte Brotzeit, es gibt wunderbare Raststellen.

Information:
www.kleinwalsertal.com

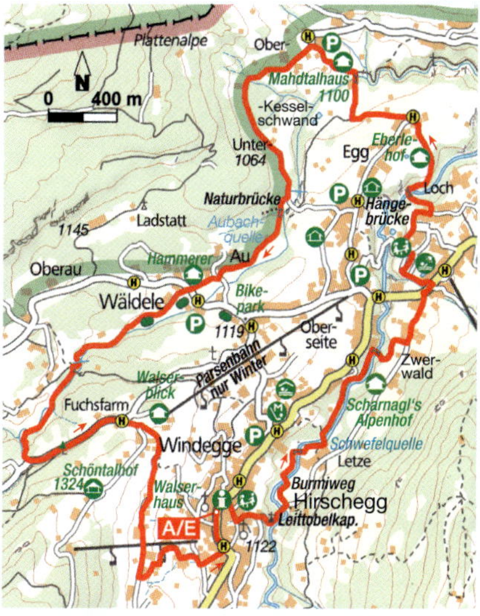

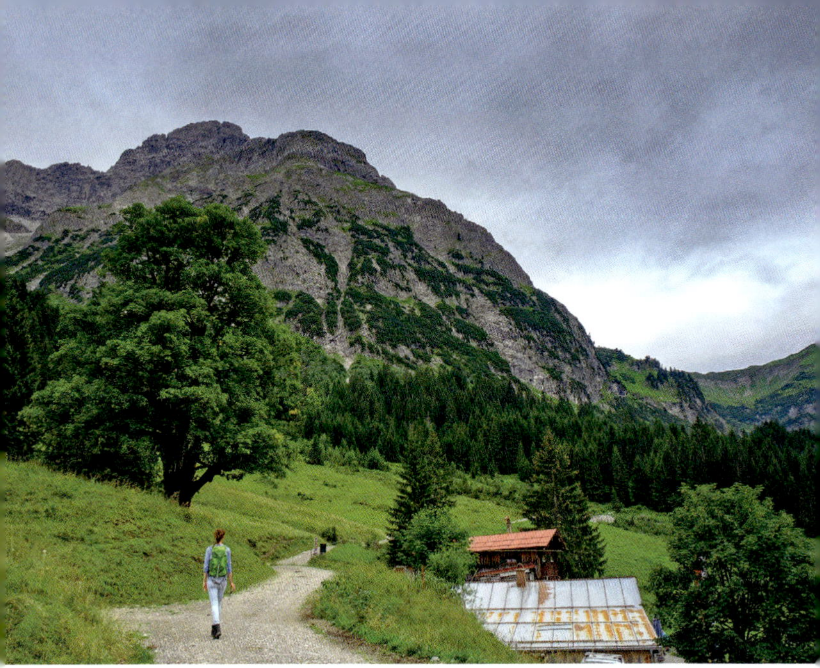

↑ An der Alpe Widderstein ↓ Die Kiesbänke am Bärenguntbach

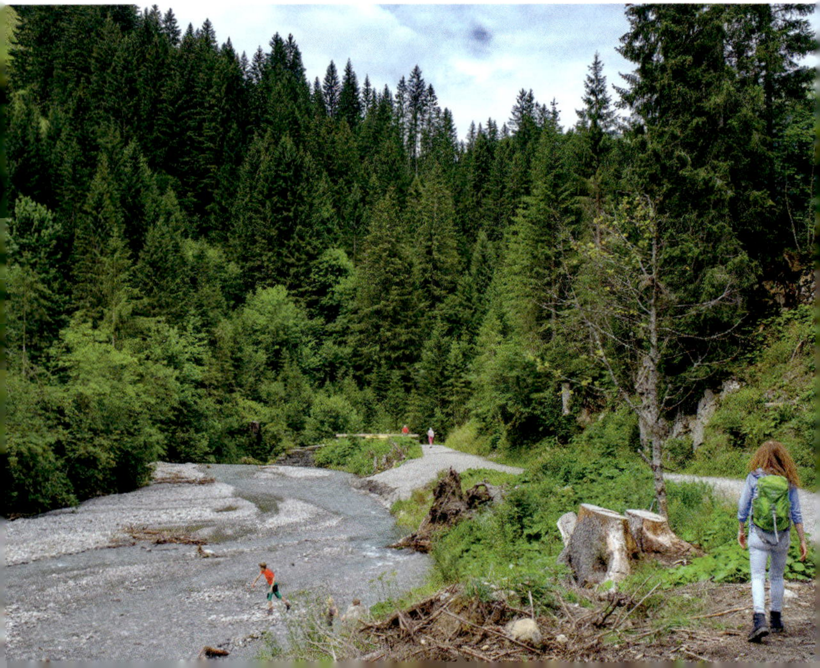

ZUR ALPE WIDDERSTEIN

Tour für den Genuss
TOUR 19

Ein besonderer Platz

Eine 350 Jahre alte Alpe am Fuß des Widdersteins ist Ziel dieser Wanderung. Behutsam renoviert, liebevoll dekoriert und mit viel Herzblut geführt, ist die Alpe Widderstein ein ganz besonderer Platz, an dem wir gern öfter und immer länger verweilen.

So viel Glück wird nicht jeder haben Als wir die Alpe Widderstein besuchten, spielte ein Zitherspieler auf der Hausbank. Ein wirklich magischer Moment! Sogar die Gäste unterhielten sich gedämpft. Schon lange haben wir auf einer vollbesetzten Alm keine so wunderbare Ruhe mehr verspürt wie hier.

Durch das Bärgunttal Der Weiler Baad liegt am Ende des Kleinwalsertals. Der Kreisverkehr, der auch als Buswendeplatz dient, hilft uns, den Einstieg für die Wanderung zu finden. Links sehen wir das Bushäuschen mit den Toiletten und einen kleinen Parkplatz. Wir halten uns etwas rechts davon, gehen über den größeren Parkplatz und finden dort eine Brücke über die Breitach. Genau genommen entsteht hier die Breitach durch den Zusammenfluss von Tura-, Derren- und Bärguntbach. So queren wir zwar die Breitach (Schild »Bärenguntalpe«), folgen dann aber dem Bärguntbach flussaufwärts. Mit Blick auf den mächtigen Widderstein geht es leicht bergauf. Bald teilt sich der Weg. Links führt der schnellste Weg zur Alpe Widderstein. Wir wollen aber etwas mehr wandern und bleiben deshalb geradeaus am Bach entlang. Diesen queren wir bald und freuen uns über die kleinen Bergbäche, die von allen Seiten in den Bärguntbach fließen. Es ist ein einziges Glucksen und Plätschern über Felsen, Steinstufen und durch Wiesen. Dann erreichen wir die Abzweigung zur Alpe Bärengunt, die in Sichtweite erreichbar wäre. »Panta rhei« – alles fließt! Die heraklistische Lehre geht uns nun durch den Kopf und wir staunen immer wieder, wie philosophisch die alten Griechen waren.

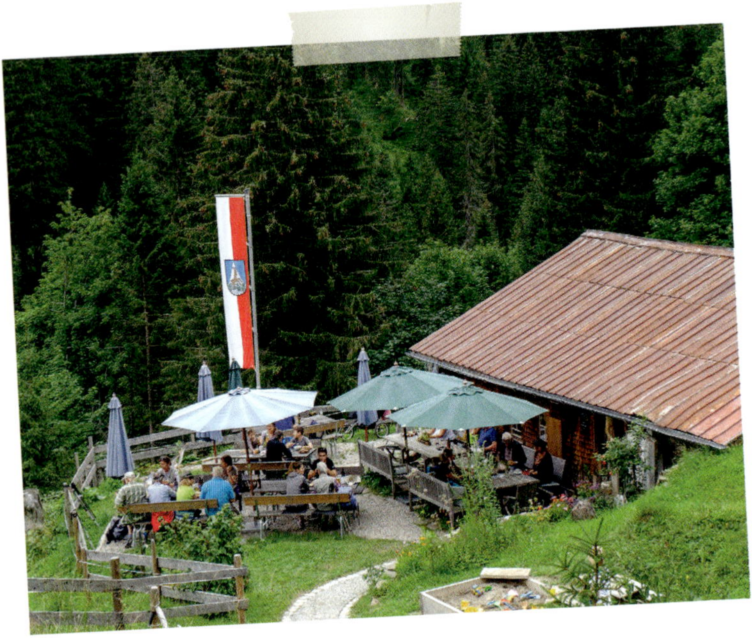

↑ »Dankbar sein für den Moment« ist das Motto der Alpe Widderstein.

Zur Alpe Widderstein Wir aber halten uns links, queren wieder den Bärenguntbach und steigen weiter bergauf. Vorbei an den ersten Schuttreißen des Widdersteins senkt sich rasch der Weg und wir erreichen die Alpe Widderstein. Jetzt können wir nur hoffen, dass noch ein Plätzchen auf der Terrasse frei ist und natürlich, dass zufällig ein Zitherspieler für die gleichen Glücksmomente sorgt, die wir erleben durften. Der Rückweg ist dann kurz. Weiter geht es auf der Almstraße bergab und dann treffen wir auf den Hinweg, dem wir zurück nach Baad folgen.

Tipp

Zur zweiten guten Einkehr auf dieser Runde, der Bärenguntħütte, kann man auch im Winter wandern. Der Weg dorthin wird – sofern keine Lawinengefahr herrscht – sogar geräumt. Eine Wanderung durch ein Wintermärchen!

AUF EINEN BLICK

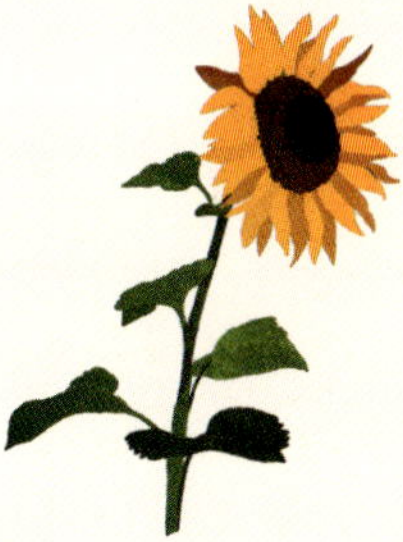

Tour 19: Tour für den Genuss

Dauer: 1.45 Std.

Höhenmeter: 200 Hm

Länge: 5 km

Schwierigkeit: Leicht

Tourencharakter: Eine leichte Rundwanderung mit nur mäßiger Steigung entlang des Bärenguntbaches auf kleiner Almstraße; relativ sonnig. Wer mit Kindern unterwegs ist, freut sich über den Bachlauf mit Wasserrad und einer hölzernen Rinne. Wechselkleidung mitnehmen, der Bach ersetzt jeden Abenteuerspielplatz.

Ausgangs-/Endpunkt: Baad am Kreisverkehr

Anfahrt: **Pkw:** Auf der B19 nach Oberstdorf, dort rechts in das Kleinwalsertal abbiegen und über Mittelberg bis zum Talende in den Ort Baad fahren. Dort gibt es links und rechts vom Kreisverkehr einige große Wanderparkplätze.
Bahn/Bus: Mit dem Zug nach Oberstdorf, dann weiter mit dem Bus ins Kleinwalsertal zur Endhaltestelle im Ort Baad

Einkehr: Alpe Widderstein, geöffnet von Mai bis Oktober täglich 10–17 Uhr; unterwegs liegt die ebenfalls sehr empfehlenswerte Bärenguntḧütte. Wer möchte, kann diese Wanderung somit auch zu einer Einkehrtour ausdehnen.

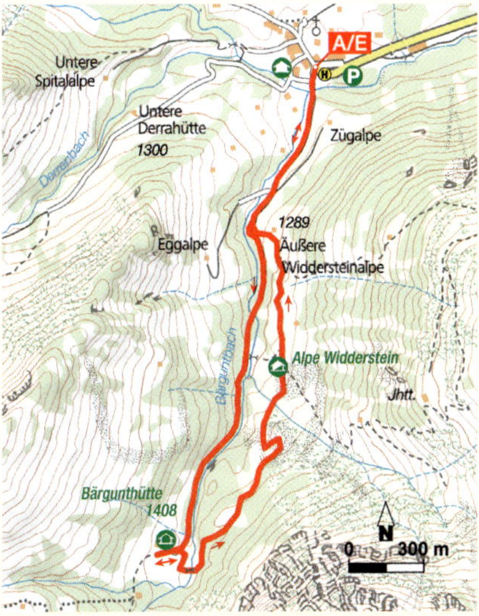

Information:
www.kleinwalsertal.com

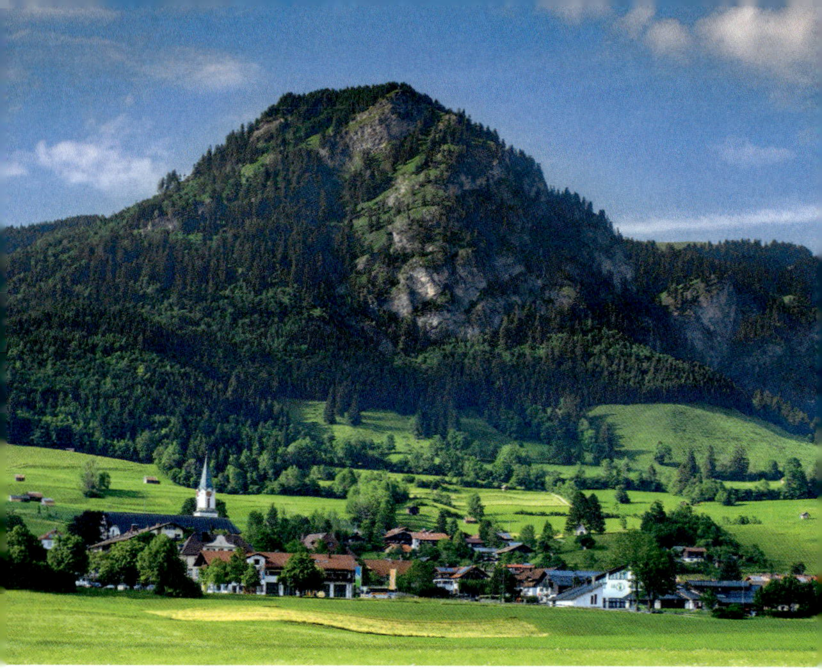

↑ Bad Hindelang mit dem Hirschberg ↓ Auf der Terrasse am Café Polite ist Platz.

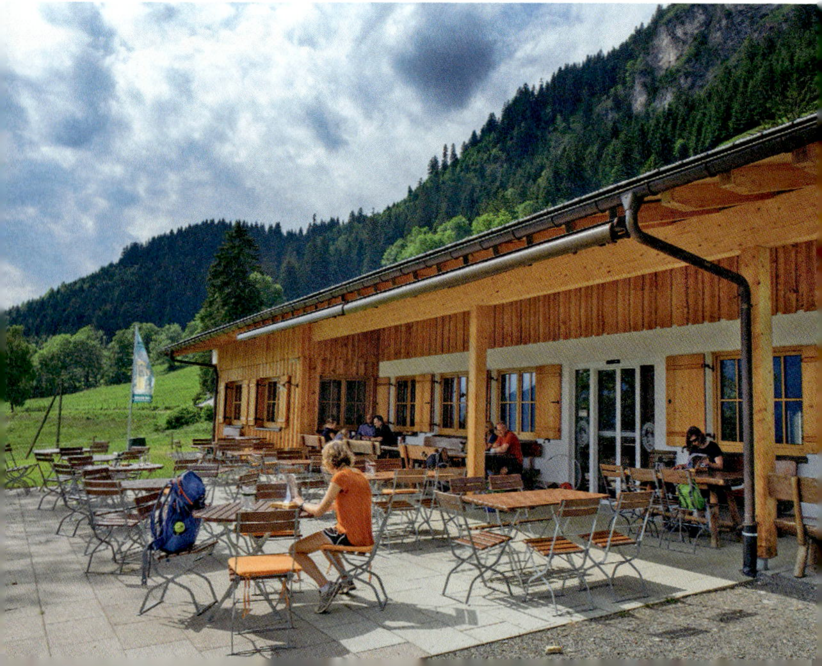

ZUM BERGCAFÉ POLITE

Tour
TOUR 20
ohne Uhr

Auf Panoramawegen zur Einkehr

Das Bergcafé Polite bei Bad Hindelang gibt es schon seit bald 100 Jahren. Denn als 1898 die »moderne« Jochstraße fertiggestellt wurde, hielt der Fremdenverkehr Einzug im Hindelanger Tal. Vieles hat sich seitdem verändert, aber die tolle Aussicht über die Berge ist immer noch die gleiche.

Über den Vaterlandsweg Am Parkplatz Gruebplätzle queren wir die Ostrachstraße und wählen etwas nach rechts den ansteigenden Feldweg, der auf der linken Seite des Ehlesbaches entlangführt. Er bringt uns stets geradeaus zu einer Wanderwegkreuzung am Vaterlandsweg. Hier bleiben wir ebenfalls geradeaus und sind nun auf dem Bergwachtweg unterwegs (das Café Polite ist ausgeschildert). In Serpentinen gewinnen wir an Höhe, sehenswert ist der Abstecher rechts zum Wasserfall. Danach geht es noch ein Stück bergauf, dann wird es flacher und wir erreichen die ersten schönen Aussichtslogen. Gut, dass hier Rastbänke und Liegen aufgestellt sind. Schließlich stoßen wir auf die B308, die Jochstraße, die einzige kniffelige Stelle der Wanderung, denn wir müssen sie vorsichtig in einer Kurve queren.

Café Polite nach dem Hirschbach Auf der anderen Seite sind wir wieder auf einem Wiesenweg unterwegs. Bald steigen wir zum Hirschbach hinab. Diesen queren wir, wandern etwas nach rechts und verlassen dann den Tobel gleich wieder nach links. Wenige Minuten später stehen wir am Café Polite, wo wir einkehren können.

Durch Bad Hindelang Für den Rückweg wählen wir vor der Terrasse den Wiesenweg. Wir halten uns rechts und flanieren mit bester Aussicht abwärts. Dann stoßen wir auf die Zufahrtsstraße, der wir etwas nach links folgen, um gleich wieder rechts erneut über die Wiese zu wandern. So erreichen wir die Kalvarienbergkapelle und abwärts Bad Hindelang. Jetzt

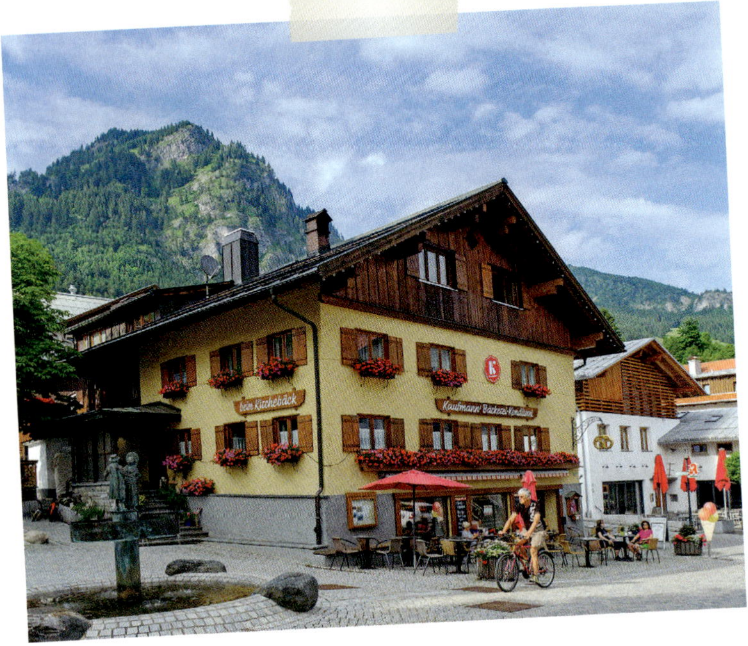

↑ **Die Dorfmitte von Bad Hindelang**

ist noch Zeit für eine Ortsbesichtigung. Danach folgen wir dem Schild zum Busbahnhof. Dort queren wir die B308 und wandern in die Jörg-Lederer-Straße. In ihrer Rechtskurve bleiben wir geradeaus und schon geht es über Wiesen zum Hirschbach, den wir ebenfalls queren. Vorbei an der evangelischen Kirche erreichen wir die Ostrachstraße. Wir wenden uns nach links, am Haus der Bergwacht können wir dann die Straße queren und auf einen Wanderweg entlang der Ostrach ausweichen. So erreichen wir wieder unseren Ausgangspunkt.

Tipp

Entlang der Ostrach können wir zwischen Bad Hindelang und Bad Oberndorf noch jede Menge Mühlen entdecken. Einige lassen sich sogar besichtigen.

AUF EINEN BLICK

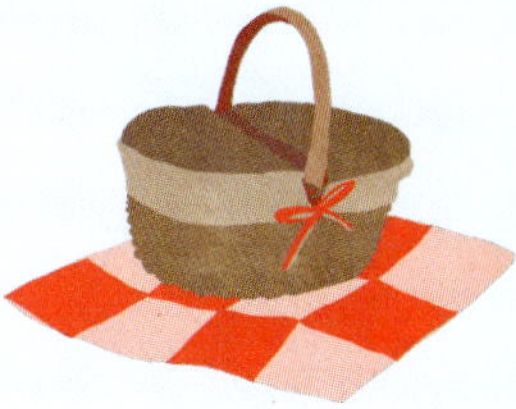

Tour 20: Tour ohne Uhr

Dauer: 2.20 Std.

Höhenmeter: 250 Hm

Länge: 7,3 km

Schwierigkeit: Mittel

Tourencharakter: Eine abwechslungsreiche Rundwanderung auf Wanderwegen und Wiesenpfaden mit einem kleinen Aufstieg. Der Rückweg ab Bad Hindelang verläuft völlig eben.

Ausgangs-/Endpunkt: Wanderparkplatz Gruebplätzle

Anfahrt: **Pkw:** Bad Hindelang liegt an der B308, erreichbar über die Oberjochpassstraße oder über Sonthofen. Der gebührenpflichtige Wanderparkplatz liegt südlich des Ortsteils Bad Oberdorf in der Ostrachstraße.
Bahn/Bus: Mit dem Zug nach Sonthofen und weiter mit dem Bus bis zum Busbahnhof in Bad Hindelang. Dann startet die Tour von dort, gegenüber in die Jörg-Lederer-Straße (siehe Textende).

Einkehr: Bergcafé Restaurant Polite, Montag Ruhetag, im Winter auch Dienstag, am Ende der Tour noch viele Möglichkeiten in Bad Hindelang, z. B. Gasthof Wiesengrund mit nettem Biergarten oder Gasthaus Obere Mühle

Information: www.badhindelang.de

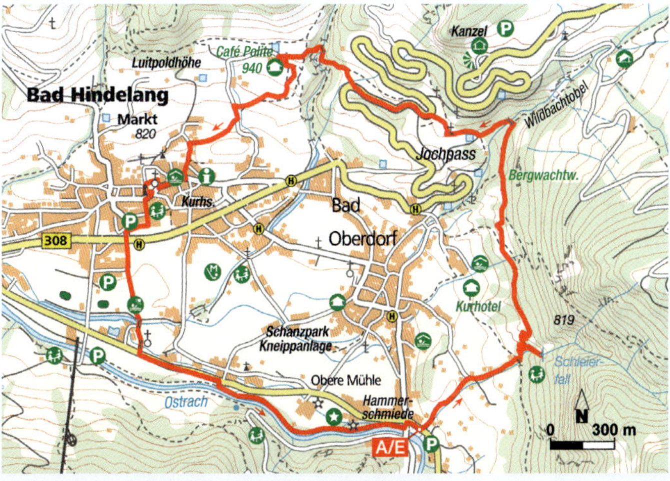

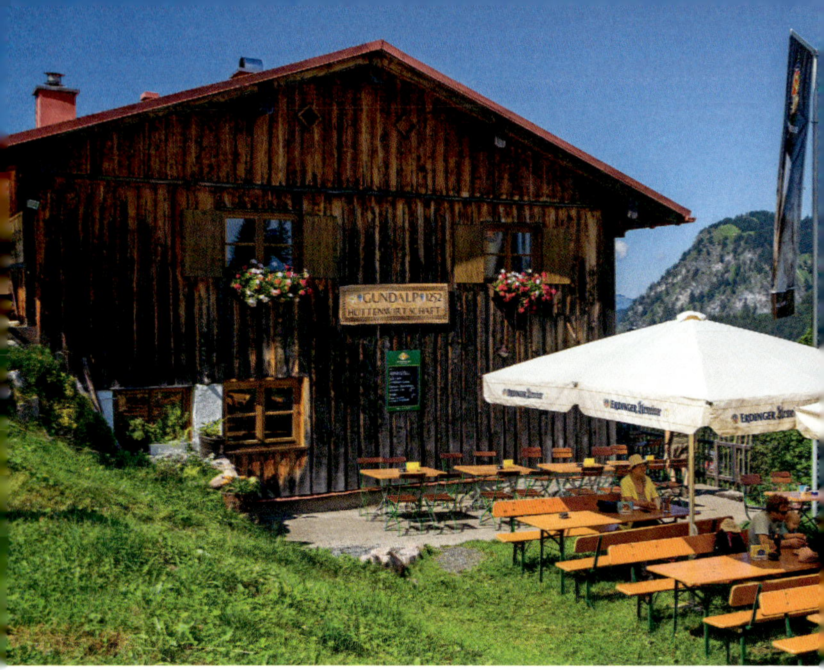

↑ Einkehr auf der Gundalpe ↓ Nach dem Abstieg geht es auf den Moorrundweg.

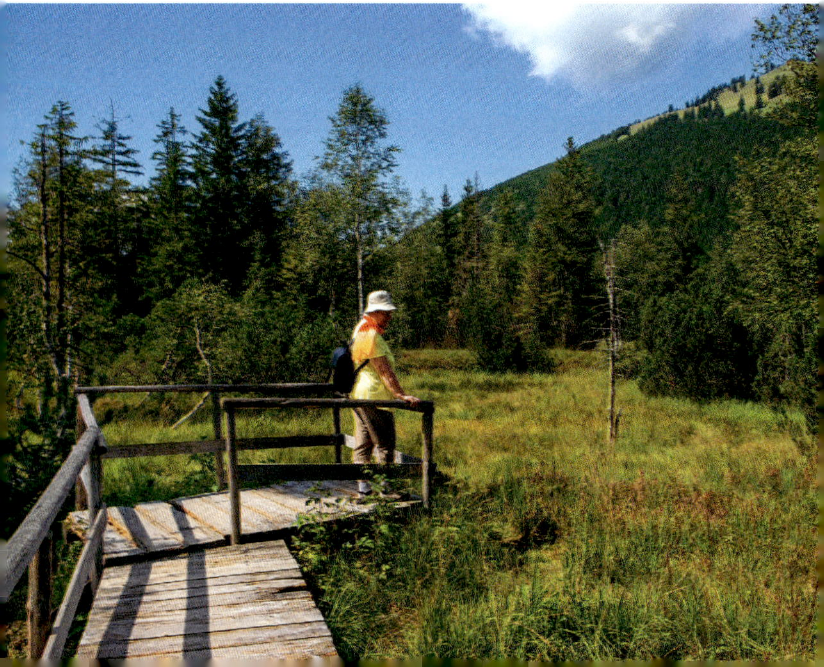

Tour für TOUR 21 die Sinne

GUNDALPE UND MOORRUNDWEG

Eine perfekte Kombination

Die perfekte Kombination von Alpe und Hochmoor lässt sich bei dieser Wanderung verbinden. Mit Berggefühl und etwas Aussicht führt uns ein bequemer Weg zur Gundalpe, aber da der Weg nicht weit ist, hängen wir noch einen Rundweg durch ein Hochmoor an.

Einkehr mit Aussicht Wir starten am Busbahnhof in Oberjoch und wandern ein paar Schritte in Richtung Dorfmitte. Nach wenigen Metern biegen wir links in die Gundstraße, von der nach knapp 100 Metern links ein breiter, bequemer Wanderweg abzweigt, der uns zur Gundalpe bringt. Schon sind wir aus Oberjoch draußen und passieren einen Holzblockbau, vor dem Totempfähle ausgestellt sind, und wandern gemächlich bergauf. Linkerhand taucht, von Bäumen beschattet, ein kleiner Speichersee auf, an dem wir erkennen können, dass wir eine Skipiste queren. Jetzt, in der warmen Jahreszeit, ist nicht mehr viel davon zu sehen. Wir passieren den See, folgen der Spitzkehre und dürfen nun einige formvollendete Bergfichten bewundern, die am Hang stehen. Nun ist es nicht mehr weit und wir haben die Gundalpe erreicht. Die vielen Bierbänke deuten schon an, wie beliebt dieses kleine Wanderziel ist. Ein Bier, eine Almbrotzeit oder ein einfaches, aber hervorragendes warmes Essen lassen die Zeit schneller vergehen, als manchem lieb ist. Dazu kommt die traumhafte Aussicht auf Oberjoch. Nach links blicken wir hinaus auf die Nagelfluhkette über dem Tal der Iller und nach rechts ins Tannheimer Tal hinein, das bereits zu Tirol gehört. Dagegen lässt uns der Blick nach Süden hinauf zum Iseler vom Skivergnügen träumen.

Zurück ins Tal Wenn wir uns sattgesehen und gegessen haben, machen wir uns auf den Rückweg. Der beginnt oberhalb der Gundalpe, wo wir

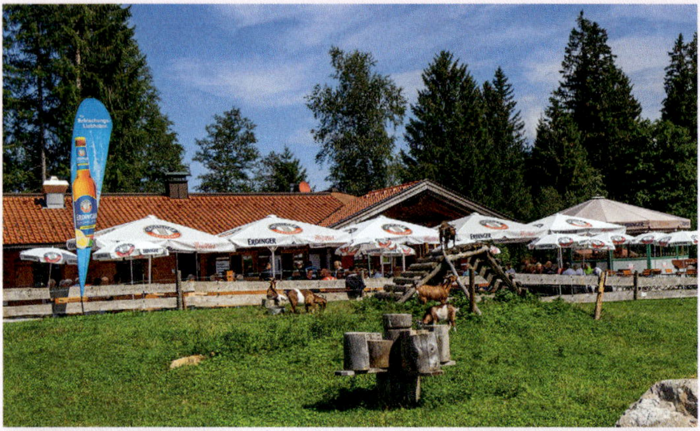

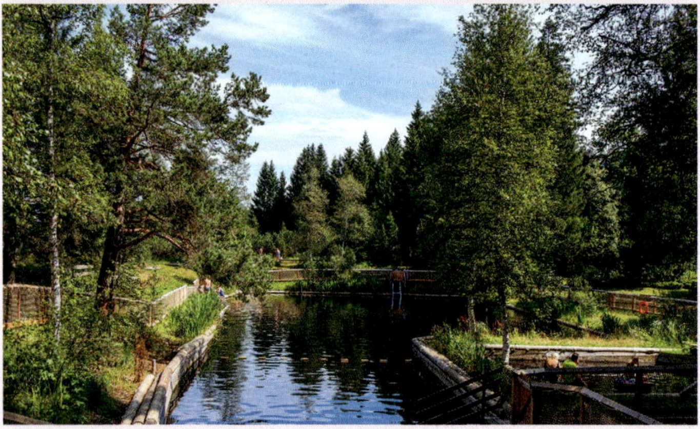

»Man ist nicht bloß ein einzelner Mensch,
man gehört einem Ganzen an.«

Theodor Fontane

dem Schild Richtung »Mattlihüs« folgen. Der Weg führt unter der Iselerbahn hindurch, dann kommen wir durch ein Waldstück. Hier überqueren wir den Gundbach, von dem unsere Alpe ihren Namen bekommen hat. Über eine Wiese wandern wir zum modernen Haus des Alpinen Trainingszentrums. Dahinter erreichen wir eine Fahrstraße, auf der wir am Biohotel Mattlihüs vorbei bequem nach Oberjoch zurückkehren können. Die Gundstraße führt uns nach rechts zum Busbahnhof zurück.

Der Rundweg im Moor Jetzt bietet sich noch die Runde durch das Hochmoor von Oberjoch an, das eigentlich Kematsriedmoos heißt. Wir wandern am Busbahnhof vorbei und queren die große Bundesstraße. Freundlicherweise gibt es einen Fußgängertunnel. Die Unterführung bringt uns zu einem lang gestreckten Parkplatz, den wir nach rechts hin queren. Fast an seinem Ende zweigt links ein für den Autoverkehr gesperrter Weg zur Moorhütte ab. Hier beginnt unser Moorrundweg. Im Sommer lockt uns natürlich das wunderschöne Moorschwimmbad gleich zu Beginn des Weges. Der Eintritt ist frei, dafür gibt es auch keine Badeaufsicht. Am Eingang zum Bad beginnt ein langer, schnurgerader Weg, der mit Hackschnitzeln belegt bzw. als Bohlenweg gebaut ist. Sechs Informationstafeln erzählen von der Entstehung des Moores seit der letzten Eiszeit und den Besonderheiten der Pflanzen- und Tierwelt im Moor. Der Bund Naturschutz in Bayern konnte 2005 einen Teil des Moores kaufen und stoppte zunächst die Entwässerung des Moores. Das Ergebnis sieht man inzwischen deutlich auf der linken Seite des Weges. Allenthalben sind flache Tümpel entstanden, die aber schon wieder von Moosen zugedeckt werden. Aber weder die Moose noch alle Pflanzen leben ewig, sie sterben irgendwann ab. Durch das Wasser werden diese

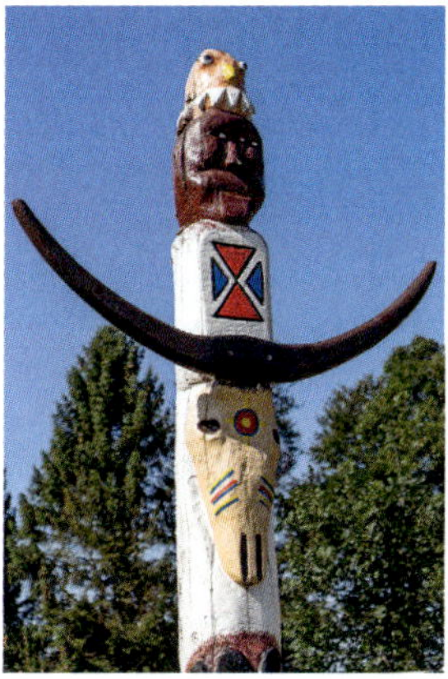

↑ Die Moorhütte am Eingang zum Kematsrieder Moos
↓ Unbedingt Badesachen mitbringen: Das Naturmoorbad lockt!
→ Pfahl der »Bergindianer« am Weg zur Gundalpe

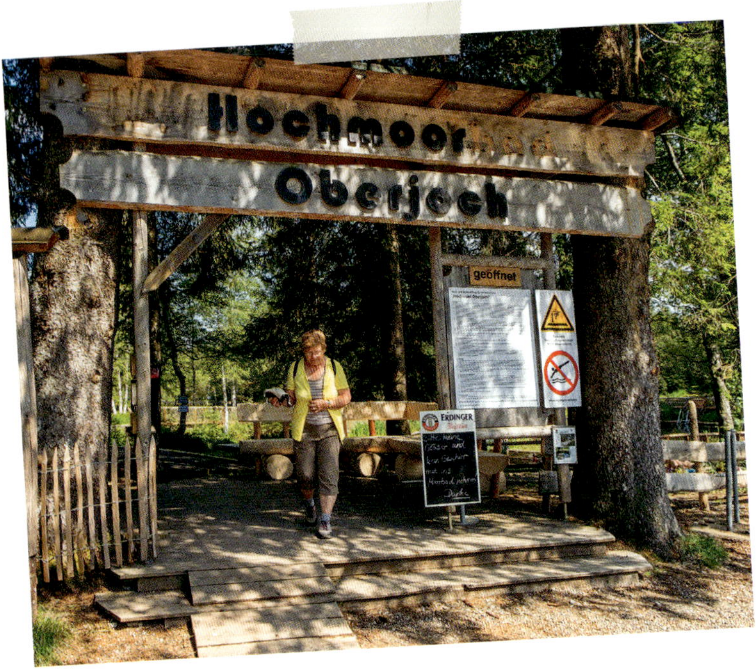

↑ **Freier Zugang zum Moorbad**

Pflanzenreste konserviert, aus ihnen wird Torf. Das geht gar nicht so langsam, man rechnet in einem intakten Moor mit einem Millimeter pro Jahr. Wir durchqueren das Moor zu seiner nördlichen Grenze, hier wendet sich der Weg nach links und führt dann ein kleines Stück an der B310 entlang, um dann wieder am Rand des Moores zum Ausgang zurückzuführen. Vor allem hier sieht man deutlich die Spuren, die der Torfabbau hinterlassen hat. Über den Parkplatz können wir zum Ausgang zurückkehren.

Tipp

Im Sommer dürfen wir gern Badesachen mitnehmen. Ein herrliches Moorschwimmbad erwartet uns. Die rundum liegenden hohen Berge geben ein traumhaftes Panorama dabei ab.

AUF EINEN BLICK

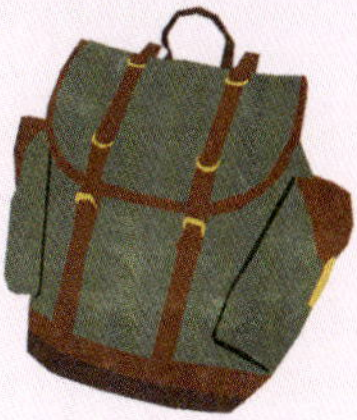

Tour 21: Tour für die Sinne

Dauer: 2 Std.

Höhenmeter: 100 Hm

Länge: 3 km

Schwierigkeit: Leicht

Tourencharakter: Einfache Wanderung in zwei Abschnitten, insgesamt wenig Schatten. Zuerst ein bequemer Aufstieg auf einer breiten Alpstraße, dann ein kurzer, fast ebener Fußpfad und ein Abstieg auf einer geteerten Alpstraße. Dann der zweite Abschnitt ohne Steigung auf mit Hackschnitzeln belegtem Weg, auf einem Bohlenweg und einem normalen Wanderweg.

Ausgangs-/Endpunkt: Oberjoch, Busbahnhof

Anfahrt: Pkw: Oberjoch liegt an der B308, erreichbar über die Oberjochpassstraße von Sonthofen/Bad Hindelang oder über die B310 von Wertach. Große gebührenpflichte Wanderparkplätze liegen am Ortsrand.
Bahn/Bus: Mit dem Zug nach Sonthofen, weiter mit dem Bus über Bad Hindelang nach Oberjoch. Der Busbahnhof befindet sich gegenüber der Iseler Bergbahn.

Einkehr: Die Gundalpe bietet gute Brotzeiten, aber auch einfache Gerichte wie Suppen oder Schweinsbraten. Gut gegessen haben wir im Gasthaus Erdinger-Urweisse-Alp an der Passstraße bei der Wiedhagbahn Oberjoch.

Information: www.badhindelang.de

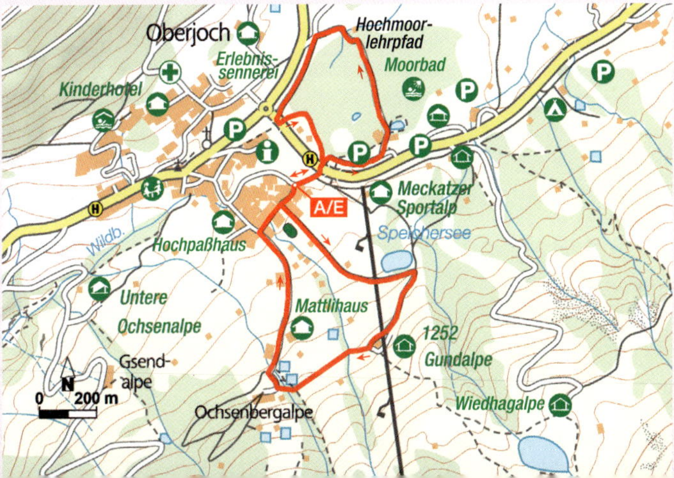

WANDERPARADIES OSTALLGÄU

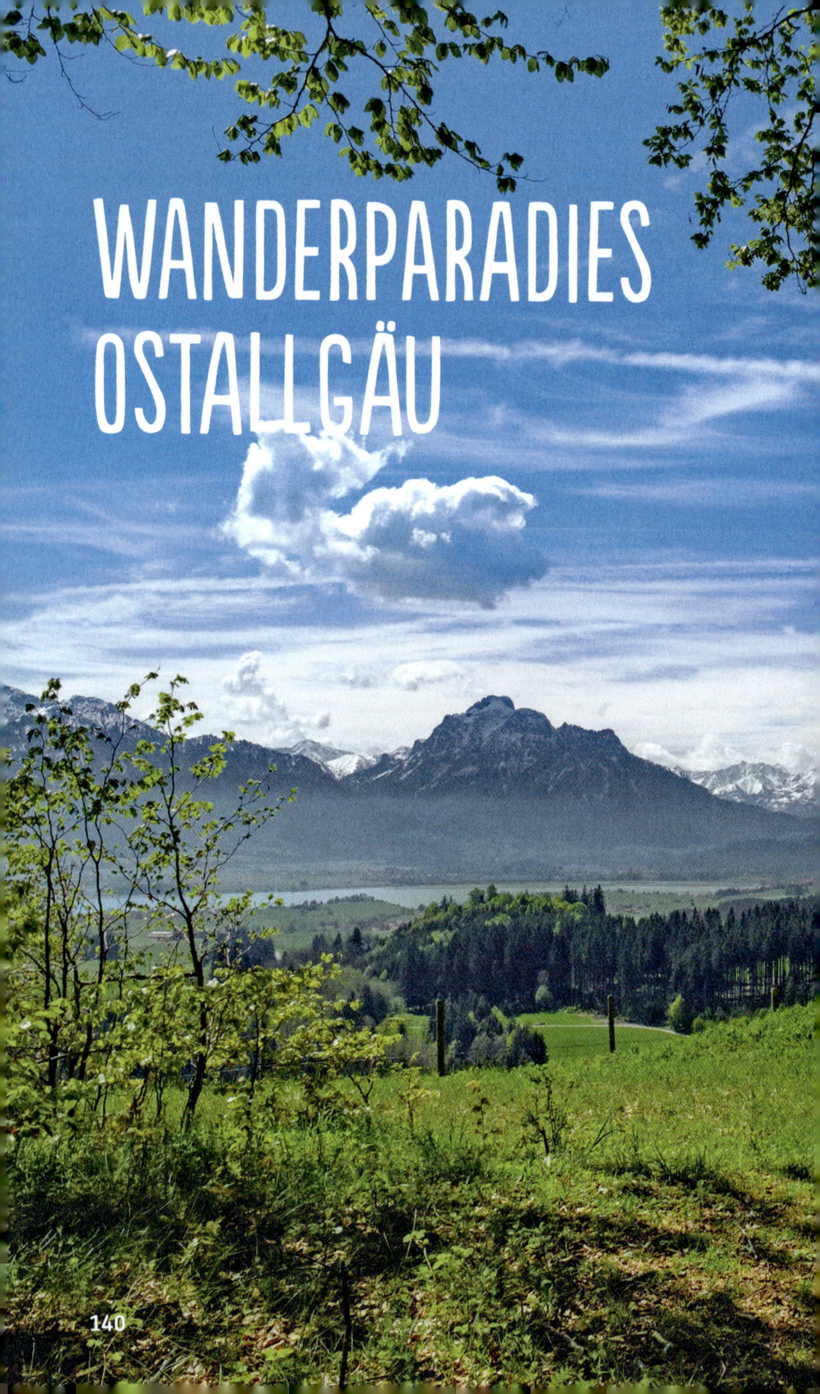

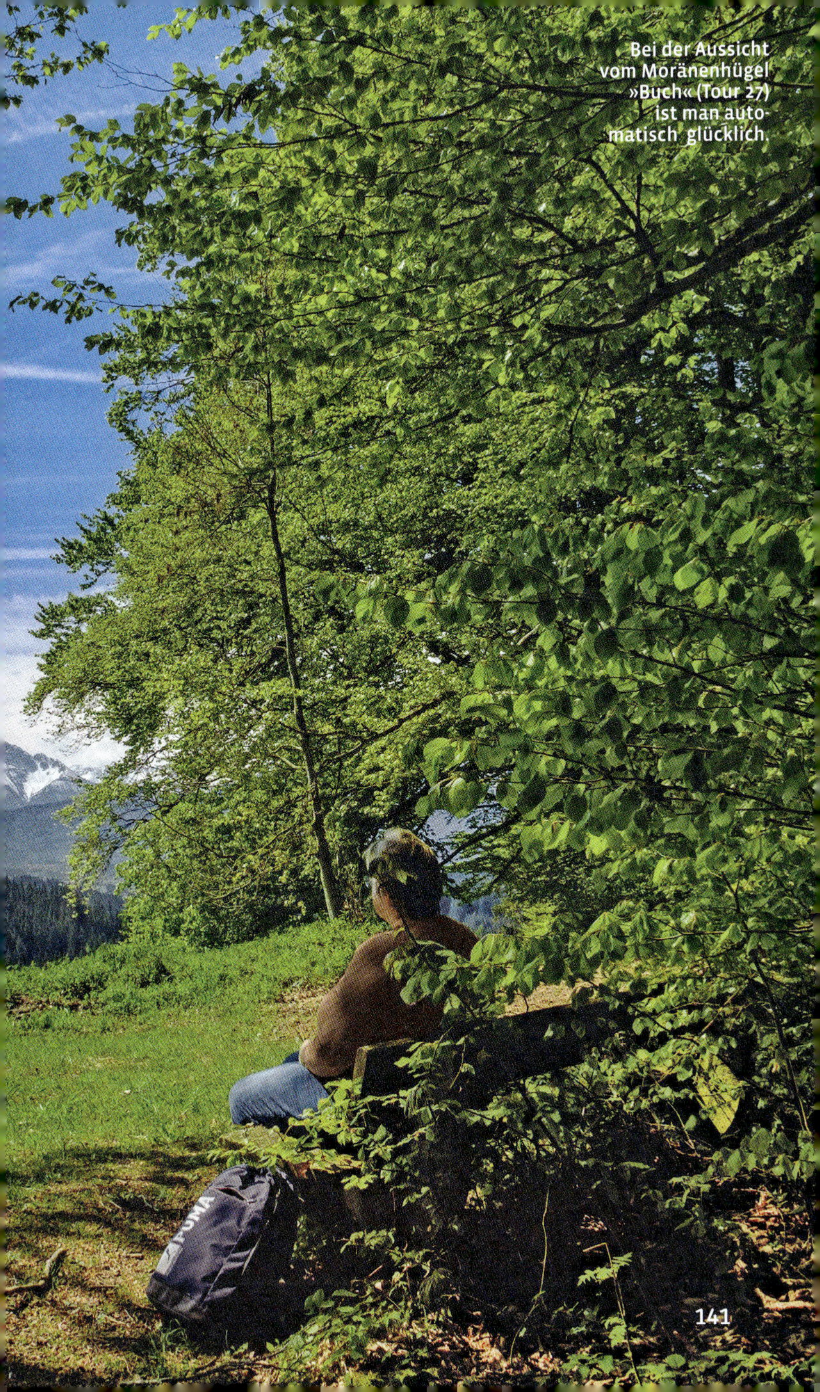

Bei der Aussicht vom Moränenhügel »Buch« (Tour 27) ist man automatisch glücklich.

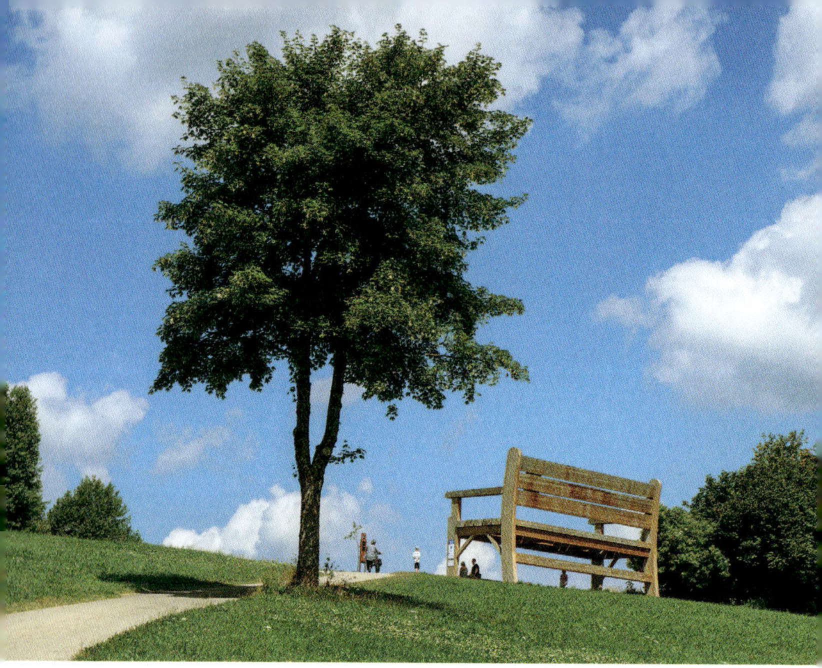

↑ Die übergroße Rastbank ↓ Der Weg macht seinem Namen alle Ehre.

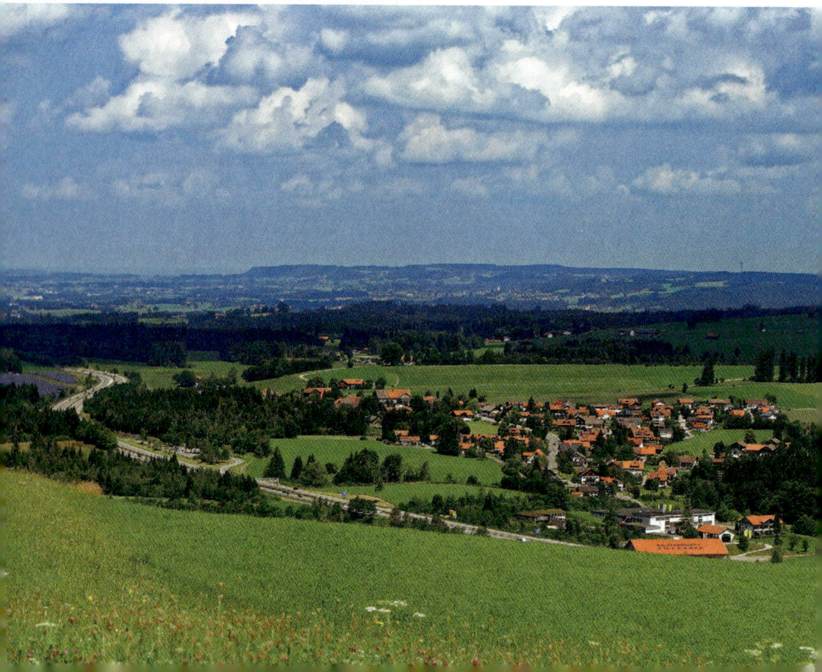

Tour
TOUR 22
der Stille

PANORAMAWEG ÜBER OY-MITTELBERG

Vom Glück der endlosen Hügel

Jeder Schritt beflügelt und lässt staunen: Er zeigt, wie herrlich das Land vor den Allgäuer Bergen ist: endlose Hügelketten in allen Richtungen, auf denen kleine Weiler Akzente setzen. Dazwischen ein See und zum krönenden Abschluss die felsigen Berge des Ostallgäus.

Zur Wanderbank Los geht es in der Straße Kirchlinde, die ein Stück unterhalb der Mittelberger Kirche liegt. Wer am Wanderparkplatz startet, marschiert in den Ort und hält sich in Richtung Kirche. Dann geht es rechts bergauf in den Gerhaldeweg (Schild »Panoramaweg«). Schon hier kommen wir aus dem Schauen nicht heraus und freuen uns über jeden gewonnenen Meter. Oben teilt sich die Straße. Bevor wir nach rechts gehen, bremst uns der Aussichtspunkt am Wasserreservoir aus. Aber versprochen: Es wird noch besser. Und so erreichen wir als Nächstes die überdimensionale Wanderbank, ein »Werbegag« der örtlichen Gaststätten. Kurz hinter der Bank öffnet sich das Panorama nach Norden und unzählige Hügel und Weiler sowie die Stadt Kempten liegen vor uns.

Höhenweg Rastbänke laden jetzt immer wieder zum Verweilen ein und wer mit Kindern unterwegs ist, darf sich über genügend Abwechslung freuen. So liegen mitten am Weg das Hexenwäldle und ein Stück später sogar ein kleiner Niederseil-Kletterspielplatz. Dafür folgen wir einfach dem Hauptweg, der sich nun fast ohne Höhenunterschied über den Mittelberg windet. Rechts von uns taucht der Rottachsee auf, während in südwestlicher Richtung, also fast direkt vor unserer Nase, der Grünten mit seinen Antennen leicht zu identifizieren ist. Schließlich senkt sich der Weg minimal, und wir erreichen eine querende Straße. Dort steht unter Bäumen eine der schönsten Aussichtsliegen, die wir kennen.

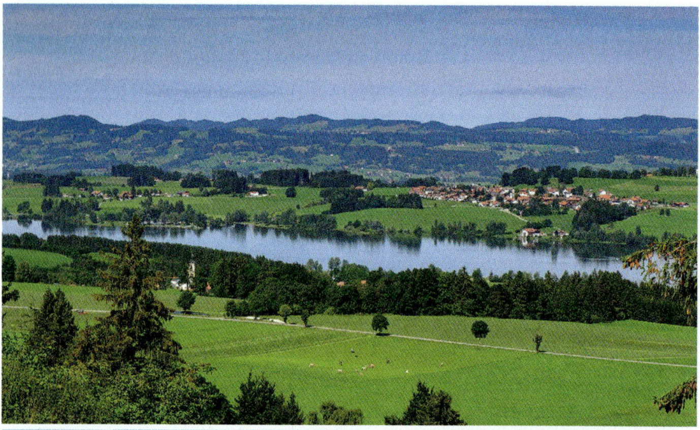

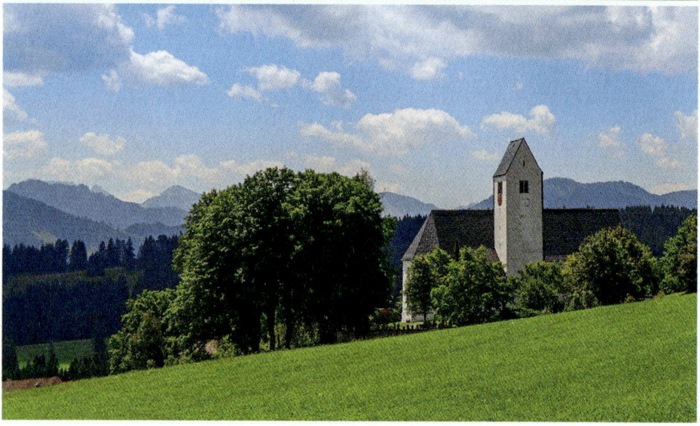

»Es ist nicht wenig Zeit,
die wir haben,
sondern es ist viel Zeit,
die wir nicht nützen.«

Lucius Annaeus Seneca

Abstieg über Schleichwege Da fällt das Aufstehen sichtlich schwer, aber wir wandern nun rechts weiter. Nach nicht einmal 100 Metern müssen wir dann aufpassen. An einem Wanderwegschild verlassen wir unseren Panoramaweg. Wir folgen der Beschilderung »R4 Petersthal« nach rechts auf einen Pfad, der über eine Wiese führt. Jetzt geht es leicht abwärts durch einige »Viehwippen« über Kälberweiden. Dann stoßen wir auf ein Sträßchen, das wir geradeaus in die nächste Viehweide queren. Ein richtiger Wanderweg ist kaum zu erkennen, es handelt sich höchstens um einen Schleichweg. Am besten hält man sich immer an der Stromleitung entlang und wandert, begleitet von schönster Sicht auf den Rottachsee, am Hang weiter. Schließlich stoßen wir wieder auf einen Feldweg, dem wir nur noch ein Stück folgen, um dann nach links abzubiegen (Beschilderung »Horn«).

Auf das Horn Dieses Horn ist unser nächstes Ziel. Deshalb biegen wir am Waldrand erneut nach links und nun steht der einzige wirkliche Aufstieg bevor. Im Zickzack geht es steil durch den Wald – zum Glück schattig. Zur kurzweiligen Unterhaltung dürfen wir Rätsel der Katholischen Landjugend lösen, die auf kleinen Infotafeln angebracht sind. Oben treten wir mit der hoffentlich richtigen Lösung aus dem Wald und stehen am Gipfel des Horns. Interessanterweise bezeichnen es alle umliegenden Gemeinden als »ihr« Horn. Wir haben es in Landkarten als Burgkranzegger Horn entdeckt, die Landjugend nennt es Petersthaler Horn und die Bewohner von Mittelberg gehen selbstverständlich vom Mittelberger Horn aus. Aber kein Wunder, ein so schönes Fleckchen Erde nennt eben jeder gern sein Eigen. Für uns ist es der schönste Platz für eine ausgedehnte Brotzeit, denn das Horn liegt nicht direkt am Hauptwanderweg und ist somit ein ruhiger Ort. Überdies sind im Hochsommer die Wiesen ein

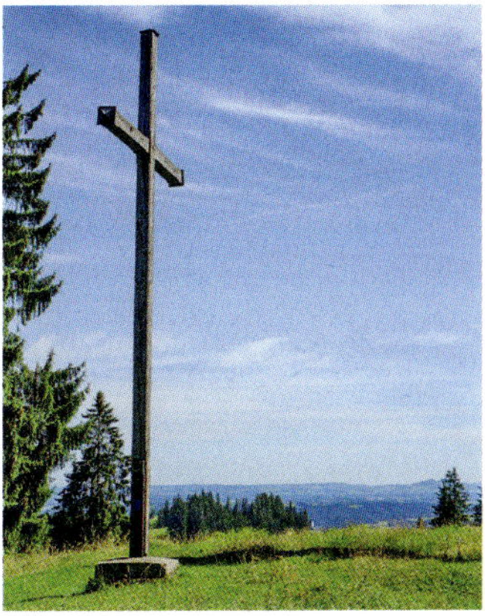

↑ **Der Rottachspeichersee liegt nördlich der Strecke.**
↓ **Die Kirche von Mittelberg**
→ **Am Burgkranzegger Horn**

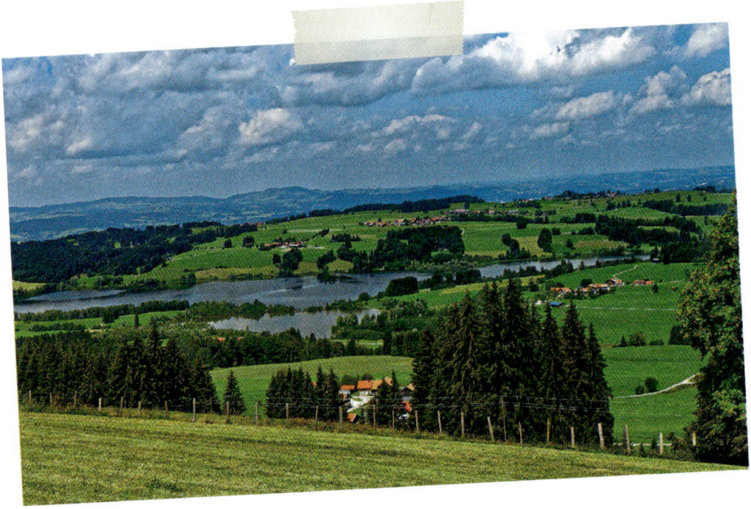

↑ **Von dieser Aussicht können wir nicht genug bekommen.**

Schmetterlingsparadies. Die seltenen Schwalbenschwänze tanzen in der Luft und jagen sich. Für uns könnte die Zeit nun stillstehen.

Aussichtsreich retour Aber schließlich machen wir uns auf den Rückweg. Deshalb steigen wir vom Gipfelkreuz über die Wiese ab. Wir treffen auf einen Feldweg, dem wir nur kurz nach rechts folgen. Dabei passieren wir ein Häuschen und verlassen dann den Feldweg nach links auf einen kaum ersichtlichen Wiesenpfad. Er führt uns zu den Bäumen und wieder zu einem Feldweg. Diesem folgen wir nun stur immer in Richtung Nord-Osten. Vorbei an der Hochgebirgsklinik Mittelberg, wird er zu einem kleinen Sträßchen, das uns direkt nach Mittelberg zurückführt.

Tipp

Wer sich selbst noch etwas verwöhnen möchte, kann in Oy zur Firma Primavera fahren. Dort kann man nicht nur hochwertige Naturkosmetik und naturreine Aromatherapie-Produkte wie Duftöle shoppen, es gibt auch einen großen Kräutergarten.

AUF EINEN BLICK

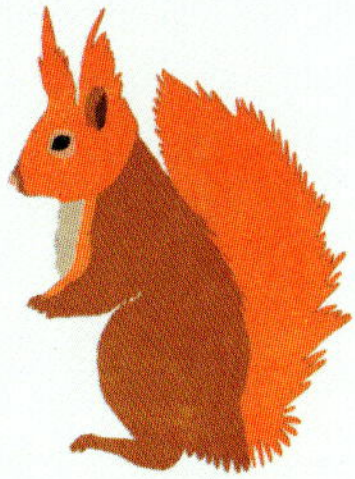

Tour 22: Tour der Stille

Dauer: 2.30 Std.

Höhenmeter: 280 Hm

Länge: 8 km

Schwierigkeit: Leicht

Tourencharakter: Sehr sonnige Rundtour, mit einem längeren Aufstieg zum Burgkranzegger Horn, der aber zum Glück durch den Wald führt. Gut für Familien mit Kindern geeignet, es gibt viele Spielelemente am Weg.

Ausgangs-/Endpunkt: Mittelberg, Kirchlinde

Anfahrt: **Pkw:** Auf der A7, Ausfahrt Oy-Mittelberg, dann weiter nach Oy und von dort in den Ortsteil Mittelberg. Einige ausgeschilderte Wanderparkplätze. Gut geeignet ist der Wanderparkplatz P1 gegenüber vom Bürgerhaus in der Rottachstraße.
Bahn/Bus: Mit der Bahn nach Nesselwang, dann weiter mit dem Bus

Einkehr: Unterwegs keine, es lohnt sich, eine Brotzeit mitzubringen, denn es gibt herrlich aussichtsreiche Picknickplätze. Im Anschluss in Mittelberg und Oy mehrere Möglichkeiten: z. B. Gasthaus zur Rose direkt am Startplatz.

Information: www.oy-mittelberg.de

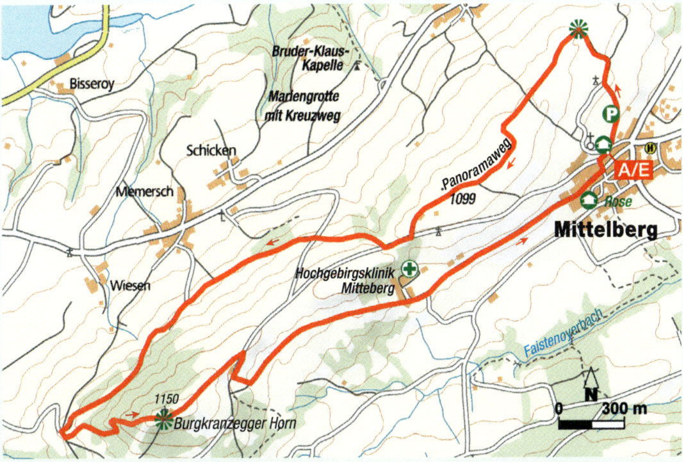

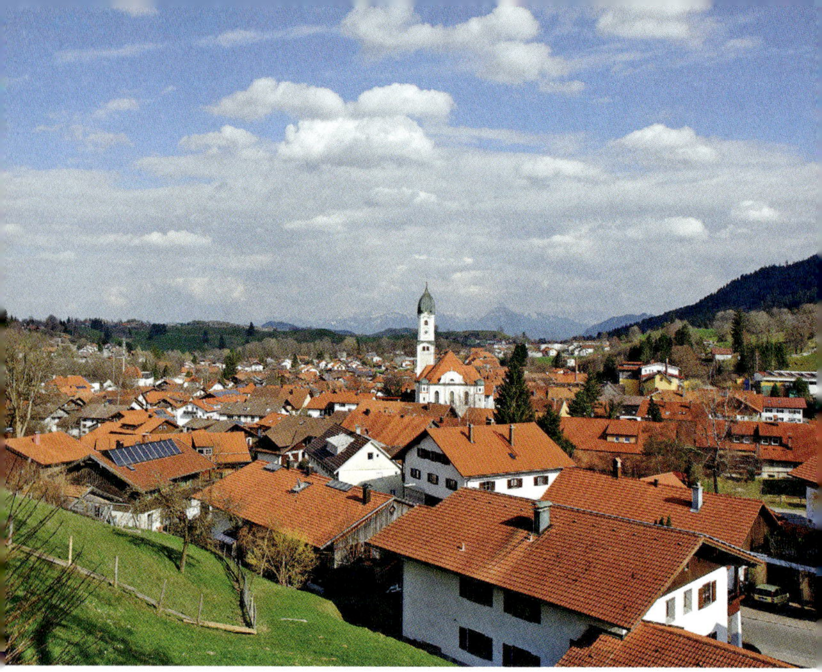

↑ Blick über Nesselwang ↓ Am Attlesee

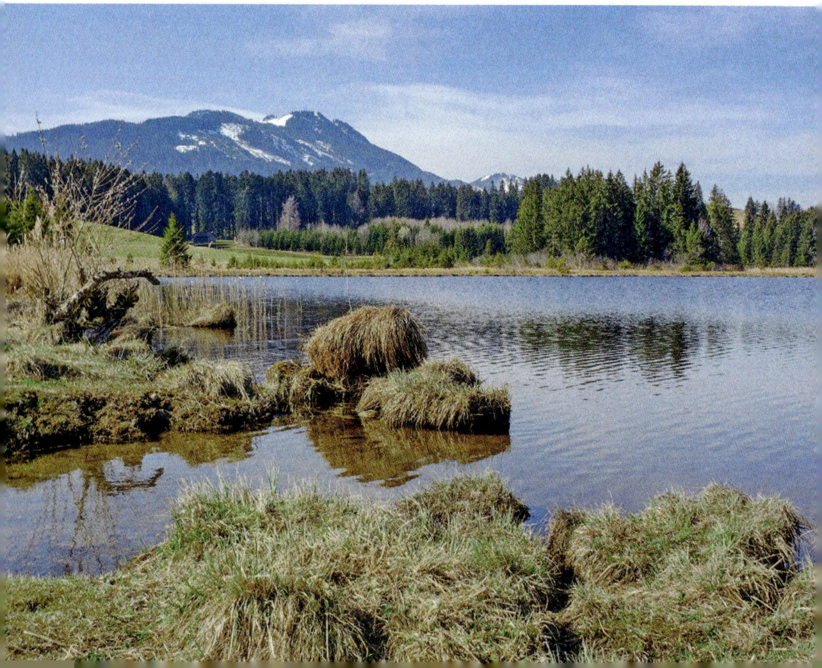

GE(H)ZEITEN BEI NESSELWANG

Tour TOUR 23 ohne Uhr

Die Seele in die Sonne halten …

Die kurze Geschichte über einen Missionar aus Neuguinea endet genau mit diesen Worten: »Ich halte meine Seele in die Sonne« – nachzulesen auf dem Ge(h)zeitenweg bei Nesselwang. Und genauso fühlen wir uns bei dieser kleinen Wanderung, bei der sich alles um die Zeit dreht.

Nach Rindegg Wir starten an dem kleinen Bahnhof in Nesselwang und wandern ein kurzes Stück auf der Bahnhofstraße in östlicher Richtung. Dann queren wir beim Bahnübergang die Gleise und wenden uns sofort nach links. Das erste Ziel, der Weiler Rindegg, ist bereits ausgeschildert. Wir queren den Ablauf des Mühlbaches und bleiben geradeaus auf dem kleinen Pfad parallel zum Gleis. Er endet am Rindegger Weg, wo wir uns nach links wieder auf die andere Seite der Bahn begeben. Nun folgen wir dem landwirtschaftlichen Weg geradeaus über die Felder. Auch am Wegedreieck bleiben wir geradeaus und queren dabei den Mühlbach. Vor uns auf der Anhöhe liegt Rindegg, zu dem wir jetzt hinaufsteigen. Nach einem kleinen Wäldchen erreichen wir die Bauernhöfe und wenden uns nach links zur Kapelle Heilige Dreifaltigkeit. An ihr vorbei folgen wir rechts der Straße, die bald aus dem Weiler führt und uns über Felder zum Wanderparkplatz an der Rindegger Tanne bringt (wobei es eigentlich eine Fichte ist). Dort teilt sich die Straße. Wir wandern nach links zur nächsten Straßenkreuzung, rechts beginnt nach wenigen Schritten der Ge(h)zeitenweg.

Zeit für uns und vieles mehr Aussagestarke Stationen erwarten uns nun auf dem Besinnungsweg. Meditative Texte rund um die Zeit vermitteln innere Ruhe und lassen uns über wahre Werte nachdenken. Alles in allem wunderbare Botschaften für ein glückliches Leben. Vom Rundweg aus sind

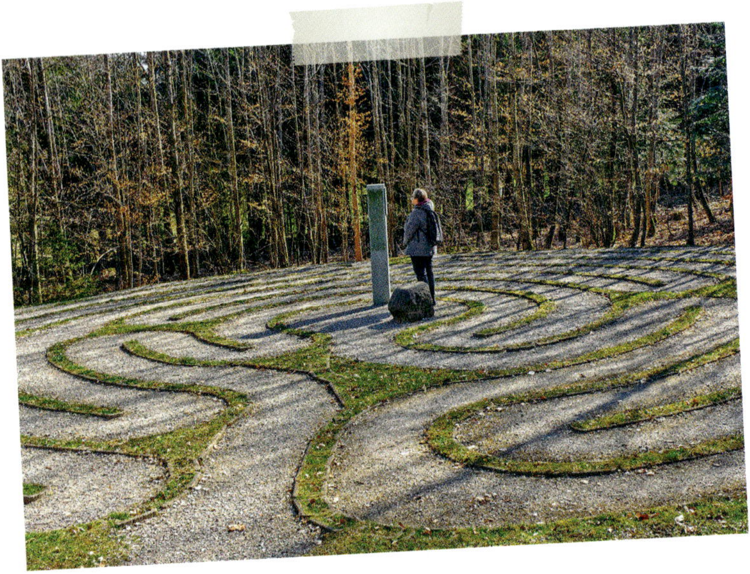

↑ **Labyrinth am Ge(h)zeitenweg**

alle Stationen mit einem kleinen Abstecher zu erreichen. Dazwischen wandern wir durch Wäldchen und über Felder und freuen uns über die Aussicht auf die Berge. Auf keinen Fall dürfen wir den etwas längeren Abstecher zur dritten Station verpassen. Sie liegt am Beginn des Attlesees. Wer seine Badesachen dabeihat, folgt dem Uferweg um den See noch ein Stück weiter. An seiner Nordseite gibt es eine schöne Badestelle. Viel zu schnell erreichen wir im weiteren Wegverlauf die letzte und sechste Station. Danach mündet der Besinnungsweg unweit der Rindegger Tanne wieder in eine Straße. Der Rückweg hinunter nach Nesselwang verläuft dann auf dem Hinweg.

Tipp

Nesselwang liegt am Fuß der Alpspitze. In seiner Umgebung liegen einige der schönsten Allgäuer Badeseen – perfekt, um einen Sommertag nach einer Wanderung ausklingen zu lassen.

AUF EINEN BLICK

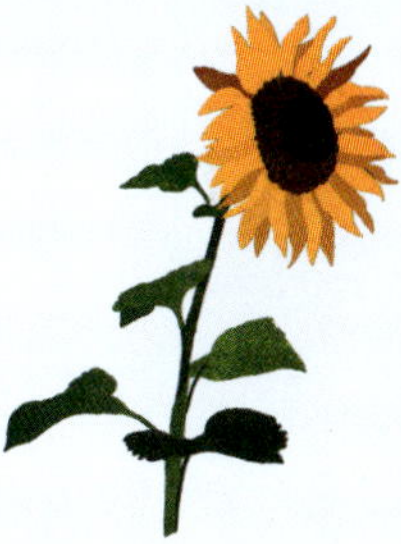

Tour 23: Tour ohne Uhr

Dauer: 2.15 Std.

Höhenmeter: 150 Hm

Länge: 8,5 km

Schwierigkeit: Leicht

Tourencharakter: Kleine Rundtour, mit einer kleinen Steigung und meist auf breiten Wanderwegen sowie kleinen Nebenstraßen; im Sommer mit Bademöglichkeit

Ausgangs-/Endpunkt: Nesselwang, Bahnhof

Anfahrt: **Pkw:** Über die A7, Ausfahrt Nesselwang, in südlicher Richtung nach Nesselwang fahren, gleich am Ortseingang links in die Bahnhofstraße zum Bahnhof fahren. Dort gibt es einige Parkplätze.
Bahn/Bus: Mit der Bahn bis Nesselwang

Einkehr: Unterwegs keine, aber im Anschluss in Nesselwang mehrere Möglichkeiten: Direkt gegenüber der Kirche liegt das nette Café Lipp.

Information: www.nesselwang.de

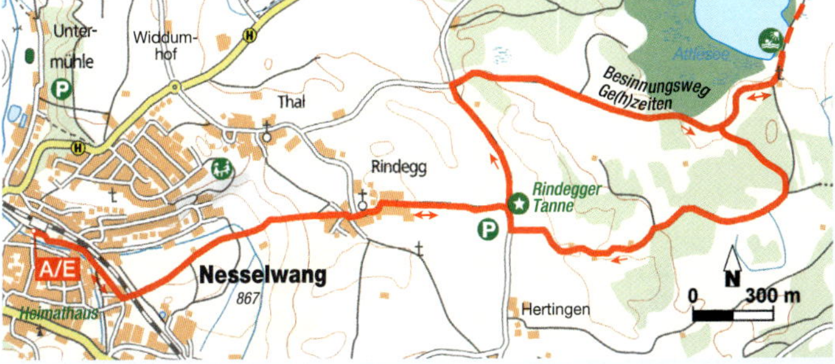

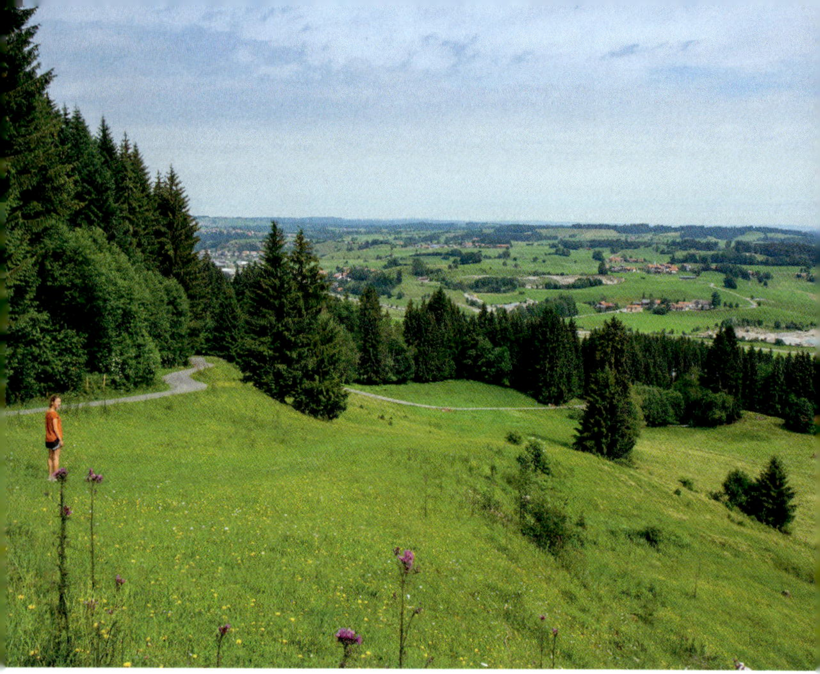

↑ Die Aussicht vom Weg steigert sich … ↓ … bis zur Hütte, wo wir uns niederlassen.

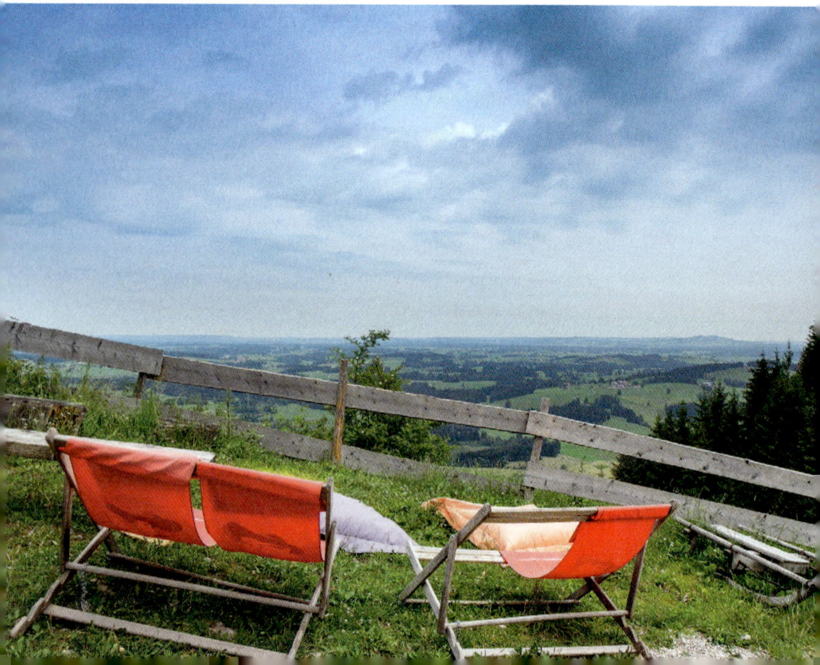

ZUR HÜNDELESKOPFHÜTTE

Tour für TOUR 24 den Genuss

Veggie und veganes Hüttenglück

Bekannt ist die Hündeleskopfhütte, denn sie ist – zumindest bis jetzt – die einzige Hütte in den Allgäuer und Bayerischen Alpen, die ausschließlich vegetarisches Essen serviert. Und das ist so fein, so lecker und abwechslungsreich, dass es viele Wiederholungstäter gibt, die öfter die Hündeleskopfhütte besuchen.

Für Schleckermäuler Dabei gibt es durchaus Hüttenklassiker wie die deftigen Allgäuer Kässpatzn, frischen Salat mit oder ohne Bergkäse, Flädlesuppe oder Käsebrote und natürlich auch Kaiserschmarren, alles Gerichte, die ohnehin ohne Fleisch auskommen. Neugierig, wie wir sind, haben wir uns auf die völlig neu interpretierten Gerichte wie den Brotzeitteller mit veganen Aufstrichen und die absolut geniale vegane Zucchini-Lasagne gestürzt. Ein echter Gourmettraum mit einer resch gebackenen Kruste aus Mandelmusschaum, der definitiv glücklich macht. Der gute Geist in dieser Hütte ist sicherlich die Wirtin Silvia Beyer, die alle nur Silli nennen. Sie fegt wie ein Wirbelwind über die Terrasse, nimmt die Essensbestellungen auf und serviert auch. Sie freut sich, dass immer mehr Menschen ihre naturnahe Veggie-Küche schätzen, die nur auf wertvollen Nahrungsmitteln basiert.

Schnell zum Glück Dabei ist der Weg zur Hündeleskopfhütte leicht zu schaffen. Für den Aufstieg folgen wir am Wanderparkplatz dem Pfad, der wenige Meter später nach rechts biegt und am Steinebach entlangführt. Eine kleine Holzbrücke bringt uns auf die andere Seite zu einer Kneipp-Tretanlage. Die merken wir uns für den Rückweg. Wir folgen dem Pfad weiter bachaufwärts und wandern unter dem Hochseilgarten hindurch. Dahinter stoßen wir auf eine kleine asphaltierte Almstraße. Sie führt nun in Kehren bergauf. Zunächst noch schattig durch den Wald, geht es schließlich über Almwiesen weiter. Die Straße lässt sich durch einen Wiesenpfad abkürzen.

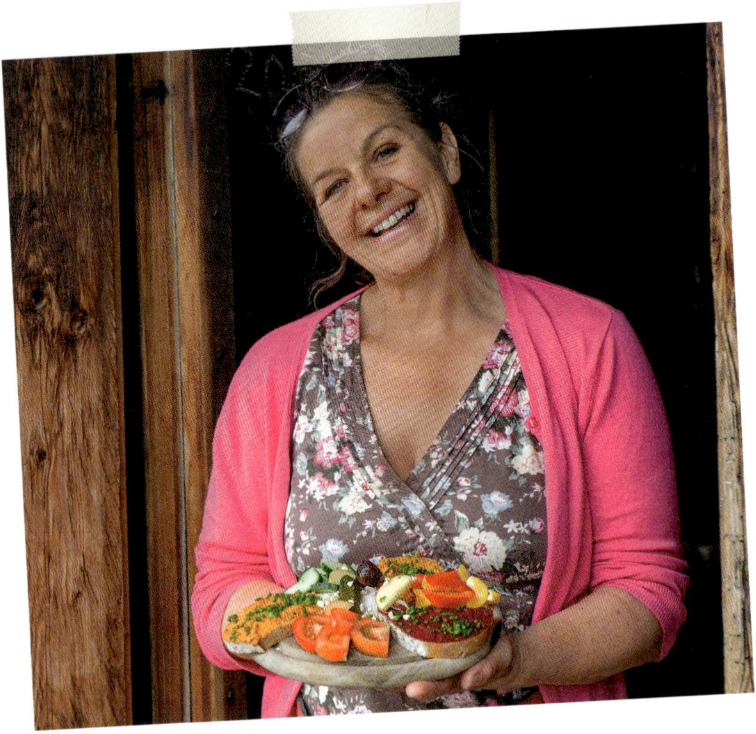

↑ **Einzigartig ist das Konzept einer vegetarischen Berghütte von Wirtin Silvia.**

Dann wird es langsam flacher und der Weg teilt sich. Wir wählen links den kleineren Wanderweg und erreichen kurz darauf das Almkreuz und die Hündeleskopfhütte. Jetzt einfach sich Zeit nehmen, das Panorama genießen und sich von Silli verwöhnen lassen. Der Rückweg verläuft dann auf dem Hinweg.

Tipp

Wer die Tour verlängern möchte, kann am Hochseilgarten zunächst rechts über die Höllschlucht zur Kappeler Alp aufsteigen, um dann am Rückweg die Hündeleskopfhütte zu besuchen.

AUF EINEN BLICK

Tour 24: Tour für den Genuss

Dauer: 2 Std.

Höhenmeter: 280 Hm

Länge: 5 km

Schwierigkeit: Leicht

Tourencharakter: Eine insgesamt leichte und kurze Tour, zum Großteil auf sicherer, breiter Almstraße. Anstieg im mittleren Teil etwas steiler, im oberen Teil dann wieder flacher. Der Rückweg verläuft auf dem Hinweg.

Ausgangs-/Endpunkt: Wanderparkplatz Kappel

Anfahrt: **Pkw:** Von der Autobahn A7, Ausfahrt Nesselwang nach Nesselwang. Dort weiter auf der B309 Richtung Pfronten. Rechts abfahren zum kleinen Dorf Kappel. Gleich am Ortseingang liegt ein großer Wanderparkplatz.
Bahn/Bus: Nesselwang liegt an der Bahnstrecke Kempten–Pfronten, von dort mit dem Bus nach Kappel.

Einkehr: Hündeleskopfhütte, täglich auch im Winter außer Montag und Dienstag von 11–18 Uhr, Mittwoch und Donnerstag bis 21 Uhr

Information: www.nesselwang.de

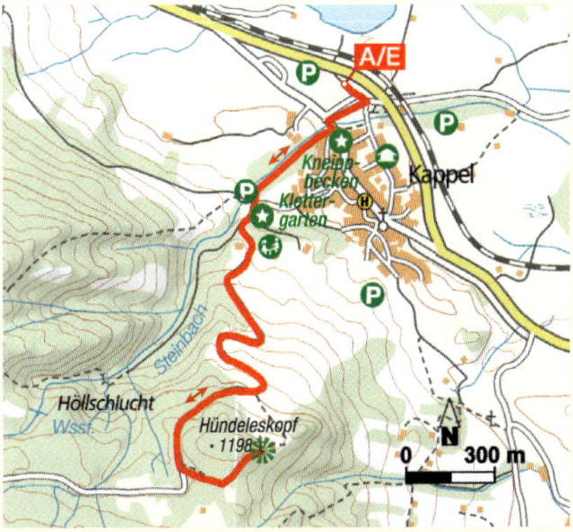

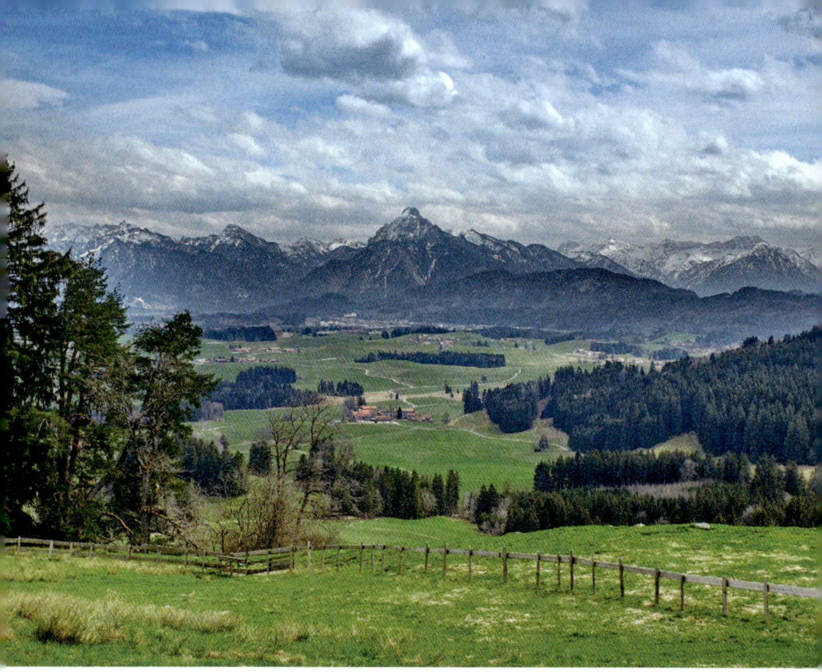

↑ Das Ostallgäu liegt uns zu Füßen. ↓ Die Schlossbergalm ist beliebt.

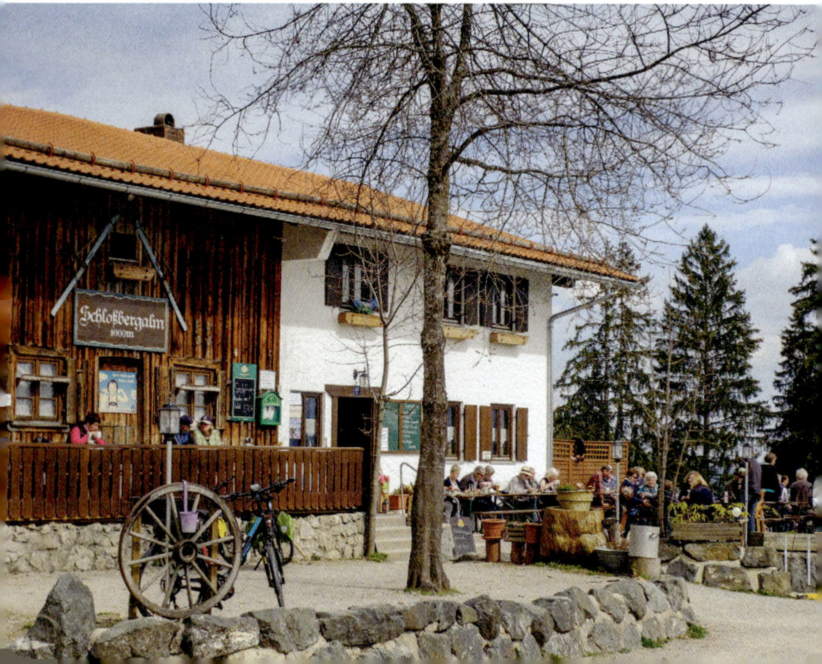

ZU DEN BURGRUINEN EISENBERG UND HOHENFREYBERG

Tour für den Genuss
TOUR 25

Zeitreise ins Mittelalter

Zwischen Zell und Eisenberg spitzen die Reste von gleich zwei Burgruinen aus dem hügeligen Wald hervor. Mit einer kleinen Wanderung können wir so in die Geschichte eintauchen, nebenbei die Aussicht genießen, um uns dann in der Schlossbergalm verwöhnen zu lassen.

Aussicht, Kunst & Kultur Dabei können wir nicht sagen, was bei dieser Wanderung das Schönste ist. Freuen dürfen wir uns über die sensationelle Aussicht, die wir fast auf der ganzen Wegstrecke genießen. Da wir auf einem der Allgäuer Berge vorgelagerten Hügel unterwegs sind, begleitet uns das Rundumpanorama auf Schritt und Tritt. Für die Besichtigung der zwei Burgruinen, Eisenberg und Hohenfreyberg, räumen wir uns extra Zeit ein. Und wer nach der Einkehr in der Schlossbergalm noch nicht genug hat, kann am Ende der Wanderung mit dem Auto die nahe Wallfahrtskirche Maria Hilf in Speiden besuchen. Sie zeugt vom tief verwurzelten Glauben der Allgäuer, während das danebenliegende Mariahilfer Sudhaus mit guter Küche und Braukunst überzeugt.

Umdrehen für den Genuss Am Wanderparkplatz folgen wir dem kleinen, ansteigenden Sträßchen bergauf. Es ist bereits zu den Ruinen beschildert. Immer wieder drehen wir uns beim Aufstieg um, denn die beste Aussicht liegt im Süden hinter unserem Rücken. Hinter dem Weiler Zell erheben sich die Ostallgäuer Berge rund um den Säuling. Im kleinen Wald wenden wir uns dann nach rechts. An der kleinen Weide wählen wir links den Pfad, der am rechten Rand der Wiese zum Sattel zwischen den beiden Ruinen führt. Wer es bequemer möchte, kann auch dem breiteren Weg bergauf folgen, der parallel zum Pfad im lichten Wald verläuft und überdies ein kleiner Naturlehrpfad ist.

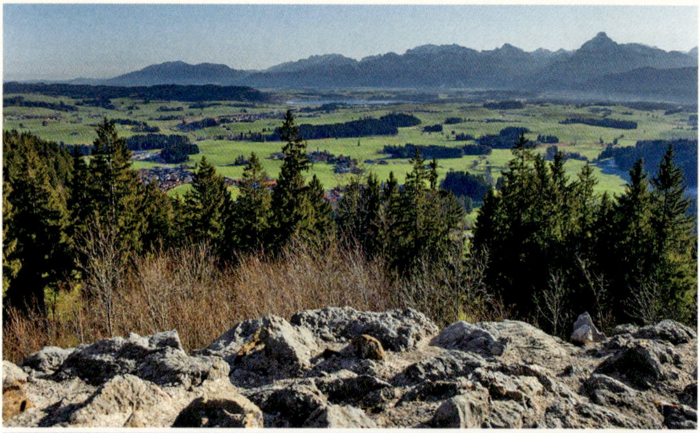

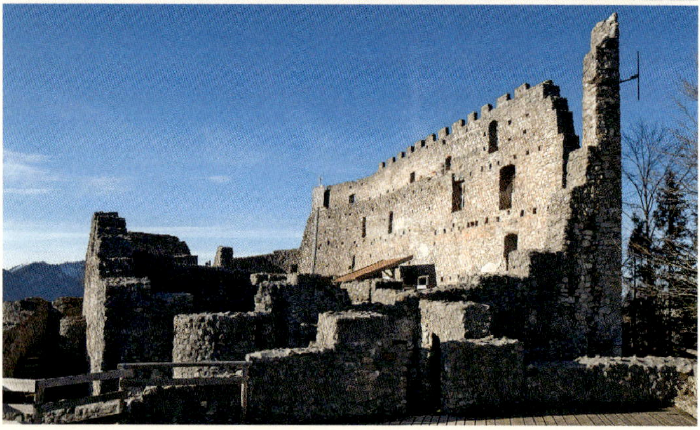

»Der Herr ist mein Fels und
meine Burg und mein Erretter.«

2. Sam 22,2

Hohenfreyberg Am Sattel entscheiden wir uns zuerst für die Burgruine Hohenfreyberg. Dafür halten wir uns links und wandern unterhalb der Schlossmauern zum Eingang, der auf ihrer westlichen Seite liegt. Die Burg ist frei zugänglich und wir sind erstaunt über ihre Größe. Sie bietet wunderbare Ausblicke und nette Rastplätze und natürlich erfahren wir viel Wissenswertes zu ihrer Geschichte.

Ruine Eisenberg Nach der Besichtigung wandern wir zurück zum Abzweig am Sattel und können nun zur nächsten Burg, der Ruine Eisenberg hinaufsteigen. Diese ist über eine lange Kurve, aber in nur gut acht Minuten erreichbar. Auch von dieser Ruine genießen wir eine weite und sensationelle Aussicht.

Schlossbergalm Aber dann fordern Hunger und Durst ihren Tribut und wieder führt uns der Weg zurück zum Sattel. Von dort folgen wir nun einfach der Beschilderung zur nahen Schlossbergalm, die wir in fünf Minuten erreichen. Jetzt ist es Zeit für eine Einkehr und eine Pause. Für den Rückweg gehen wir einfach mit schönster Aussicht über die Allgäuer Alpen auf der kleinen Zufahrtsstraße hinunter nach Zell (Achtung: Autos möglich!). Dort biegen wir rechts in die Straße Am Melbacker ein. Sie endet in der kleinen Straße, die aus dem Dorf hinausführt. Ihr müssen wir nur noch für 250 Meter nach rechts folgen und wir erreichen wieder unseren Startplatz.

↑ **Aussicht von der Burgruine Eisenberg auf Hopfensee und Ammergauer Alpen**
↓ **Die Größe der Burgruine Eisenberg lässt sich noch gut erahnen.**
→ **Die schweren Kuhschellen werden nur für den Alpabtrieb benötigt.**

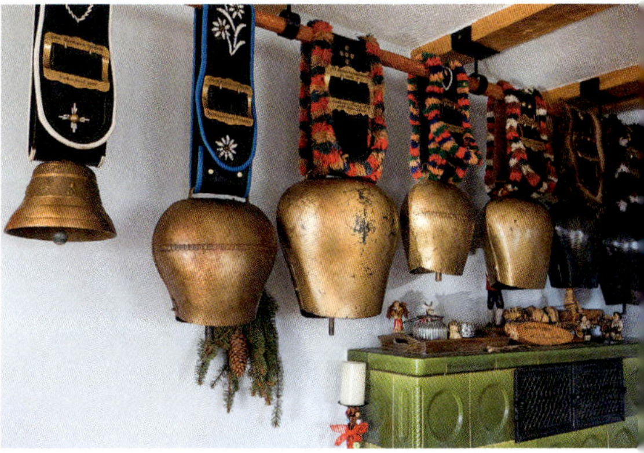

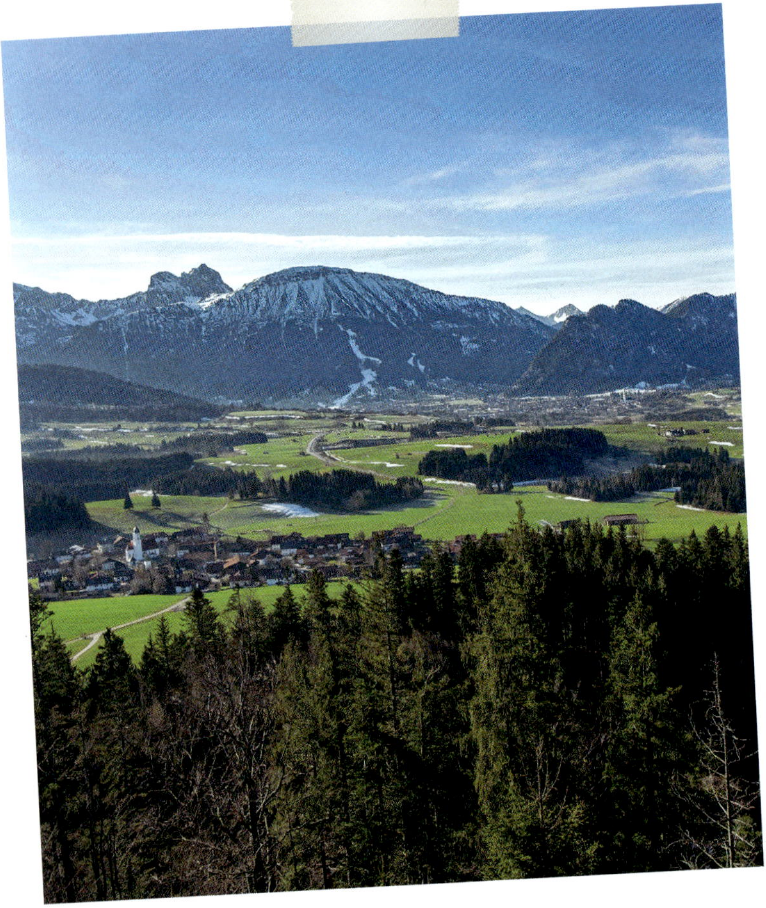

↑ Tief im Tal liegen Zell und die Berge um Pfronten.

Tipp

In der Ortsmitte von Zell steht das nette Burgenmuseum, das von Ostern bis zum Herbst jeden Samstag und Sonntag von 14 bis 17 Uhr geöffnet hat. In der übrigen Jahreszeit nur an bestimmten Tagen.
Info: www.burgenmuseum-eisenberg.de

AUF EINEN BLICK

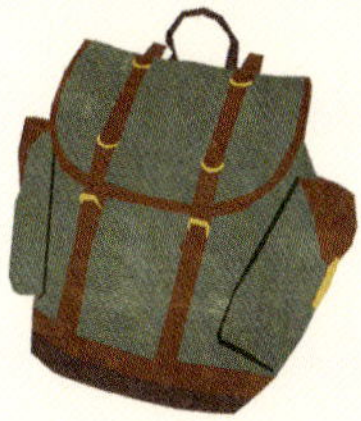

Tour 25: Tour für den Genuss

Dauer: 1.45 Std.

Höhenmeter: 150 Hm

Länge: 4 km

Schwierigkeit: Leicht

Tourencharakter: Eine kurze, einfache Rundwanderung auf breiten Wanderwegen, die sich sogar mit einem geländegängigen Kinderwagen befahren lässt. Sehr gute Besichtigungsmöglichkeiten der beiden Burgruinen. Der Abstieg von der Schlossbergalm führt dann über ein geteertes Sträßchen, auf dem auch Autos fahren könnten.

Ausgangs-/Endpunkt: Wanderparkplatz Zell bei Eisenberg

Anfahrt: Pkw: Auf der B16 Richtung Füssen, über Roßhaupten nach Seeg und von dort weiter nach Eisenberg. In Eisenberg rechts nach Zell. Dort durch die Ortsmitte, am Burgmuseum geradeaus vorbei, den Ort verlassen. 250 Meter weiter gibt es auf der rechten Seite einen Wanderparkplatz. Alternativ Parkmöglichkeiten im Ort suchen. Alternativ über die B310 Richtung Pfronten, am Kreisverkehr nach Norden bis Zell.
Bahn/Bus: Mit der Bahn bis Füssen, weiter mit dem Bus 56 Richtung Pfronten, Haltestelle Zell, dann die Wanderung dort beginnen

Einkehr: Schlossbergalm am Abstieg, geöffnet Sommer wie Winter, ab 10 Uhr, Montag Ruhetag, Juli, August, September kein Ruhetag. Betriebsferien in der Nebensaison

Information:
www.eisenberg-allgaeu.de

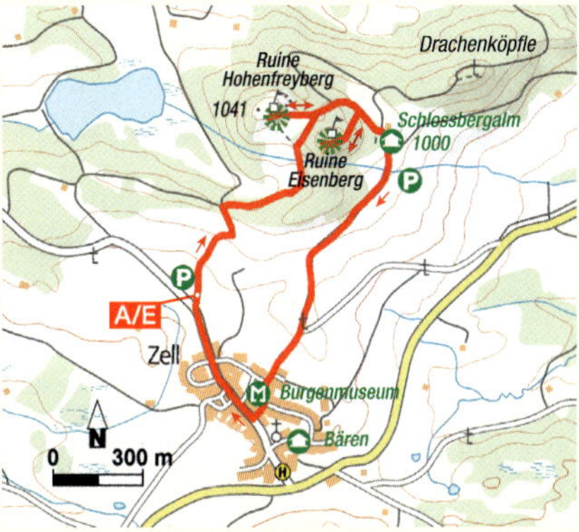

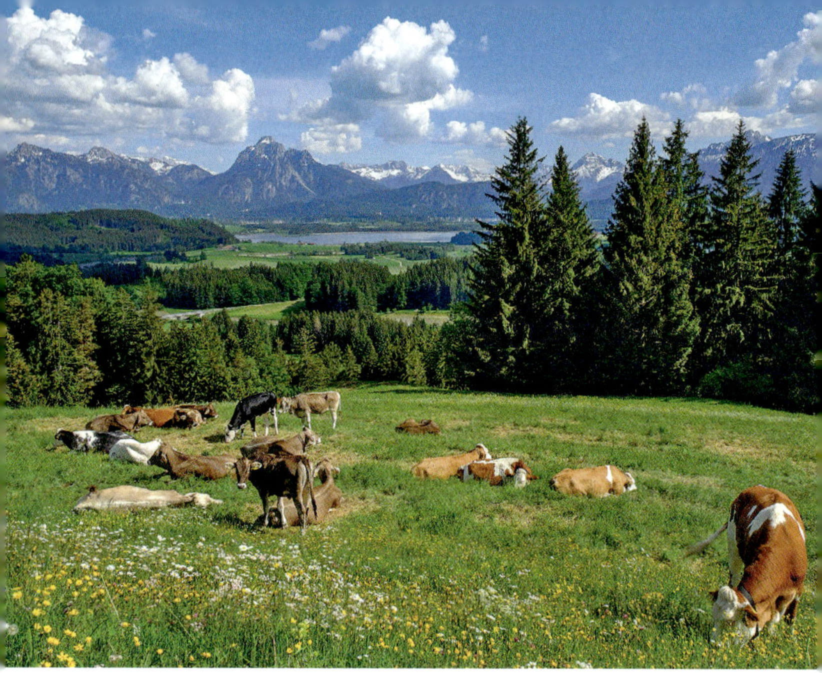

↑ Glückliche Kühe ↓ Mühlrad am Naturlehrpfad

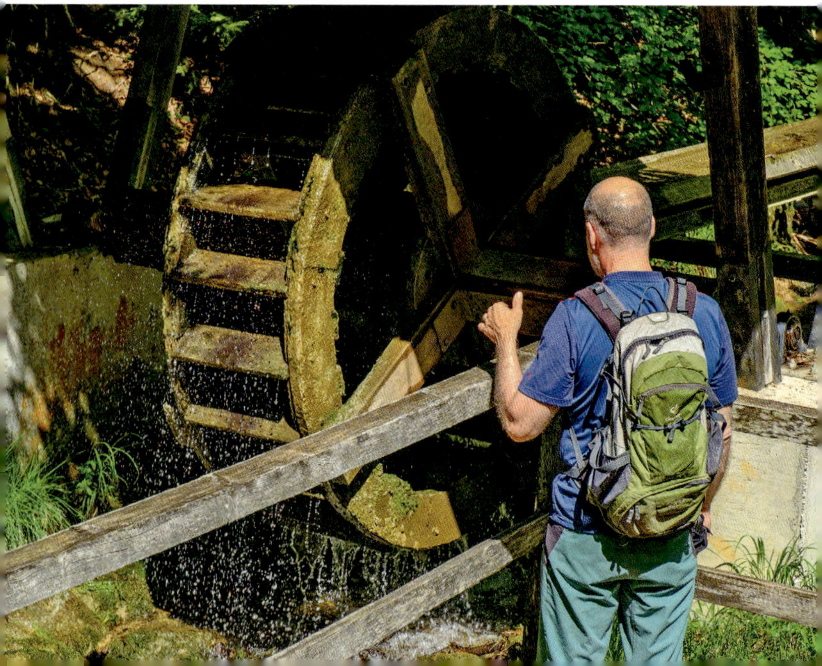

ÜBER DEN SENKELEKOPF ZUR ALPE BEICHELSTEIN

Tour für die Sinne
TOUR 26

Kleines alpines Glück

Ein absoluter Genuss für die Sinne ist diese Wanderung Ende Mai. Dann stehen nämlich die Beichelsteiner Alpwiesen in voller Blüte vor den noch mit Schnee bedeckten Allgäuer Alpen. Überall summt und brummt es, und ein bisschen Sommerduft liegt schon in der Luft.

Start über den Naturlehrpfad zur Senkelehütte Der Weg zu diesen Alpwiesen führt angenehm schattig entlang eines netten Naturlehrpfads durch den Wald. Für zusätzliche Abwechslung sorgen ein stiller Waldweiher und der Aussichtspunkt »Drei-Schlösser-Blick«. Vom Wanderparkplatz aus folgen wir der Beschilderung auf den Naturlehrpfad und wandern auf der breiten Forststraße, vorbei an dem kleinen Unterstandshäuschen, in dem wir auch schon die erste Information zu den Themen Wald und Natur finden. Kurz darauf lockt rechts ein kurzer Abstecher über einen Bohlenweg zum Waldweiher: ein absolut stilles Gewässer mitten im Wald. Nun folgen einige Mitmachstationen des Naturpfads, die nicht nur Kindern Freude bereiten. Vorbei am Wasserrad, erreichen wir das Naturhaus Senkelehütte auf einer Lichtung. Der dazugehörige Wasser-Sand-Matsch-Spielplatz ist ein Highlight für Kinder.

Aufstieg zum Drei-Schlösser-Blick Nach einer kurzen Verschnaufpause geht es hinter dem Haus über den Bach, dann steigt der Weg an und wir halten uns links an die Beschilderung zur Alpe Beichelstein. Kurz darauf erreichen wir an der Station »Meister Grimmbart« eine Weggabelung. Hier biegen wir rechts (jedoch nicht ganz rechts!) auf den kleineren Wanderweg ein, der nun stetig und in langen Geraden ansteigt. Kaum haben wir etwas Höhe erreicht, dürfen wir uns über den herrlichen alten Buchenbestand freuen. Fast ganz oben öffnen sich die Bäume nach Süden hin und der

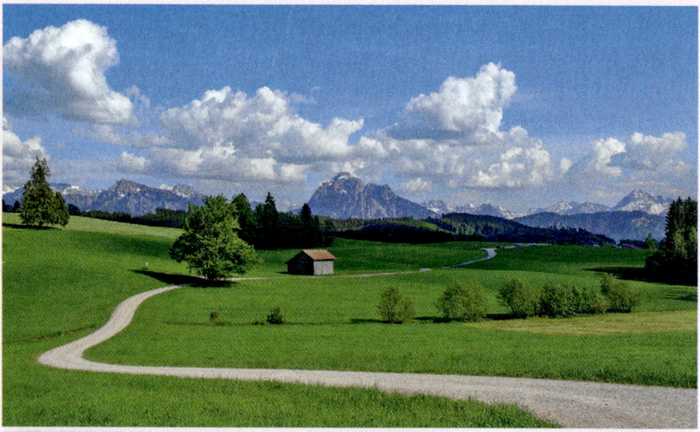

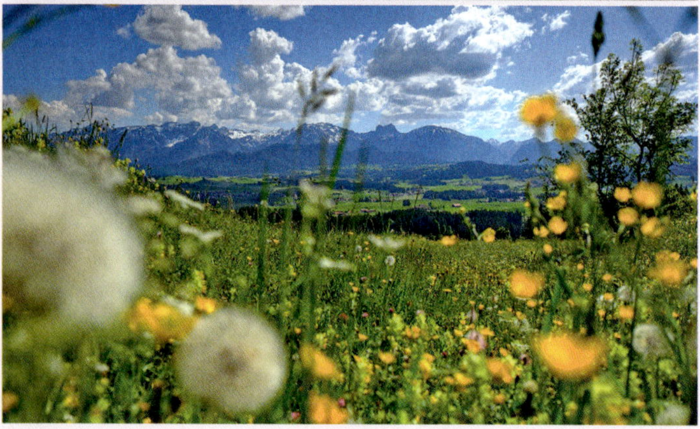

»Der Sinn des Lebens
ist mehr als das Leben selbst.«

Stefan Zweig

Drei-Schlösser-Blick verspricht Aussichtsglück auf Hohenschwangau, Neuschwanstein und das Hohe Schloss in Füssen. Ein Stück weiter dem Weg folgend, erreichen wir mit einem Abstecher nach rechts den Gipfel des Senkelekopfes. Der lohnt sich aber nur für Gipfelsammler, denn die Aussicht dort ist eher bescheiden.

Alpines Glück Kurz darauf verlassen wir den Wald und kommen über eine Viehsperre auf die Alpwiese mit der bewirtschafteten Senkelealpe. Danach beginnt ein Panoramaweg, der seinesgleichen sucht. Über die Südhänge des Senkelekopfes geht es aussichtsreich in westlicher Richtung weiter. Eigentlich ist der Berg nur ein den Alpen vorgelagerter Moränenhügel, trotzdem schenken uns seine Hänge mit den bunten Alpwiesen und der sensationellen Aussicht viel Berggefühl. Endlos könnten wir so marschieren oder auch für Stunden auf den Rastbänken verweilen.

Alpe Beichelstein Schließlich lockt aber noch die etwas tiefer liegende Alpe Beichelstein zur Einkehr. Sie ist schnell über eine Linkskurve erreicht und zum Glück ist die Terrasse groß genug, sodass hier jeder seinen Platz findet. Die sensationelle Aussicht über das Talbecken mit dem Hopfensee und über die Füssener Berge können wir auch dort genießen. Darüber hinaus deckt die kleine Brotzeitkarte unsere Gelüste. Der Wurstsalat ist großzügig bemessen und die Kuchen sind ein echtes Schmankerl.

Rückweg Nach der Rast folgen wir einfach der kleinen Almstraße bergab zum Wanderparkplatz. Dort wandern wir nach links an den Häusern vorbei und dann geradeaus durch Unterlangegg. Nach den letzten Häusern biegen wir rechts in den Feldweg ein (Radverbotsschild!) und

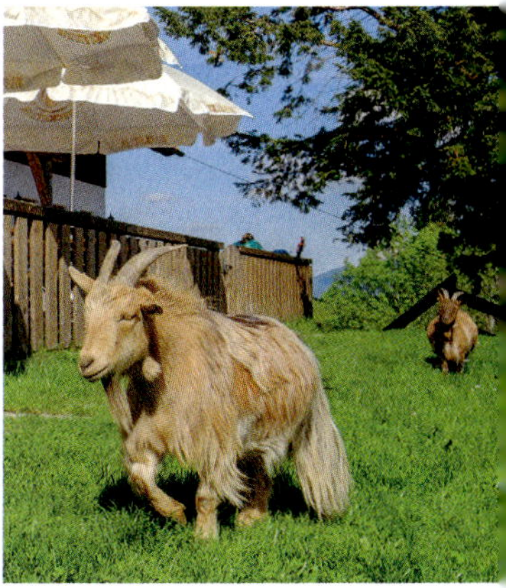

↑ Sattgrüne Alpwiesen am Rückweg
↓ Blumenwiesen im Frühjahr so weit das Auge reicht
→ Die Ziegen leben glücklich und frei auf der Alpe Beichelstein.

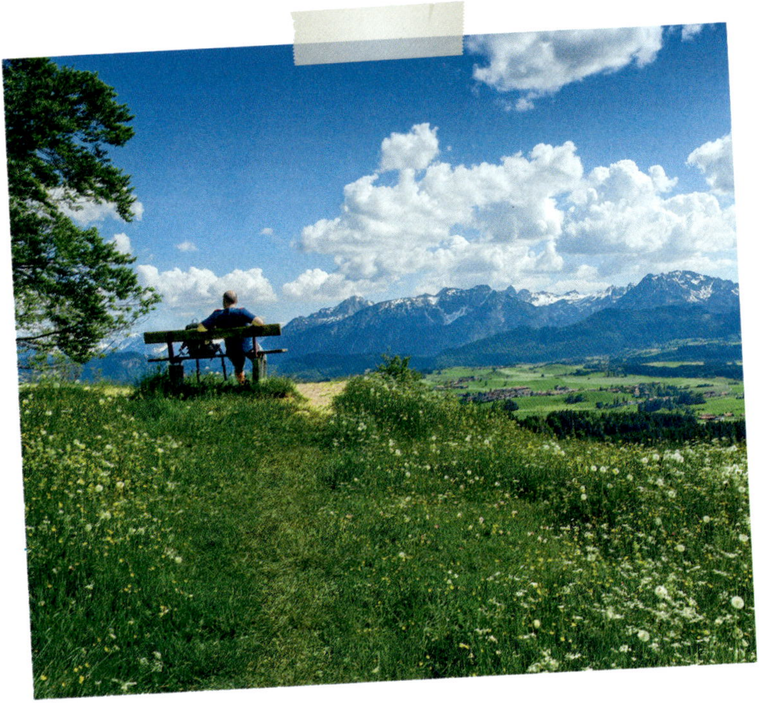

↑ **Von dieser Aussicht wollen wir uns nicht mehr losreißen.**

stoßen etwas tiefer gleich wieder auf einen größeren Weg. Diesem folgen wir nach links über die Wiesen und alle Abzweigungen ignorierend. Schließlich führt unser Weg uns erneut in den Wald. Dort verzweigt er sich. Linkshaltend erreichen wir nach wenigen Minuten wieder unseren Hinweg, dem wir nun einfach in entgegengesetzter Richtung zurück zu unserem Startplatz folgen.

Tipp

Direkt vor der Terrasse der Alpe Beichelstein wächst ein richtiger Methusalem-Baum. Eine sehr seltene, uralte Eibe, die schon mehr als 1000 Jahre alt ist und natürlich unter Naturschutz steht.

AUF EINEN BLICK

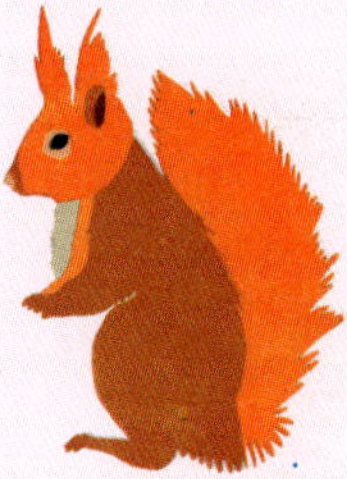

Tour 26: Tour für die Sinne

Dauer: 3.45 Std.

Höhenmeter: 350 Hm

Länge: 11,5 km

Schwierigkeit: Mittel

Tourencharakter: Eine etwas längere Rundwanderung auf Forstwegen und Wanderpfaden. Die Höhenmeter stehen bei der Besteigung des Senkelekopfes an.

Ausgangs-/Endpunkt: Wanderparkplatz Naturpfad Senkele

Anfahrt: **Nur Pkw:** Fahrt über die B16 nach Roßhaupten und von dort nach Westen Richtung Seeg (Alternativ von Seeg nach Roßhaupten). Kurz vor Vordersulzberg liegt der ausgeschilderte Wanderparkplatz einsam südlich der Straße im Wald.

Einkehr: Gute Brotzeit gibt es auf der Beichelsteinalpe, Mittwoch Ruhetag.

Information: www.rosshaupten.de

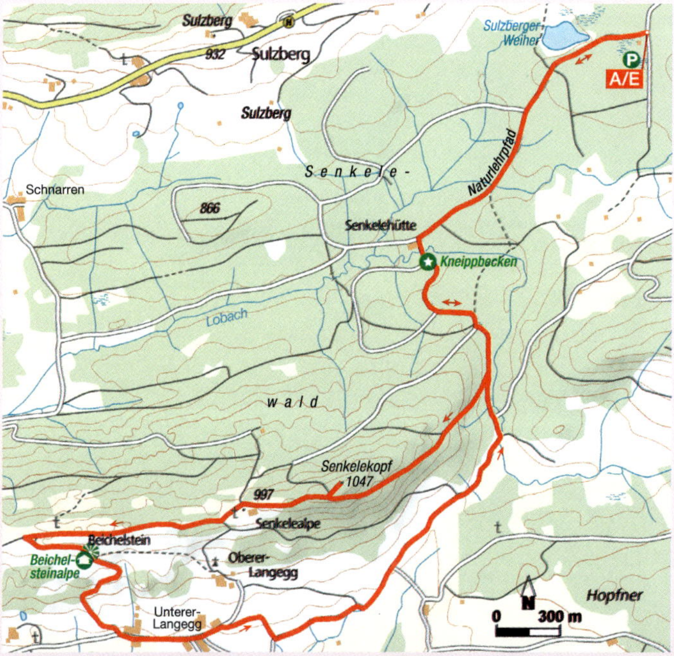

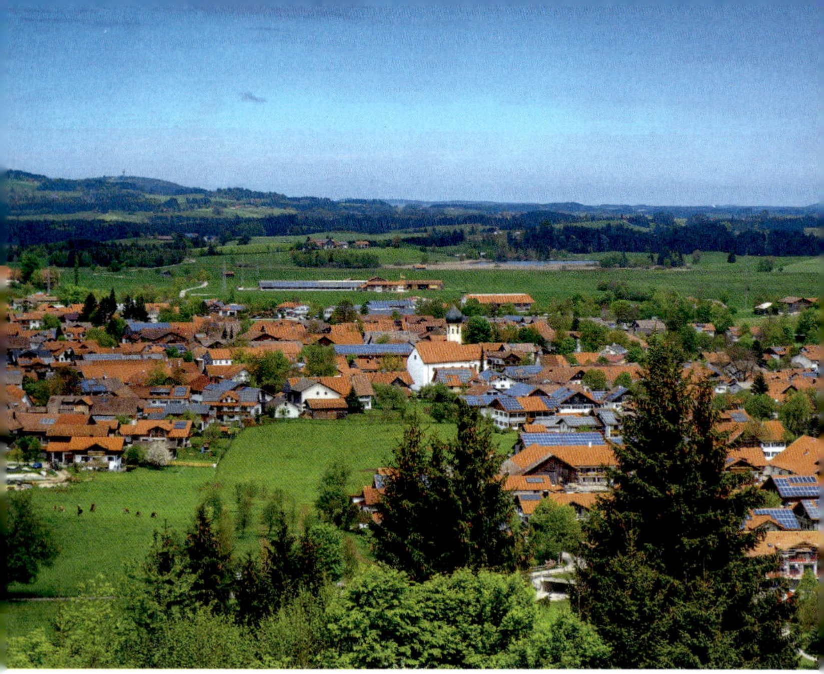

↑ Roßhaupten vom Aussichtspunkt Kobus ↓ Blick vom Buch am Zwieselberg

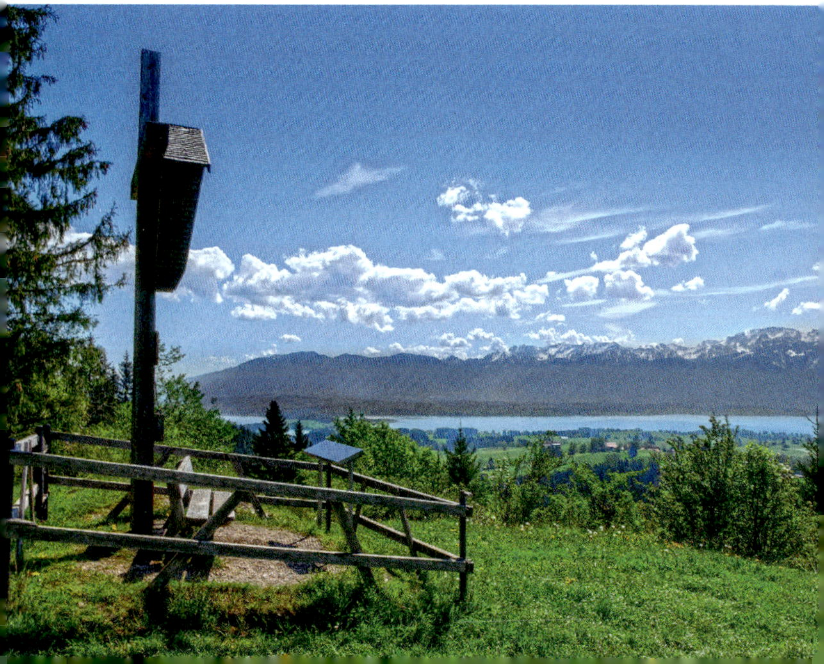

AUF DEM DRACHENWEG UM ROSSHAUPTEN

Tour
TOUR 27
der Stille

Glücklich über Hügel und am Wasser entlang

Ganz unverhofft liegt unweit von Roßhaupten ein recht beachtlicher Moränenhügel. Weil er schon etwas von den Bergen entfernt ist, überrascht er uns mit einer unglaublichen Aussicht auf die Allgäuer Berge!

Über den Buch Den Tipp für diese Wanderung bekamen wir von der Touristinfo am Rathaus in Roßhaupten. Eigentlich wollten wir nur den Drachenweg erkunden, aber uns wurde gesagt: »Wenn sie richtig glücklich wandern wollen, dann dürfen sie den Buch am Zwieselberg nicht auslassen.« Gesagt – getan. Und so folgen wir vom Rathaus der Hauptstraße, vorbei an der Kirche St. Andreas, in Richtung Seeg. Fast am Dorfende biegen wir links in den Feldweg ein, der zum »Buch/Zwieselberg« beschildert ist. Zunächst gemütlich ansteigend, geht es in den Wald, wo wir über zwei Kurven an Höhe gewinnen. Ein Stück später weist uns das Wanderschild zum »Buch« nach rechts auf einen Pfad, der gleich darauf ein Bächlein quert. Jetzt geht es steiler bergauf zu einer Forststraße. Bis hierher zurück werden wir später wieder absteigen. Auf der Forststraße wenden wir uns nach rechts. Nach einer Linkskurve geht es durch einen herrlichen Buchenwald (daher wohl der Name Buch) und zu einem Aussichtspunkt mit einer Rastbank. Ein erster Glücksmoment. Aber es lohnt sich, die wenigen Minuten weiter bis zum Gipfelkreuz des Buches hinaufzusteigen. Dort auf der Bank in der Alpwiese ist alles perfekt. Weit reicht der Blick über den Forggensee und auf die nahen Allgäuer Berge, die von hier aus so mächtig und groß erscheinen. Die Wiese blüht im Frühjahr vielfältig und artenreich, man mag es glauben oder nicht, wir haben die 1000-Höhenmeter-Marke geknackt. Der Buch hat 1055 Höhenmeter! Gut, wer sich eine Brotzeit mitgebracht hat, denn die ist ein weiterer Grund zum Verweilen.

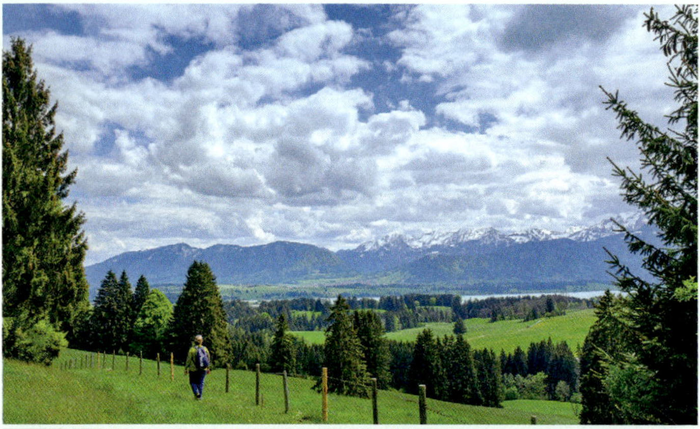

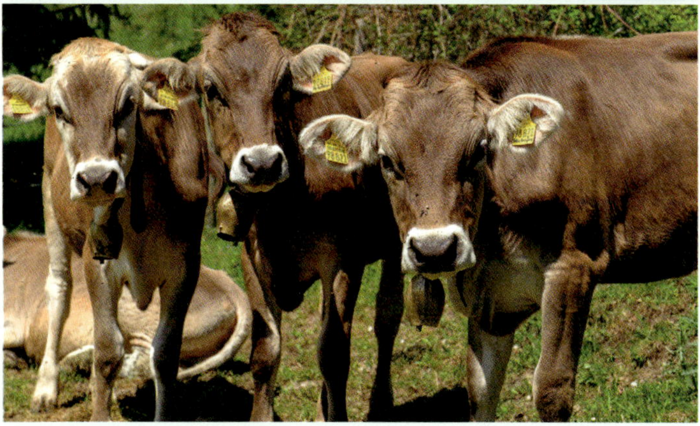

»Ein kleiner Glaube wird
eure Seele in den Himmel,
ein großer Glaube den Himmel
in eure Seele bringen.«

Charles Haddon Spurgeon

Panoramaabstieg Danach steigen wir auf dem Hinweg zur Forststraße hinunter. Diesmal gehen wir geradeaus und wandern aussichtsreich durch den Weiler Vorderzwieselberg. Dort folgen wir jedoch nicht der Teerstraße bergab, sondern biegen vorher scharf links ein (unbeschilderte Stelle!), um auf einem Wiesenweg über die Felder abzukürzen. Wieder treffen wir auf ein Sträßchen, auf dem wir nach links wandern. Kurz vor den nächsten Häusern biegen wir links in einen schmalen Wanderweg ein, der Beschilderung »Am Felsen« folgend. Wildromantisch geht es gleich nach rechts auf einen Pfad durch ein Wäldchen und wir dürfen uns nicht wundern, dass uns der Weg fast retour nach Vorderzwieselberg führt. Aber schließlich folgen wir dem Bernmoosbach nach rechts und sind kurz darauf auch wieder auf einer breiteren Forststraße unterwegs. In einer Kurve teilt sich dann der Weg, wir halten uns rechts und wandern gleich darauf glückselig über Alpwiesen sanft bergab. Die Aussicht ist prächtig, das Gras steht im Frühjahr noch hoch und die ersten Kühe sind auf der Weide. An einem landwirtschaftlichen Gebäude ist der Weg zu Ende und wir stoßen auf die Straße nach Ussenburg. Diese queren wir etwas nach links und folgen nun der Beschilderung auf den Drachenweg.

Drachenweg Dafür geht es geradeaus in den Feldweg, wobei sich ein Abstecher nach links hinauf zum Aussichtspunkt Kobus lohnt. Dort finden wir nicht nur die Reste des alemannischen Höhenwalls »Gabis« sondern auch einen weiteren schönen Rastplatz. Unser Drachenweg zweigt jedoch wenig später nach rechts ab. Es geht leicht abwärts über eine Wiese und durch ein Waldstück zu einer Forststraße. Dieser folgen wir nach links und passieren das Drachenbrünnlein. Ein gutes Stück weiter können wir rechts auf einem alternativen,

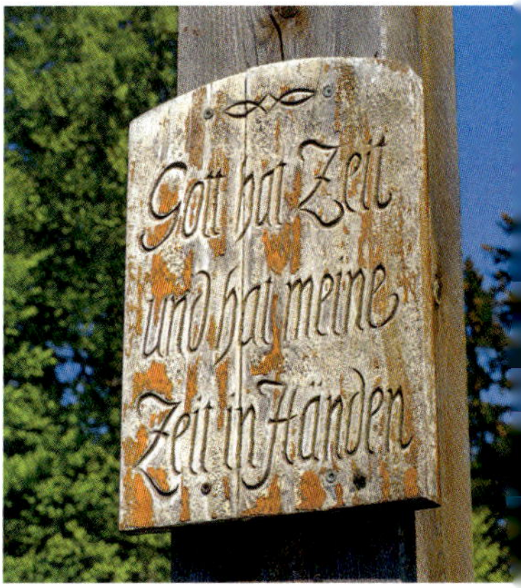

↑ **Panoramawege auch beim Abstieg**
↓ **Neugierige Kühe begrüßen den Wanderer.**
→ **Schöne Worte**

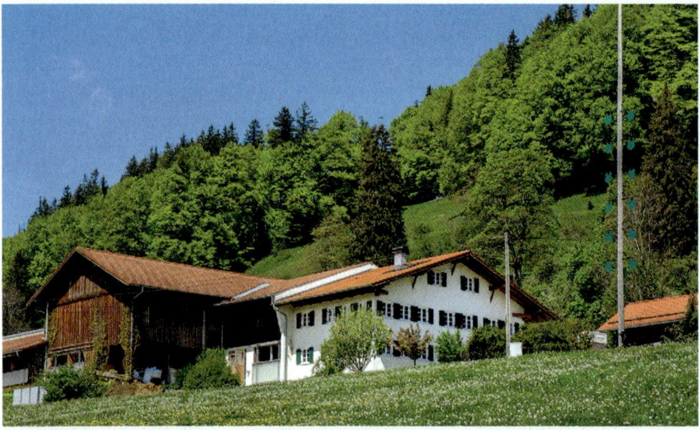

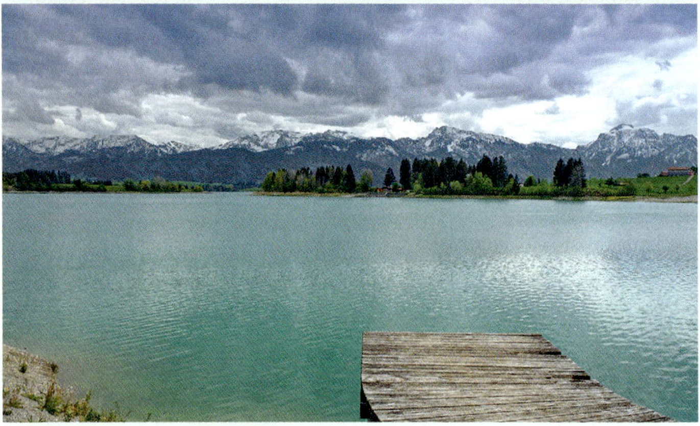

»Gut, wer ohne Spuren geht.«

Laozi

aber schwierigeren Wegabschnitt in die Drachenschlucht absteigen. Wer den steilen Abstieg scheut, etwas trittsicher sollte man dafür schon sein, der kann auch einfach geradeaus weiterwandern. Wir sind natürlich neugierig und steigen durch das Drachentor ab. Unten treffen wir dann wieder auf den Bernmoosbach, der uns heute ja schon einmal ein Stück begleitet hat. Wildromantisch bahnt er sich seinen Weg in den Forggensee, auf dessen Ausläufer wir gleich treffen werden. Viel zu schnell ist der schöne Weg vorbei und auch wir steigen mit Blick auf die Tiefentalbrücke aufwärts zum größeren Forstweg. An der Tiefentalkapelle stoßen wir auf die B16, die wir unterqueren.

Forggenseeweg Für den Rückweg folgen wir nun noch ein Stück dem Forggensee-Uferweg. Nach gut zehn Minuten erreichen wir den Badeplatz Via Claudia, eine der schönsten Stellen im See, um bei herrlichem Bergpanorama zu schwimmen. Der Weg wendet sich nach Norden, aber gleich folgen wir wieder rechts dem Ufer. So erreichen wir die Mangmühle, vor der wir nach links abbiegen, um an den Fischweihern vorbei der Beschilderung nach Roßhaupten zu folgen. Noch einmal unterqueren wir die B16, dann geht es an der Kapelle mit dem Heiligen Magnus vorbei nach Roßhaupten zurück. Mit der Kirche im Visier erreichen wir wieder die Hauptstraße und somit unseren Ausgangspunkt.

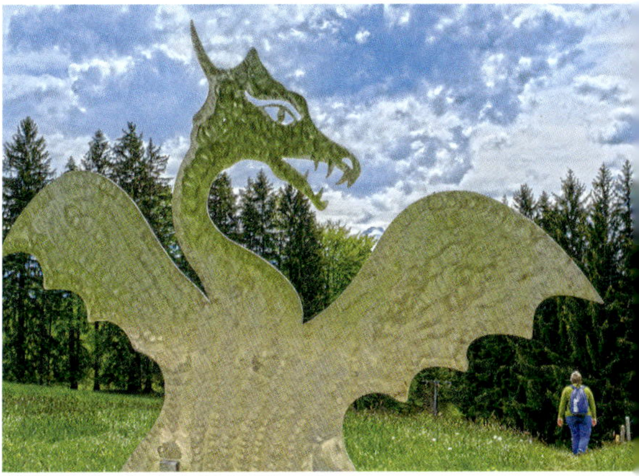

↑ **Vorderzwieselberg**
↓ **Entlang des Forggensees verläuft der Rückweg.**
→ **Eindeutig der Drachenweg**

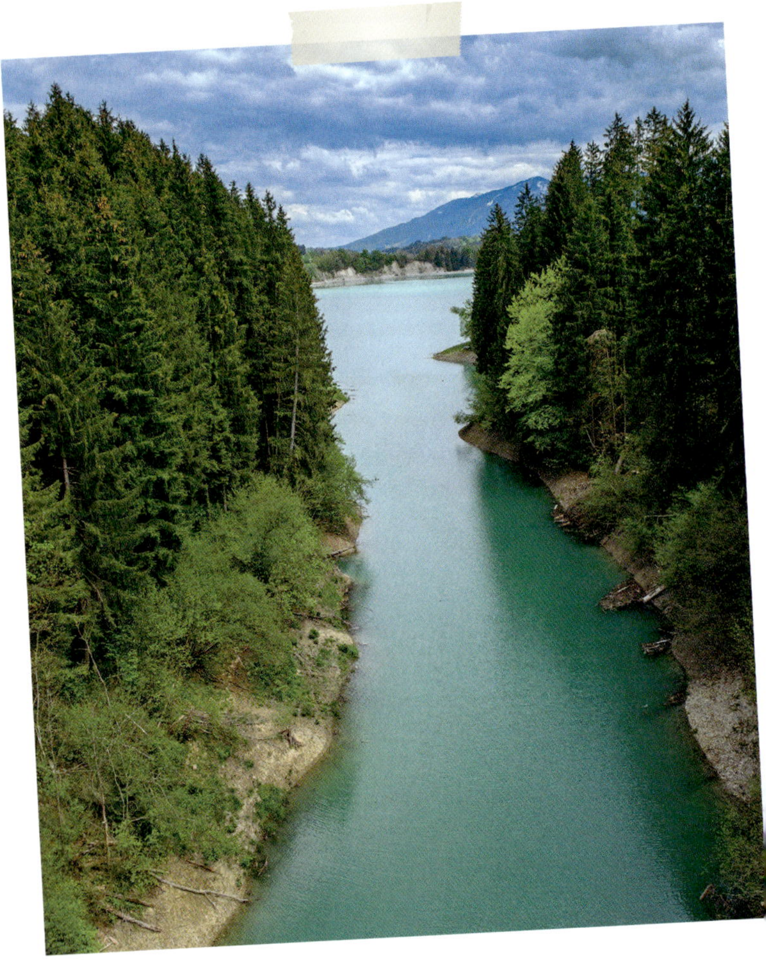

↑ **Von der Tiefentalbrücke blicken wir auf den Ausläufer der Drachenschlucht.**

Tipp

Nach einer Legende tötete der hl. Magnus, ein Mönch, der vom nahen Füssen aus die Menschen in der Gegend christianisierte, einst im Tiefental bei Roßhaupten einen Drachen. So ist die Idee für einen Drachenweg entstanden.

AUF EINEN BLICK

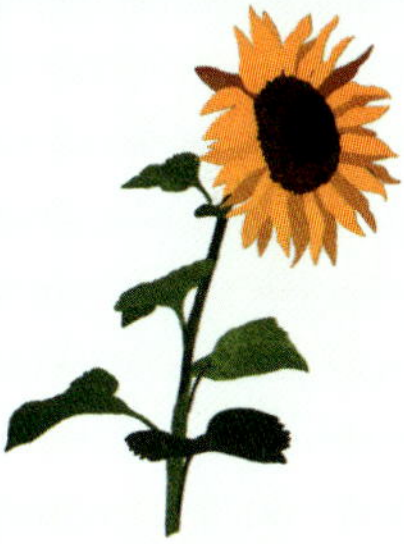

Tour 27: Tour der Stille

Dauer: 4 Std.

Höhenmeter: 320 Hm

Länge: 13 km

Schwierigkeit: Mittel

Tourencharakter: Eine etwas längere Rundwanderung auf Wanderwegen und kleinen Pfaden. Zu Beginn gewinnt man etwas Höhenmeter mit der Besteigung des Buches, danach nur noch wenig Steigungen.

Ausgangs-/Endpunkt: Rathaus Roßhaupten

Anfahrt: Pkw: Roßhaupten liegt an der B16 am Nordende des Forggensees. Mehrere Parkmöglichkeiten in der Ortsmitte. Es gibt sogar ein Miniparkhaus hinter dem Rathaus.
Bahn/Bus: Mit der Bahn bis Füssen, weiter mit dem Bus nach Roßhaupten

Einkehr: Unterwegs keine Möglichkeit, daher unbedingt Brotzeit mitbringen. Es gibt herrliche Rastplätze, vor allem am Buch, auf dem Kobus und am Forggenseeufer. Badesachen im Sommer nicht vergessen.

Information: www.rosshaupten.de

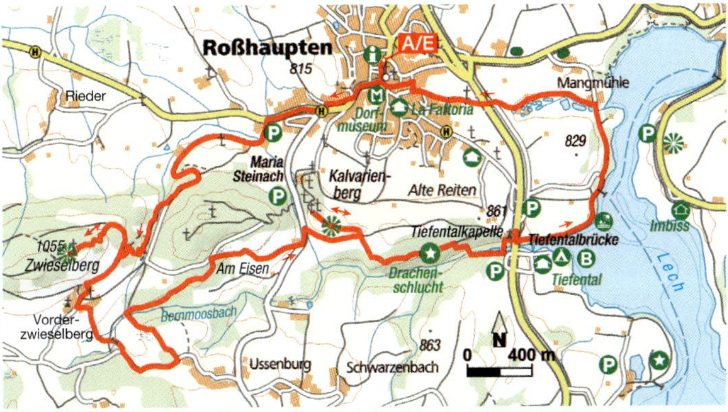

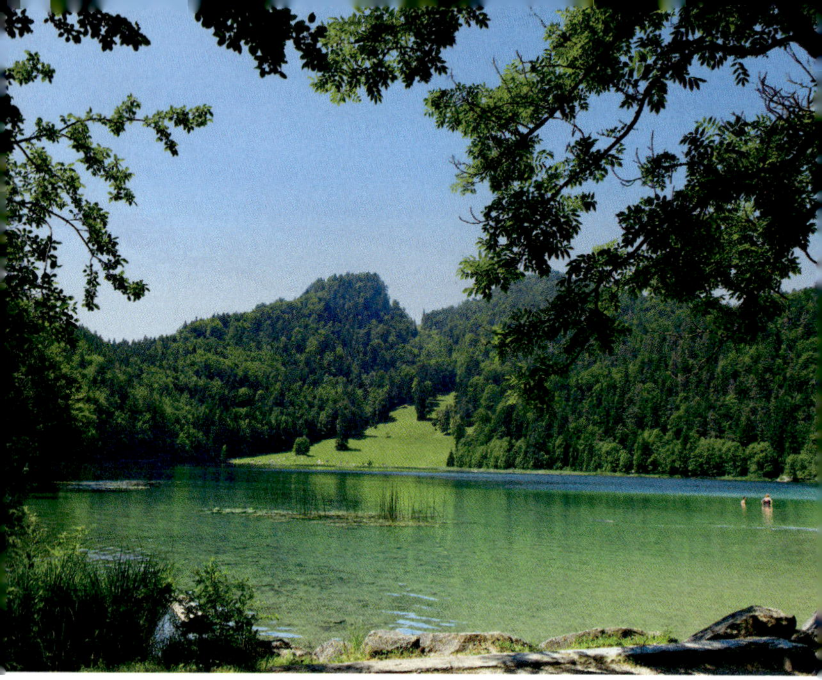

↑ Am Alatsee beginnt und endet die Wanderung. ↓ Die Saloberalpe ist das Ziel.

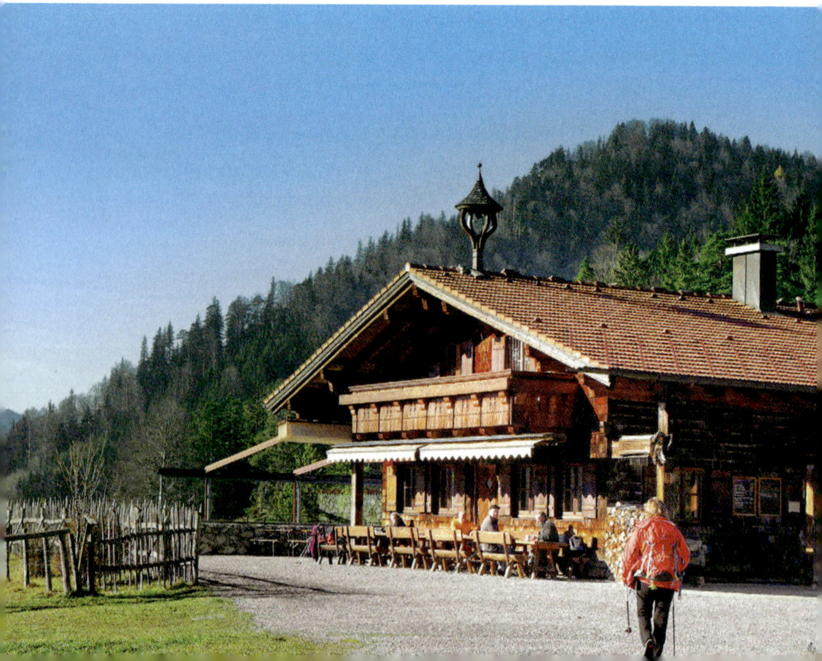

Tour für TOUR 28 den Genuss

ZUR SALOBER ALM MIT BADESPASS

Über den geheimnisvollen Alatsee zur Alm

Geheimnisvoll und von Legenden umwoben liegt der Alatsee oberhalb von Füssen mitten im Wald. Schon die tiefgrüne Farbe lässt erahnen, dass sich um dieses Naturidyll viele Mythen ranken. Da erzählt man sich von Ungeheuern, Gespenstern, aber auch von Nazi-Goldschätzen ...

Überschaubarer Aufstieg An einem warmen Sommertag ist jedoch von den Gruselgeschichten nicht viel zu spüren. Rund um den Alatsee haben sich schon ganz prosaisch einige Badegäste eingefunden. Wer jedoch den Aufstieg zur Salober Alm an einem nebligen Herbsttag startet, kann leichter verstehen, warum der Alatsee die Bevölkerung zu Geschichten inspirierte. So wandern wir vom Parkplatz die wenigen Meter zum Alatsee hinunter und folgen dann rechts ein Stück dem Seerundweg. Dann biegen wir auf die kleine Almstraße ein, die gleichzeitig auch als »Maximiliansweg zur Salober Alm« bezeichnet ist. Familien mit Kinderwagen bleiben auf dem Weg und bewältigen ihr Oberarmtraining in fünf Serpentinen bis hinauf zur Salober Alm.

Saloberalpe Spannender ist jedoch der kleinere Josefssteig, mit dem sich die Serpentinen abkürzen lassen. Der Einstieg dazu liegt rechts der Zufahrtsstraße. Nach nicht einmal einer Stunde stehen wir auf den sonnigen Wiesen der Salober Alm, die bereits auf österreichischem Boden liegt. Während sich die Erwachsenen schon mal ein nettes Plätzchen auf der sonnigen Terrasse suchen, erobern die Kinder den Spielplatz. Schadet auch nicht, denn so hat jeder seinen Spaß. Und auf einen leckeren Kaiserschmarren muss man einfach ein bisschen warten. Bei dem Panorama auf die nahen Tannheimer Berge das reinste Vergnügen.

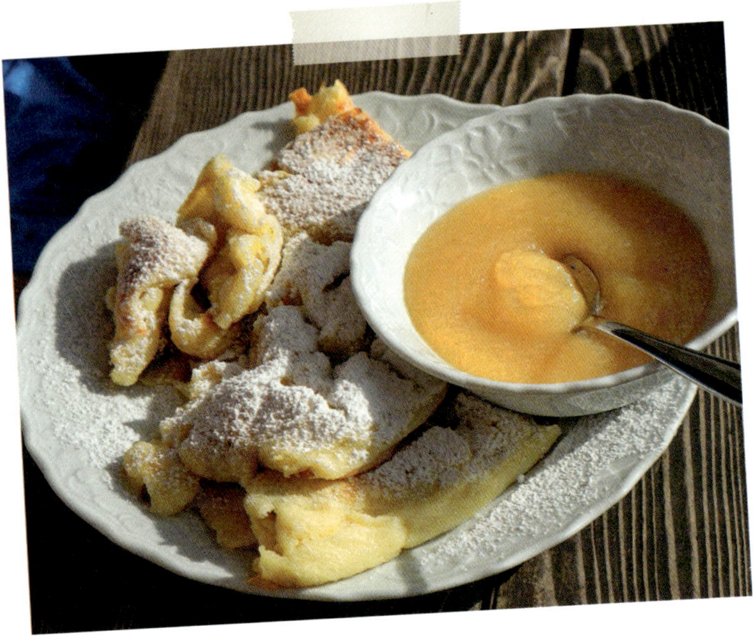

↑ Ein guter Kaiserschmarren macht nicht nur Kinder glücklich.

Der Alatsee ruft Nach einer ausgiebigen Einkehr geht es auf gleichem Weg wieder hinunter. Die Badesachen sind dann schnell aus dem Auto geholt und sicherlich findet sich auch der eine oder andere freie Platz auf der Liegewiese. Wer außerhalb der Badesaison kommt, kann ja noch zu einem Rundgang um den See starten.

Tipp

Um den idyllischen Waldsee bei Füssen ranken sich Mythen, denn der See kann sich blutrot verfärben. Dahinter verbirgt sich ein ungewöhnliches Ökosystem. Der See ist knapp 35 Meter tief und weist in seiner oberen Hälfte eine reiche Flora und Fauna auf. In gut 15 Metern Tiefe befindet sich eine Schicht von Purpurschwefelbakterien und darunter ist das Wasser fast sauerstofflos.

AUF EINEN BLICK

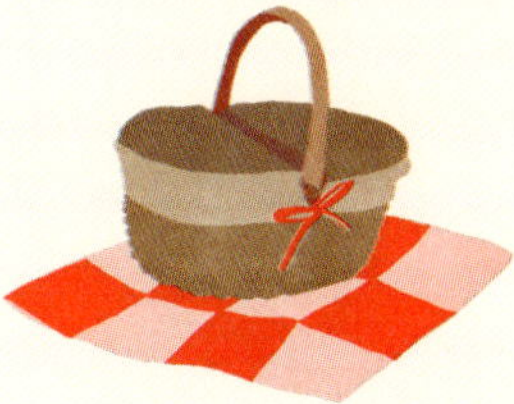

Tour 28: Tour für den Genuss

Dauer: 2 Std.

Höhenmeter: 250 Hm

Länge: 4 km

Schwierigkeit: Leicht

Tourencharakter: Eine kurze, einfache Wanderung, die sich sogar mit einem geländegängigen Kinderwagen schaffen lässt. Auf- und Abstieg erfolgen auf dem gleichen Weg. Badesachen im Sommer nicht vergessen!

Ausgangs-/Endpunkt: Wanderparkplatz Alatsee

Anfahrt: **Pkw:** Auf der B310 von Füssen Richtung Weißensee. Vor dem See links hinauf zum Alatsee. Dort gibt es gebührenpflichtige Parkplätze.
Bahn/Bus: Mit der Bahn bis Füssen, weiter mit dem Bus Richtung Pfronten bis zur Haltestelle Geometerweg. Zusätzlich zwei Kilometer über die kleine Teerstraße

Einkehr: Direkt am Alatsee liegt das Restaurant Alatsee, die Salober Alm hat fast das ganze Jahr über geöffnet (Montag und Dienstag Ruhetage).

Information: www.saloberalm.de

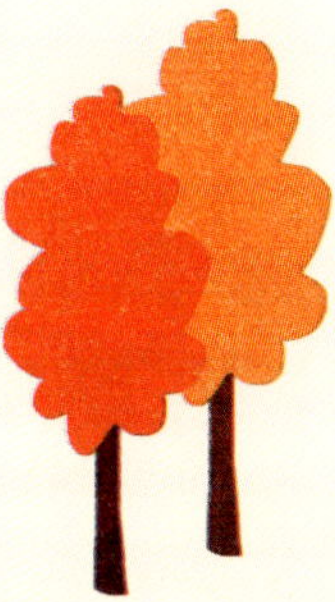

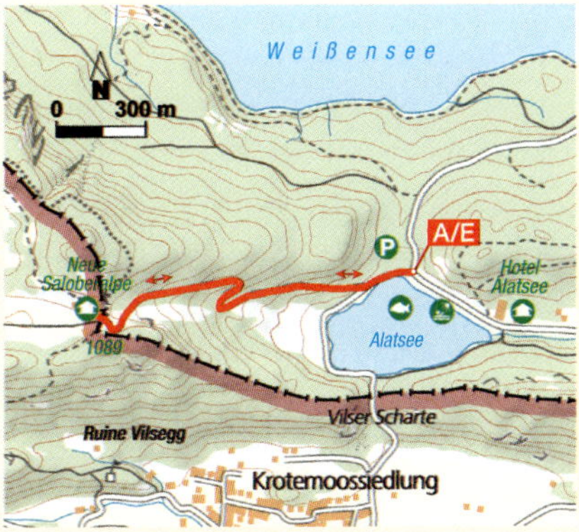

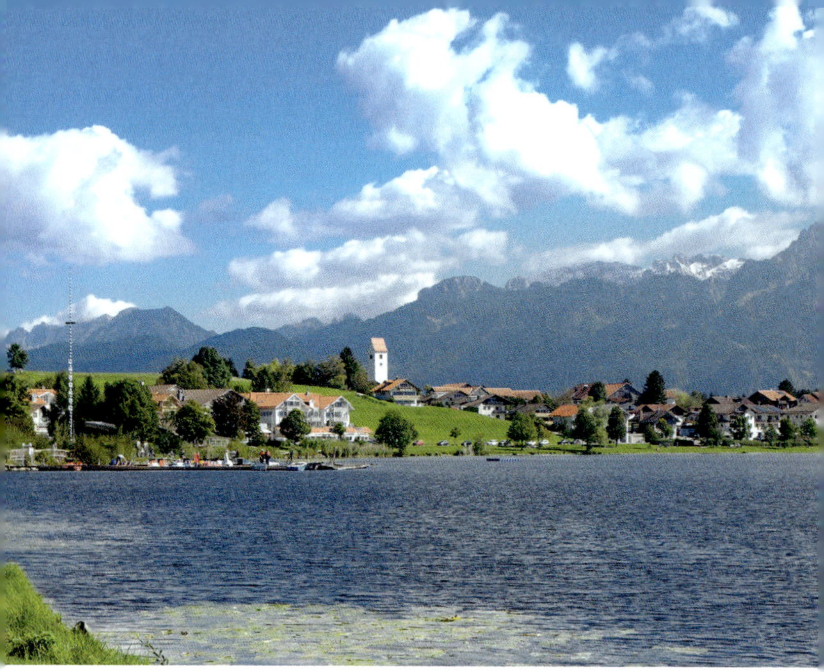

↑ Hopfen am See ↓ Ruderboote warten an der Uferpromenade.

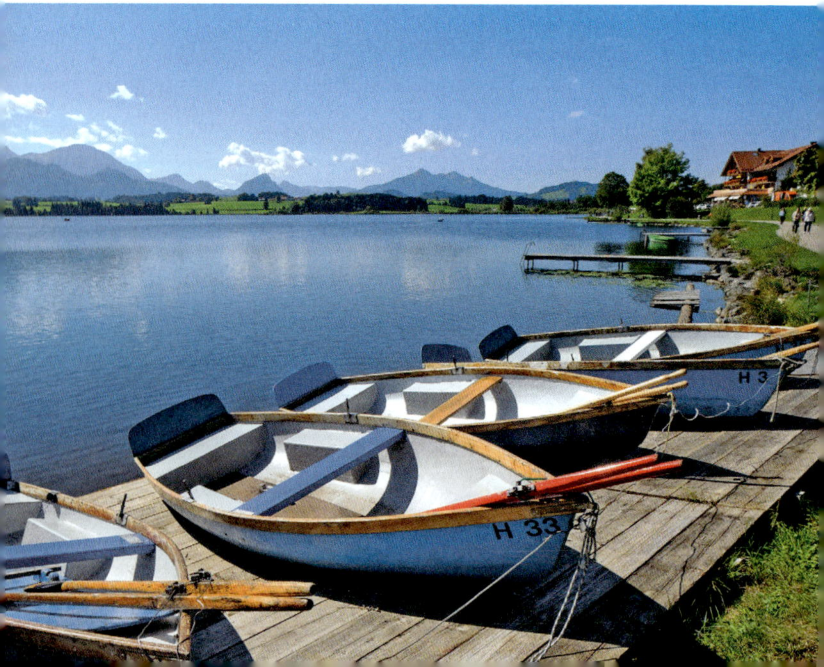

RUND UM DEN HOPFENSEE

Tour für die Sinne
TOUR 29

Der Bergspiegel

Die Allgäuer Alpen gibt es bei dieser Wanderung gleich doppelt. Sie spiegeln sich herrlich im blauen Wasser des Hopfensees. Ein doppelter Genuss, der potenziert wird durch die vielen Einkehrmöglichkeiten an seiner Uferpromenade.

Gegen den Uhrzeigersinn Dabei zählt der Rundweg um den Hopfensee nicht gerade zu den einsamsten Wanderungen im Allgäu. Der Trubel hält sich aber in Grenzen, denn die meisten Besucher bleiben an der Uferpromenade im Ort Hopfen. Diese behalten wir uns für das Ende der Wanderung vor, sodass wir dann noch genüsslich zum Ausklang der Tour in einem der zahlreichen Straßencafés einkehren können. Deshalb folgen wir vom Parkplatz am Campingplatz Hopfensee gleich dem Uferweg nach links. Schon beim Passieren des Campingplatzes freuen wir uns über das Bild der nahen Berge im See. Wir wandern in das Moor und biegen dann vor der Birkenallee nach rechts, um gleich die Hopfenseeache zu queren. Dahinter führt unser Wanderweg in einen lichten Wald, der Einzige, der heute etwas Schatten spendet. Nette Holzfiguren auf Baumstümpfen sorgen für Abwechslung, denn der See lässt sich durch den Schilfgürtel nur erahnen. Schließlich, uns immer rechts in Seenähe haltend, haben wir das Ende des Südufers erreicht. In der Nähe eines Wanderparkplatzes wendet sich unser Weg in nördliche Richtung (nach links über den Parkplatz und noch einmal links haltend ist ein Abstecher zum Landhotel und Gasthaus Wiesbauer möglich).

Das ruhige Westufer Es lohnt sich, sich beim Weiterwandern ab und an umzudrehen, denn die Berge liegen aussichtsreich hinter uns. Für den Rundwanderweg biegen wir kurz darauf noch einmal nach rechts, um weiter in Ufernähe zu bleiben. Dort stoßen wir geradeaus auf eine herrliche Badestelle, die wir für einen ersten Sprung ins Wasser nützen können.

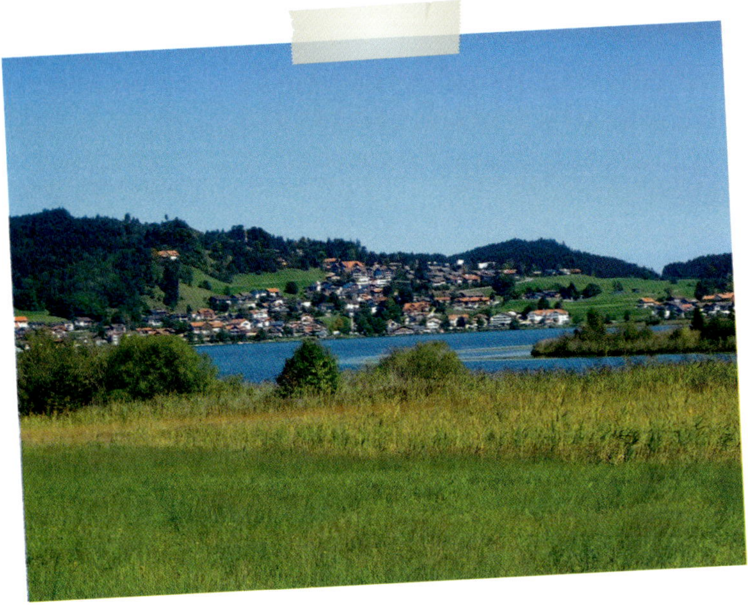

↑ Am Südufer

Ansonsten wendet sich der Weg hier nach links und führt am Westufer entlang weiter nach Norden. Im Zickzack queren wir erneut die Ache, wandern dabei über herrliche Moorwiesen und queren dann noch den Rohrweiherbach. Dahinter erreichen wir an einem Minigolfplatz den Ortsrand von Hopfen am See. Parallel zur Hauptstraße wandern wir zu guter Letzt auf der Uferpromenade nach rechts und können so unsere Rundtour mit einer gemütlichen Einkehr krönen.

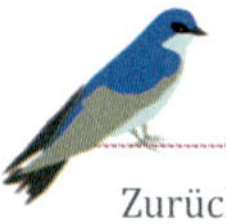

Tipp

Zurück im Ort Hopfen lässt sich die Wanderung noch mit einem Kringel zur Burgruine Hopfen am See ausdehnen. Dafür quert man am Minigolfplatz die Hauptstraße etwas nach rechts und folgt zunächst der Straße zu einem weiteren Wanderparkplatz. Dort zweigt dann rechts der Wanderweg zur Burgruine ab.

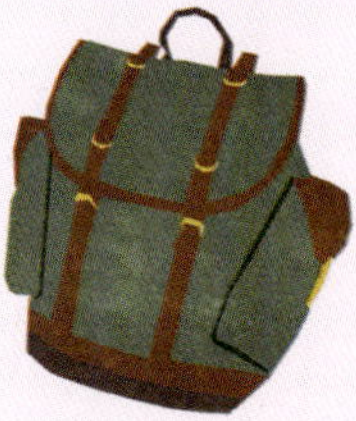

AUF EINEN BLICK

Tour 29: Tour für die Sinne

Dauer: 2 Std.

Höhenmeter: 30 Hm

Länge: 7 km

Schwierigkeit: Leicht

Tourencharakter: Eine einfache, flache, aber sehr sonnige Wanderung

Ausgangs-/Endpunkt: Hopfen am See

Anfahrt: **Pkw:** Auf der A7, Ausfahrt Füssen, dann auf der B310 Richtung Füssen, dann der Beschilderung zum Hopfensee folgen. In Hopfen am See einige gebührenpflichtige Parkplätze. Gut geeignet ist der am Campingplatz Hopfensee.
Bahn/Bus: Mit der Bahn bis Füssen, weiter mit dem Bus nach Hopfen am See

Einkehr: Mit einem Abstecher liegt der Gasthof Wiesbauer (Montag und Dienstag Ruhetag) fast direkt am Weg. Entlang der Uferpromenade der Italiener Beim Olivenbauer oder das chillige Café Bistro Seaside.

Information: www.fuessen.de

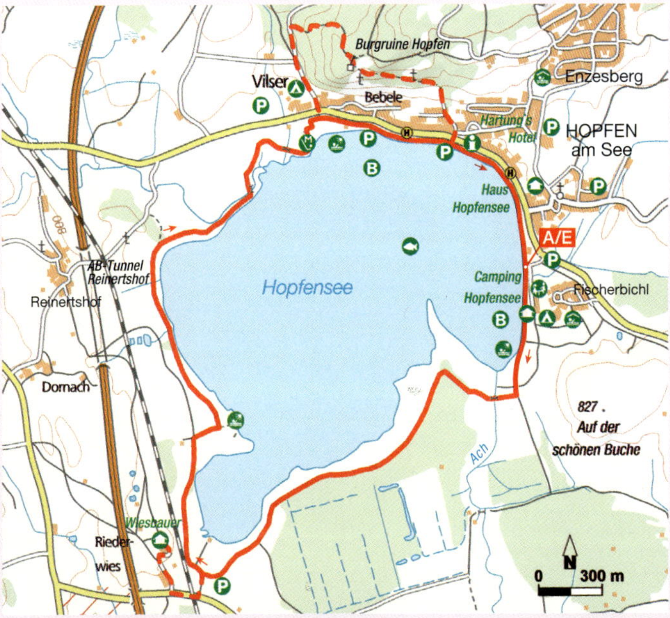

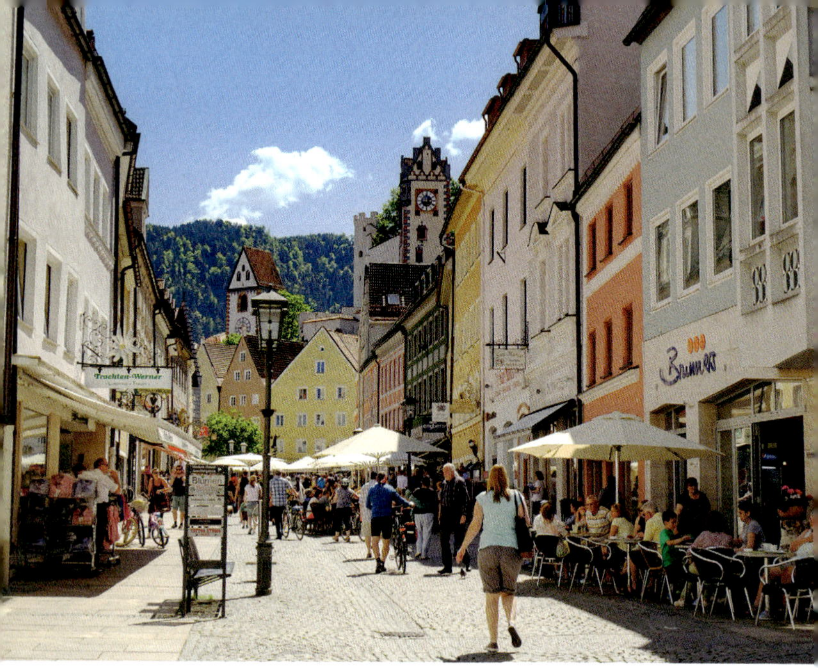

↑ In der Reichenbachstraße liegt der Stadtbrunnen. ↓ Still ruht der Schwansee.

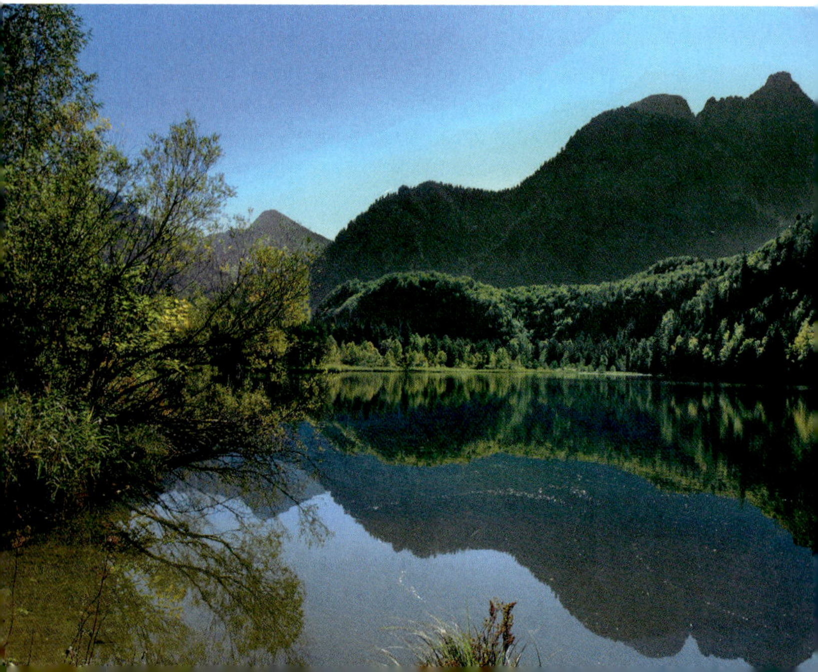

Tour für TOUR 30 die Sinne

VON FÜSSEN ZUM SCHWANSEE

Wandern auf königlichen Spuren

In und um Füssen ist immer viel los. Menschen aus vielen Ländern wollen die Gegend besuchen, an die König Ludwig II. sein Herz verloren hat. Aber nur wenige Besucher wandern auf den Kalvarienberg, der eine ungeahnt schöne Aussicht auf die Stadt, die Königsschlösser und das Alpenvorland zu bieten hat.

Durch die Altstadt in Richtung Kalvarienberg Wir starten in Füssen, am oberen Ende der Reichenstraße beim Stadtbrunnen, auf dem der hl. Magnus den Drachen bezwingt. Mit Blick zum Schloss wenden wir uns nach links in die Ritterstraße und gehen an der ehemaligen Benediktiner-Abtei Sankt Mang vorbei. Dann queren wir den Lech und wandern für 200 Meter nach rechts flussaufwärts bis zur kleinen Kirche Unserer Lieben Frau am Berg, die auf der anderen Straßenseite liegt. Wir queren die Straße und steigen an dem Gotteshaus über Treppen aufwärts. Vorbei an den Kreuzweg-Kapellen gewinnen wir rasch an Höhe. Wir passieren eine neugotische Gedenksäule, die an den Erbauer des Kreuzwegs erinnert. Vorbei an der Marienkapelle sehen wir dann den gewaltigen Aufbau des Kalvarienberggipfels vor uns. Ganz oben blicken wir auf Füssen und erkennen, wie groß das Kloster Sankt Mang und das Hohe Schloss sind. Links öffnet sich das Lechtal und rechts die Füssener Seenplatte mit dem Forggensee und dem Bannwaldsee. Im Osten, unter dem Säuling, leuchtet gelb das Schloss Hohenschwangau. Ein Glücksmoment, den wir mit allen Sinnen genießen wollen.

Zum Schwansee Nach der Schaurast steigen wir auf der linken Flanke ab und wandern bis zur Wegegabelung. Hier wählen wir den rechten Pfad abwärts und folgen der Beschilderung zum Schwansee auf dem Drei-Schlösser-Weg. Nach dem steileren Abstieg stoßen wir auf einen breiteren

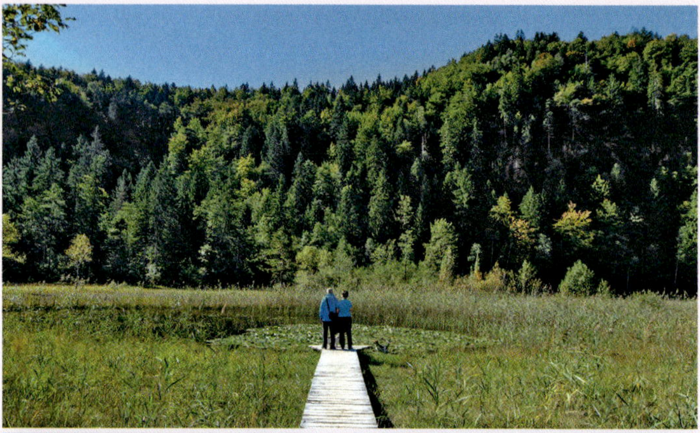

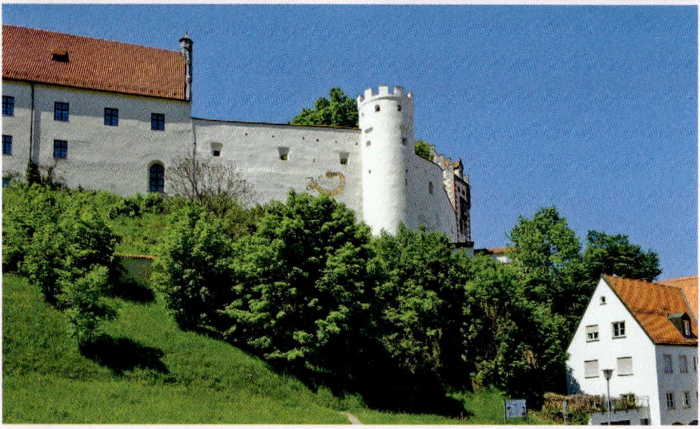

»Ein ewig Rätsel will ich bleiben mir und anderen.«

Ludwig II., König von Bayern

Wanderweg, dem wir nach links bis zur Talsohle folgen. Vor uns liegt schon der Schwansee, der im Sommer zum Baden verführt. Auf unserem Seerundweg, zu dem wir nach links starten, treffen wir auf einige offizielle Badestellen, wobei sich gerade die Stege gut für einen Sprung ins Wasser eignen. Ursprünglich gehörte der nach Plänen von Peter Joseph Lenné angelegte Schwansee zum Hohenschwangauer Schlosspark. Der Gartenarchitekt integrierte den Schwansee mit seinen Mooren, Feuchtwiesen und Kalkmagerrasen perfekt in die weitläufige Parklandschaft. So ist der kleine See noch immer ein idyllisches Kleinod. An vielen Stellen wuchern Seerosen, Libellen jagen sich über dem dunklen Wasser. Unvergesslich und einzigartig ist der wunderbare Ausblick auf Schloss Neuschwanstein. Am östlichen Seeufer teilen sich dann die Wege. Wer noch genügend Energie hat, kann einen Abstecher zum Schloss Hohenschwangau machen. Ansonsten gibt der See weiter die Richtung vor und wir wandern glücklich über das schattige Südufer zurück.

Ziegelwieser Naturerlebnis Wieder stoßen wir, nur wenige Meter versetzt, auf den Wanderweg, den wir vom Hinweg schon kennen. Für eine Rundwanderung wenden wir uns nach links und folgen dem Weg in den Wald. Kurz darauf teilt der sich. Links haltend, folgen wir der Beschilderung zum Walderlebniszentrum Ziegelwies. Fast schnurgerade führt der Weg durch den Wald, wobei wir noch einmal leicht an Höhe gewinnen. Dann treffen wir auf das obere Ende des Bergwaldpfads. Wie in einer Zauberwelt liegen hier große bemooste Felsbrocken zwischen knorrigen Bäumen. Ein magisches Plätzchen, auch wenn die Steine von einem einstigen Felssturz zeugen. Darüber klären auch die informativen Stationen auf dem Erlebnisweg auf, dem das Thema »Bergwald-Schutzwald« zugrunde liegt. Wer möchte, kann links zu einem Rundweg über den Lehrpfad aufbrechen. Ansonsten folgen wir einfach den Stationen bergab und

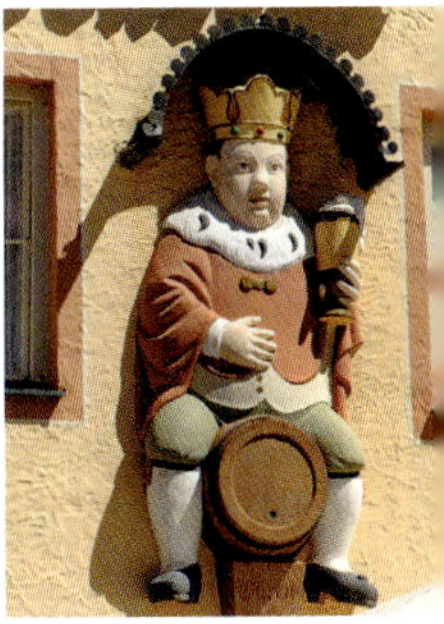

↑ **Stege führen mitten ins Moor.**
↓ **Das Hohe Schloss von Füssen**
→ **Am Bärenbräu in der Füssener Altstadt**

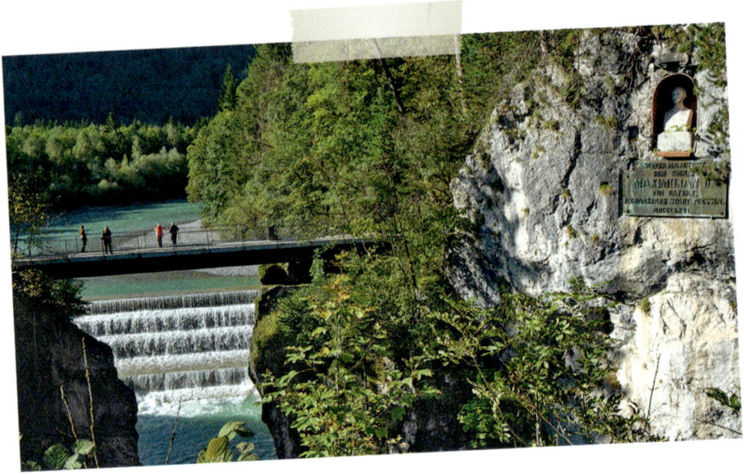

↑ Das Wasser stürzt am Lechfall über mehrere Stufen hinab.

passieren dabei einige nette Mitmachstationen. Schließlich treffen wir im Tal auf die große Staatsstraße. Der direkte Weg zurück führt an ihr entlang nach rechts. Unterhaltsamer ist es, sich auf der anderen Straßenseite auf den nächsten Erlebnisweg, den Auwaldpfad zu begeben. Der Weg führt uns mal mehr und mal weniger nah am Lechufer durch den Auwald.

Lechfall An seinem nördlichen Ende steigen wir dann zur Straße empor und stehen vor dem berühmten Lechfall, einer felsigen Engstelle. Über den Steg wechseln wir an das andere Ufer. Jetzt nach rechts und nun sind es nur noch zehn Minuten und wir stehen wieder im Zentrum von Füssen.

Tipp

Über den Märchenkönig Ludwig II. wurde viel gerätselt. Sicher ist, dass seine Mutter ihm in der Kindheit, die er zum Teil in Hohenschwangau verbrachte, die Augen für die Schönheit der Natur öffnete. Später als König führte er ein Leben zwischen Träumen und der rauen Wirklichkeit und war sich selbst bis zum Ende wohl ein Rätsel. Aber eines ist sicher: Das Füssener Land, seine Heimat, hat er geliebt. Hier baute er sich Schloss Neuschwanstein.

AUF EINEN BLICK

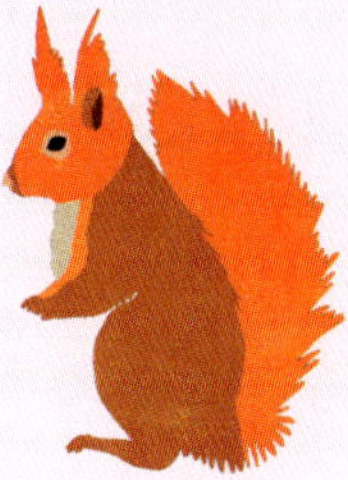

Tour 30: Tour für die Sinne

Dauer: 3.15 Std.

Höhenmeter: 350 Hm

Länge: 9 km

Schwierigkeit: Leicht

Tourencharakter: Leichte Wanderung, vorwiegend auf angenehm breiten Wegen. Nur beim Auf- und Abstieg zum Kalvarienberg ist der Weg etwas steiler. Bademöglichkeit!

Ausgangs-/Endpunkt: Füssen Stadtbrunnen/Reichenbachstraße

Anfahrt: **Pkw:** Über die A7 bis Füssen oder die A95 nach Murnau, weiter über Murnau und Bad Kohlgrub nach Steingaden, dann auf der B17 bis Füssen. Kostenlose Parkmöglichkeiten am Eissportzentrum P2
Bahn/Bus: Mit dem Zug bis Füssen

Einkehr: Unterwegs bis auf einen kleinen Kiosk, der im Sommer am Schwansee betrieben wird, keine. Erst am Ende der Tour viele Möglichkeiten in Füssen

Information: www.fuessen.de

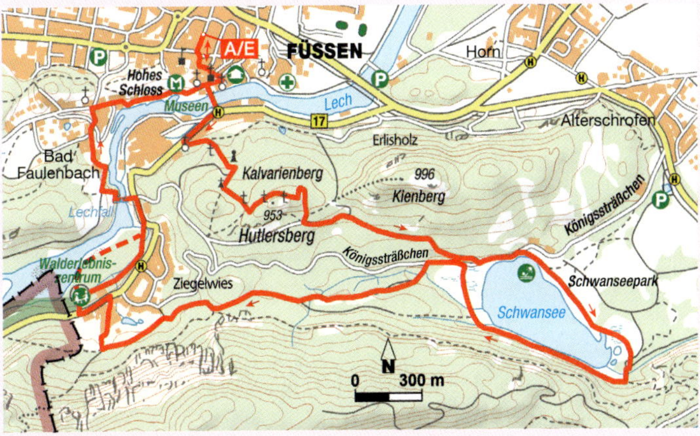

REGISTER

Ebenfalls erhältlich ...

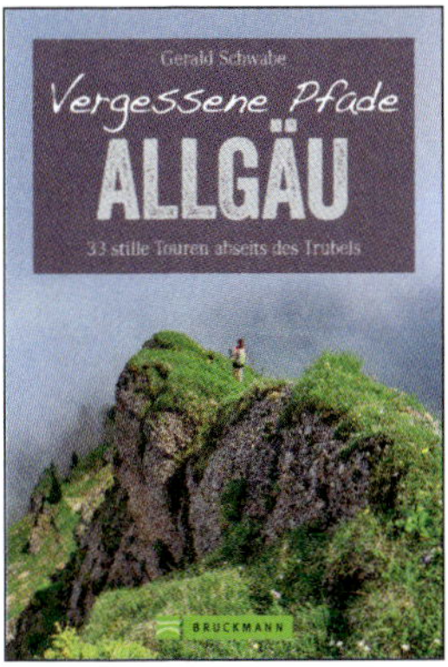

ISBN 978-3-7654-5275-8

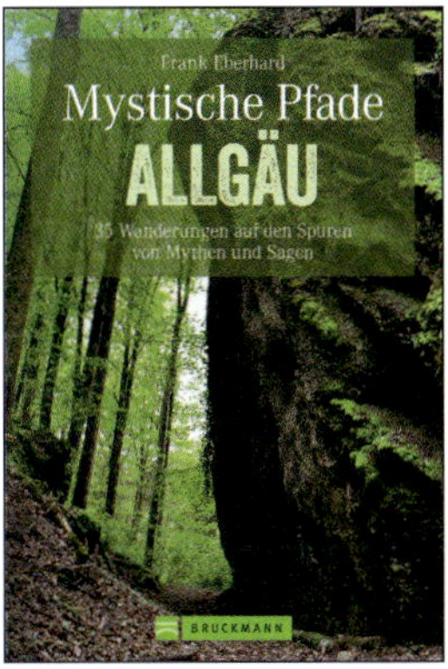

ISBN 978-3-7654-5731-9

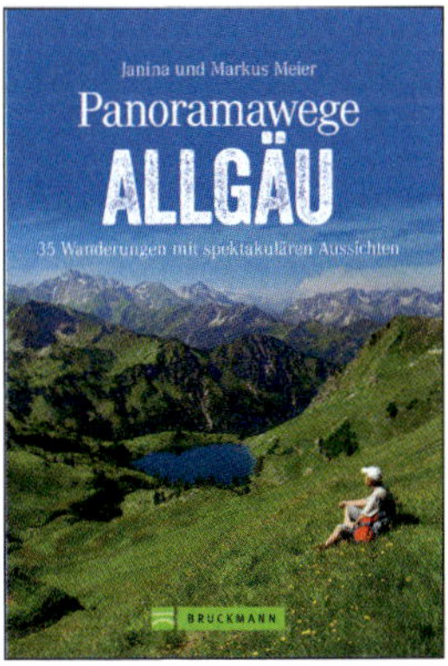

ISBN 978-3-7343-1502-2

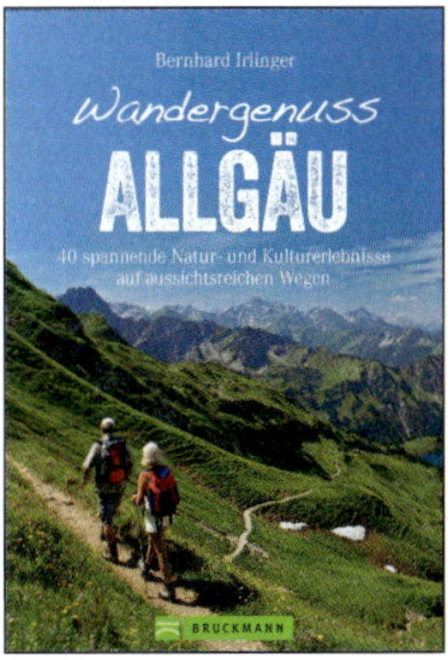

ISBN 978-3-7343-1335-6

BRUCKMANN

www.bruckmann.de

IMPRESSUM

Verantwortlich: Stefanie Krüger
Lektorat und Redaktion: Birgit Günther
Korrektorat: Simona Fois
Layout: Elke Mader
Umschlagbilder und Illustrationen: Eva Wünsch
Repro: P.R.O. MEDIEN PRODUKTION GmbH
Kartografie: Bruckmann Verlag GmbH, Heidi Schmalfuß
Herstellung: Alexander Knoll
Printed in Slovenia by Florjancic

★★★★★

Sind Sie mit diesem Titel zufrieden? Dann würden wir uns über Ihre Weiterempfehlung freuen. Erzählen Sie es im Freundeskreis, berichten Sie Ihrem Buchhändler oder bewerten Sie beim Onlinekauf. Und wenn Sie Kritik, Korrekturen oder Aktualisierungen haben, freuen wir uns über Ihre Nachricht an Bruckmann Verlag, Postfach 40 02 09, D-80702 München oder per E-Mail an lektorat@verlagshaus.de.

Unser komplettes Programm finden Sie unter www.bruckmann.de

In diesem Buch wird aus Gründen der besseren Lesbarkeit das generische Maskulinum verwendet. Weibliche und anderweitige Geschlechteridentitäten werden dabei ausdrücklich mitgemeint, soweit es für die Aussage erforderlich ist.

Empfehlung der Redaktion:
Sie sind auf der Suche nach weiterführender Literatur? Dann empfehlen wir Ihnen den Titel *Panoramawege Allgäu* von Janina und Markus Meier. Oder Sie werfen einen Blick in die Zeitschrift *BERGSTEIGER*. Hier werden Sie bestimmt fündig.

Bildnachweis:
Alle Fotos im Innenteil und auf dem Umschlag stammen von den Autoren.

Die Deutsche Nationalbibliothek verzeichnet diese Publikation in der Deutschen Nationalbibliografie; detaillierte bibliografische Daten sind im Internet über http://dnb.d-nb.de abrufbar.

1. Auflage der vollständig überarbeiteten Neuauflage,

Infanteriestraße 11a
80797 München

ISBN 978-3-7343-2562-5

Originalausgabe mit dem Titel »Einfach glücklich wandern – Allgäu«,
ISBN 978-3-7343-1667-8, © 2020